DANKE!

Dieses Buch gehört

Annika Havlik

Weltbild Verlag GmbH 1992
© Benni-Redaktion im
Weltbild-Verlag GmbH, Augsburg
Benni-Figur: © Franz Roscher, München
Satz: Pröll, Augsburg
Gesamtherstellung:
Aventinum, Prag
Printed in Czechoslovakia
54578

ISBN 3-89350-499-0

366x SPIEL UND SPASS

Ein Spiel-, Spaß und Lesebuch mit Geschichten, Infos, Bildern, Liedern, Rätseln und Rezepten aus der Kinderzeitschrift BENNI, herausgegeben von Marilis Lunkenbein und Robert Erker

FUNDGRUBE

Auf diesen Seiten steht, was alles in diesem Buch zu finden ist

Mit guten Ideen fängt es an

Ein Kalender zum Eintragen für alle wichtigen Daten, Tips und Tricks und Bastelideen. Da ist in jedem Monat für jeden etwas dabei.

Januar	10/11
Februar	38/39
März	64/65
April	86/87
Mai	112/113
Juni	140/141
Juli	166/167
August	190/191
September	222/223
Oktober	250/251
November	280/281
Dezember	306/307

Spiel mit, bleib fit.

Hier bleibt keiner lange sitzen! Jede Menge Spielideen für alle Gelegenheiten. Für drinnen und draußen und alle, die gern Spaß machen und Spaß haben.

Raus in den Schnee	12/13
Die Narren sind los	40/41
Im Frühling	66/67
Rund um das Osternest	78/79
Komm, wir spielen draußen	88/89
Manege frei - wir spielen Zirkus	114/115
Wald- und Wiesenspiele	142/143
Spiele für die Reise im Auto	168/169
Wasserfest im Garten	192/193
Auf Straßen und Plätzen	224/225
Mauer-Ball-Meisterschaft	252/253
Trödelfest	282/283
Spiele ohne Sieger	308/309

Rätsel-Freunde aufgepaßt!

Wer knackt die Nuß, wer weiß Bescheid? Hier könnt ihr knobeln und raten, bis die Köpfe rauchen.

Wintersport der Tiere	21
Schäfchen im Urwald	82
Saurier-Treffen	90/91
Hundebabies suchen ihre Mütter	130/131
Verrücktes Schwimmbad	218/219
Im Tanzkurs	264/265
Für Nußknacker	292
Am Nordpol	332/333

Lies mal wieder...

Lange und kurze, lustige, komische, wahre und erfundene Geschichten. Und eine traurige ist auch dabei. Die richtige Mischung für alle Leseratten.

Maunzi mit dem roten Fleck	14-17
Das Zwiebelchen	42-44
Magnus, der Riese	106/107
Warum der Hase so lange Ohren hat	160
Der alte Giovanni	180/181
Warum wippt die Bachstelze mit ihrem Schwanz?	184/185
Die Forelle Friedrich	206/207
Wer war der Allerallererste?	240/241
Das 3717. Schäfchen	266-268
Für Anna	294
Ja, Virginia, es gibt einen Weihnachtsmann	316
Warum gibt es zu Weihnachten Geschenke?	324/325

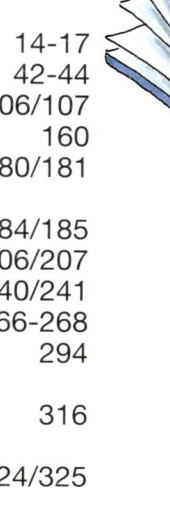

Wissen für Natur-Freunde

Alle, die mehr von den Jahresläufen in der Natur erfahren wollen: Hier steht, wie sich die Welt um uns herum Tag für Tag und Monat für Monat verändert.

Wer lief denn da durch den Schnee?	18/19
Vögeln füttern - ja, aber richtig	32/33
Nistkästen bauen	61
Zweierlei Frühlingsboten	101
Laß die Blumen wachsen	150/151
Räuber im Teich	161
Wildtiere in Dorf und Stadt	220
Ab in den Süden	229
Wildfrüchte und Winterschläfer	278
Grün im ganzen Jahr	297
Wenn's draußen kalt wird	298/299
Der Sternenhimmel	330

Bilder-Kreuzworträtsel

Die Freunde der kleinen Kästchen finden auf diesen Seiten jeweils ein Monatsrätsel, bei dem man zeigen muß, was man weiß oder richtig raten kann.

Januar	20
Februar	60
März	68
April	100
Mai	136
Juni	152
Juli	177
August	212
September	242
Oktober	262
November	304
Dezember	322

Die Reporterbande im Einsatz

Was die Reporter erleben, berichten sie hier spannend und wahrheitsgetreu.

Beim Schlittenhunderennen	22/23
Bei den Maskenbildnern	54/55
Auf dem Bauernhof	74/75
Bei den Segelfliegern	108/109
Im Schulgarten	124/125
Beim Voltigieren	154/155
In der Zirkusschule	178/179
Bei der Zeitung	204/205
Im Zoo	244/245
Beim Schuhmacher	254/255
Bei der Tierärztin	288/289
In der Puppenklinik	320/321

Erlebnisse, die jeder kennt

Kleine Geschichten, die fast jeder schon mal erlebt hat, über die man sich gefreut oder geärgert hat. Hier sind sie in Comic-Form glaubhaft und treffend dargestellt.

Meinen Namen mag ich nicht	24
Beeil dich	48
Ich möchte noch den Film sehen	97
Ich mag dich trotzdem, Mama	132
Ich knabbere an den Nägeln	145
Du spielst nicht mehr mit	176
Frank will in seiner Hütte schlafen	209
Meine Kleider suche ich selbst aus	247
Meine Eltern streiten sich	263
Ich wünsche mir ein Tier	323

Sing sang song

Wo man singt, da laß dich ruhig nieder. Probier es mal mit diesen Liedern, die - fast - das ganze Jahr beschreiben.

Schneeglöckchen	25
Fastnachtslied	56
Wir feiern ein Geburtstagskind	127
Im Sommer	156
Das Waschfest	196
Martinslied	295
Winterlied	313

Gut, wenn man ein Hobby hat

Was andere Kinder in ihrer Freizeit so treiben, berichten sie auf diesen Seiten. Vielleicht ist auch für dich eine Anregung dabei?

Briefmarken sammeln	26/27
Tennis	50
Eislaufen	77
Cello-Spielen	110
Segeln	137
Blockflöte spielen	158/159
Fußball	213
Töpfern	248
Eishockey	284

Witzekisten für das ganze Jahr

Kinder erzählen und beschreiben ihre Lieblingswitze. Kennt ihr die schon? Zwölf Seiten mit Witzen zum Lachen und Weitererzählen.

Januar	28
Februar	53
März	83
April	96
Mai	126
Juni	149
Juli	183
August	217
September	228
Oktober	269
November	296
Dezember	318

Herr Markus

ist ein ganz besonderer Herr. Und deshalb mag ihn Benni auch so gern. Seht euch mal an, was er das liebe lange Jahr so treibt. Herr Markus...

... spendet für die Mission	29
... findet sich wieder	59
... fängt den Frühling ein	69
... will eine Melodie spielen	105
... lärmt auf seine Weise	120
... spielt ein Loblied	157
... hat ein Rendezvous	182
... fühlt sich wie ein Fisch im Wasser	203
... feiert Erntedank	243

Berühmte Menschen

Gut, wenn man sie kennt. Denn wer weiß, ob man nicht eines Tages selbst zu ihnen gehört. Dann kann man wenigstens mitreden...

Walt Disney	30/31
Gutenberg	72/73
Charles Lindbergh	102/103
Mozart	134/135
Vincent van Gogh	302/303
Jesus von Nazareth	326/327

Auf in die Küche!

Bei diesen Rezepten bleibt garantiert nichts auf dem Teller zurück. Wie gekocht, gebacken und gebraten wird, steht in diesen kinderleichten Rezepten.

Obstsalat	36
Faschingskrapfen	62
Eierlei	84
Pfannkuchen	104
Leckere Rosinenbrötchen	138
Blumenkohl mit Bröseln	163
Gefüllte Tomaten	188
Salatschüssel	202
Rezepte mit tollen Knollen	226/227
Apfelküchlein	256
Stutenkerle	287
Süße Geschenke	312
Tutti-Frutti	331

Tiere, unsere Freunde

Willst du mehr über sie erfahren? In jedem Monat stellt dir Benni ein anderes Tier vor.

Pinguin: Kleiner Mann im Frack	52
Der Hase	70/71
Meine Katze	76
Ein Maulwurf erzählt	98/99
Barry und seine Brüder	116-118
Eine Eule schlüpft	133
Bambi, das Rehkind	146-148
Robby, der Seehund	173-175
Die Falken hören auf Nicki	186/187
Der Waschbär rückt uns auf den Pelz	194/195
Das Rotkehlchen	216
Der Fischotter	236-238
Meine drei Knuddellöwen	260/261
Wale - die Sänger der Meere	272-274
Siebenschläfer: Weltmeister im Schlafen	310/311
Der Sibirische Husky	319

Mach mit beim Malen, Rätseln, Spielen

Ab sofort gibt's keine Langeweile mehr. Her mit dem Buch und ran an die Rätsel-, Mal- und Spieleseiten!

Der magische Himmel	34/35
Fasching der Monster	46/47
Schminken mit Benni	57
Konfetti-Kunst	58
Saurier-Treffen	90/91
Gedicht zum Muttertag	121
Rund um den Geburtstagskuchen	122/123
Stadt, Land, Fluß	197
Meine Schulklasse	239
Auf dem Jahrmarkt	258/259
Spielwiese	275
Tier-Quiz	285/286
Mein Stammbaum zum Eintragen	300/301
Slalom-Spiel	328/329

Spaß mit Benni

Was Benni so ausdenkt, geht manchmal wirklich auf keine Kuhhaut. Nur gut, daß er ein Glückspilz ist und die Sachen meist gut ausgehen!

Im Schnee	37
Der Krapfenbäcker	63
Das Osternest	85
Der Schäfer	111
Der Hundeführer	139
Auf dem Flohmarkt	165
Der Eselsausflug	189
Der Pferdefreund	221
Schule schwänzen	249
Der Igelfreund	279
Der Penner	305
Der Babysitter	334

Basteln macht Spaß

Vor allem dann, wenn das Material dazu im Hause ist. Tips und Ideen für das ganze Jahr

Mit Luftschlangen	49
Große Osterbastelei	80/81
Allerlei mit Muscheln	171/172
Schätze aus den Ferien	210/211
Mit Nüssen basteln	293
Advent, Advent ein Lichtlein brennt	314/315
Nikolaus, komm in unser Haus	317

Gewußt wie, wo, was

Wer hier mitmacht, dem macht kaum noch einer etwas vor.

Luftballon-Spaß	45
Spiel, Satz und Sieg	51
Saurier, wo sind sie geblieben	92-95
12 Regeln im Umgang mit Hunden	119
Mit Grimassen besser lernen	128
Leuchttürme	144
Zeig der Karies die Zähne	153
Tropf, Tropf, Tropfstein	162
Mit Benni kreuz und quer durch Europa	198-201
Rund um den Fußball	214/215
Wird in Europa das Leben überall gleich sein?	230-235
Unser Geld	270/271
Nüsse und Nußknacker	290-292

Jede Menge Ausmal-Seiten

Für alle, die mal wieder mit ihren Buntstiften oder Fasermalern Freundschaft schließen wollen.

Schäfchen im Urwald	82
Das Geburtstagsfest	129
Benni in der Natur	164
Bei den Robben	170
Im Schwimmbad	208
Picknick	246
Auf dem Tennisplatz	257
Die unheimliche Nacht	276/277

Hier löst sich alles auf!

Richtig geraten? Das könnt ihr auf dieser Seite überprüfen. Aber nicht vorher spicken. Das ist doch Ehrensache, oder?

Lösungen	335

Gestatten - mein Name ist Benni!

Hier lüftet einer sein Geheimnis	336

Benni im Januar

JaNuAr

			1	2	3
4	5	6	7	8	9
10	11	12	13	14	15
16	17	*Hier kannst du deine wichtigsten Termine eintragen!*	18	19	20
21	22	23	24	25	26
27	28	29	30	31	

Benni im Januar

Geheimtinte
Ein Tip von Elisabeth Biller aus Offenberg für Leute, die geheime Botschaften weitergeben wollen, die nur vom Empfänger entschlüsselt werden sollen. Unsichtbare Tinte kann man leicht selbst herstellen. Dazu gießt man Essig oder Salzwasser in eine Schale und taucht ein Wattestäbchen hinein. Mit der feuchten Spitze kann man das Papier gut beschreiben. Anschließend die Schrift trocknen lassen. Der Empfänger der Nachricht muß das scheinbar leere Papier über einer Heizung oder mit einem Föhn erwärmen. Schon erscheint die Nachricht in brauner Schrift!

Palmen züchten
Wer jetzt im Winter von Palmen träumt, kann sie sich mit etwas Glück leicht selbst züchten. Steck ein paar Dattelkerne in einen Blumentopf mit Erde. Der Blumentopf wird in eine Plastiktüte gesteckt und oben gut verschlossen. Und dann ab damit in die Nähe der Heizung. Einmal in der Woche kommt der Topf heraus aus seinem Treibhaus und wird in einen Eimer mit Wasser gesteckt. Nach ungefähr fünf Wochen zeigen sich die ersten Pflänzchen mit Mini-Blättern, die dann in einen eigenen Blumentopf gepflanzt werden.

Wetten daß,
ihr im Sommer für Bewunderung und Staunen sorgen könnt, wenn ihr jetzt schon an später denkt? Ganz einfach: Ein paar Schneebälle in der Truhe einfrieren und in den Sommerferien die Freunde zu einer Schneeballschlacht einladen!

Benni meint:
Der Kopf dröhnt und die Nase leckt. Da hab' ich mich wohl wo angesteckt!

HATSCHI!

Benni Spielseite

Wer ist der Schneeschützen-König?

1. Auf Zaunpfählen werden Dosen aufgestellt, die mit möglichst wenigen Würfen fallen müssen.
2. Ein Schneemann trägt ein Fähnchen. Wer wirft es ab?
3. Ganz Mutige wagen sich mit einem Schlitten durch das Spalier der Werfer. Ein Beifahrer trägt hocherhoben ein Fähnchen, das abgeworfen werden muß, ehe der Schlitten die Ziellinie passiert.
4. Wenn es dunkel wird, kann man Kerzen in den Schnee stecken und werfen, bis das letzte Licht ausgeht.

Schneemann-Familien:

Jede Gruppe errichtet eine Schneemannfamilie und gibt ihr ein lustiges Aussehen: Gartenzwerge, Schornsteinfeger, Indianer und Cowboys.

Schneefuchs:

Zwei Spieler (Füchse) laufen vor Spielbeginn durch den neuen Schnee und verstecken sich. Die anderen bilden zwei Mannschaften, denen die Fußabdrücke der beiden Füchse gezeigt werden. Dann setzt die Spurensuche ein. Welches Team fängt zuerst einen der beiden Füchse?

RAUS IN

Iglu bauen:

Pappschnee eignet sich am besten, um ein Iglu zu errichten. Es wird im Kreis herum (Durchmesser mindestens zwei Meter) von unten nach oben kegelförmig gebaut. Wichtig: Der Schnee muß auf jede neue Lage fest aufgepreßt und zum Schluß von innen und außen noch einmal festgefugt werden, um einen Einsturz zu vermeiden. Vor einer Frost-Nacht kann man das Iglu mit einer Gießkanne mit Wasser leicht besprühen, dann hält es länger. Innen könnt ihr es euch richtig gemütlich einrichten, solltet aber einen genügend großen Ausgang lassen. Eine alte Decke oder ein Sack dienen als Haustür.

DEN SCHNEE

Maunzi mit dem roten Fleck

von Barbara Cratzius

Kater Maunzi fuhr sich mit der feuchten Pfote über den Kopf und über den Rücken. "Sind die Flecken noch da?" fragte er seinen Bruder, den grauen Tigerkater Peter.
"Gib dir keine Mühe!" grinste Peter höhnisch.

> Fleck ist Fleck
> der geht nicht weg!

Und die Geschwister lachten:

> Schreck - o Schreck,
> Maunzi mit dem roten Fleck.
> Dich kennt jeder hier im Haus.
> Auch die frechste kleine Maus
> lacht den roten Räuber aus.

Kater Maunzi lief traurig über den Hühnerhof. "Warum kann ich nicht einfach gelb oder grau sein oder schwarz-weiß wie die großen Kühe! Die lacht keiner aus!"

Oben auf der Leiter stand der Hahn und krähte in den Morgen hinein. Er schlug mit den Flügeln, daß jeder seine schönen bunten Federn sehen konnte. Sein feuerroter Kamm leuchtete in der Sonne. "Der schämt sich nicht, der ist sogar stolz auf seine schönen Farben", dachte Maunzi.
Der Hahn guckte hochmütig auf den kleinen gelben Kater hinab. Dann krähte er:

> Meine Federn rot und grün,
> die mag jeder gerne sehn.
> Aber deine roten Flecken
> sollst du lieber schnell verstecken!

Maunzi zog traurig den Kopf ein. Da stürzten auch schon die großen rotbraunen Hennen mit ihren spitzen Schnäbeln auf den kleinen Kater los. So schnell er konnte, schlüpfte Maunzi durch den Gartenzaun und sauste über die Wiese hinunter zum See.

Da zog der schöne weiße Schwan seine Bahn. Hinter ihm schwammen seine beiden grauen Schwanenkinder. Sehnsüchtig betrachtete Maunzi das weiße Gefieder.

Benni Lesegeschichte

Weit man dich schon sehen kann,
schön sind deine Federn, Schwan!
Aber deine Jungen, schau,
sind nicht weiß, sind dunkelgrau!

rief Maunzi über das Wasser. "Ach du dummes Katerkind!" antwortete der Schwan, "meine Kinder kriegen bald neue Federn!" Und stolz rief er:

Wart nur, warte übers Jahr
sind sie weiß, ganz wunderbar!
Arme Miez mit roten Flecken,
lauf, versteck dich hinter Hecken!

"Keiner mag mich leiden!" dachte Maunzi. Er lief übers Kleefeld auf die Hecken am Feldrand zu. Da hockte die Hasenmutter. In der Erdmulde hinter dem großen Stein saß ihr kleines neugeborenes Hasenkind.
"Die kleine rote Katze sieht ja noch nicht gefährlich aus, aber sie soll trotzdem hier verschwinden!" dachte die Hasenmutter. Sie machte ganz stolz Männchen und ließ ihre langen Ohren spielen.
"Was für ein schönes Fell du hast!" sagte Maunzi bewundernd. "Und so ein hübsches weißes Schwänzchen!"
Die Hasenmutter trommelte mit ihren Pfoten auf den grauen Stein und rief stolz:

Braun und glänzend ist mein Fell,
Haken schlag ich, wild und schnell.
Doch du Miez, mit rotem Fleck
lauf nur ganz schnell von hier weg!
Sonst erwischt dich noch der Fuchs,
der kann springen wie ein Luchs.
Flink ist er und feuerrot,
fort, er beißt dich mausetot!

Kater Maunzi spürte, wie sich ihm die Haare sträubten vor Angst. Wie der Wind sauste er zwischen den Ackerfurchen entlang wieder zum Garten zurück. Zwischen den Salatblättern trippelte ein Igel entlang. Als Maunzi heranschlich, rollte er sich zu einer Kugel zusammen. Maunzi tapste vorsichtig mit der Pfote nach den spitzen Stacheln und rief:

Ach, du brauner Stachelfritz,
rollst dich ein - schnell wie der Blitz.
Deine Stacheln, die sind scharf,
niemand dich berühren darf.
Keiner faßt dich lieb mal an,
armer, armer Igelmann.

"Ich bin überhaupt nicht arm!" brummte der Igel. "Ich find meine Stacheln schön! Was hab ich für ein tolles Leben! Die Käfer und Schnecken schmecken mir! Süße Beeren, Birnen find ich hier im Garten. Manchmal bleibt auch ein Apfel in meinen Stacheln hängen.

Benni Lesegeschichte

*Ich möchte gar nicht anders sein,
Igel - Igelsein ist fein!*

"Warum hab ich keine Stacheln! Dann könnte ich mich richtig wehren, wenn mich Peter und die anderen Tiere ärgern!" dachte Maunzi traurig.

Langsam schlich er zwischen den Erdbeerbeeten entlang. Da lag ein hübsches hellgraues Schneckenhaus vor ihm im Weg. Er stupste mit der Pfote vorsichtig an das Gehäuse und rief:

*Schnecke, Schnecke, komm heraus,
aus dem grauen Schneckenhaus.
Zeig doch deine Fühler mir,
ich steh draußen vor der Tür.*

Vorsichtig streckte die Schnecke den Kopf heraus. "Guten Tag, kleine Katze!" rief sie, "du hast aber leise angeklopft. Da benehmen sich der Igel und der Hofhund ganz anders!"
Maunzi mauzte leise:

*Schnecke, zeig mir dein Gesicht!
Schnecke, du bist braun und schön,
gern mag ich dich kriechen sehn.
Doch mit meinen roten Flecken
muß ich immer mich verstecken*

Die Schnecke wollte sich ausschütten vor Lachen. "Ich und schön? Die Menschen zertreten mich! Sie finden mich ekelig. Die Jungen werfen mich gegen die Hauswand. Schöner gelber Maunzi! Guck dich doch mal an! Seidenweich ist dein Fell! Ich mag deine großen grünen Augen und den buschigen Schwanz und die weißen Pfoten! Und den lustigen roten Fleck mitten zwischen den Ohren! So etwas Hübsches hab' ich in meinem ganzen Schneckenleben noch nicht gesehen!
Komm mit - nur nicht so schnell - dort drüben ist eine große Pfütze. Darin mag ich so gern baden. Guck mal hinein!"

Maunzi beugte sich über das Wasser. Ein lustiges Katzengesicht schaute ihm entgegen. Der rote Fleck zwischen den Ohren leuchtete. Wenn er sich etwas drehte, konnte er auch den hübschen Fleck auf dem Rücken erkennen.

*Lustig sind die roten Flecken,
nein, du darfst dich nicht verstecken.
Kleine Maunzi, bist ja dumm
dreh und kringel dich herum.
Du darfst schleichen, schmusen, schnurren,
laß den alten Hofhund knurren.
Du darfst klettern, auch mal kratzen
mit den scharfen Titze-Tatzen.
Schön bist du von Kopf bis Schwanz,
spring, mein Kater, lauf und tanz!*

rief die Schnecke. "So, nun muß ich aber schnell in mein Haus kriechen. Mir ist schon ganz schwindlig vom vielen Reden".

Benni Lesegeschichte

Kater Maunzi hob den Kopf und schritt mit hocherhobenem Schwanz ganz stolz über den Hühnerhof. Die Sonne malte Kringel auf sein schönes gelbes Fell mit den roten Flecken.
Die Hühner guckten ihm ganz verwundert nach. "Toller Kater!" gackerten sie. Und Peter, der freche Bruder maunzte: "Den beiß ich lieber nicht mehr in den Schwanz!"
Mohrle, die schwarze Schwester, bettelte:

>Spiel mit uns, ach bitte sehr,
>lieber Kater, komm doch her!
>Laß uns klettern und verstecken,
>kriechen unter dichte Hecken,
>lauschen auf den Mäusetanz,
>schön bist du von Kopf bis Schwanz.

"Naja," miaute Maunzi großmütig. "Heute vormittag hab' ich vielleicht etwas Zeit für euch. Aber am Abend, da hab ich schon etwas Besseres vor!"

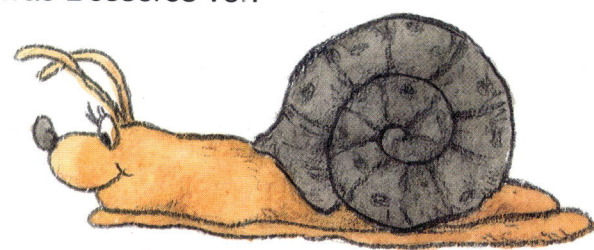

"Toller Kater!" maunzten die Geschwister, und Mohrle fuhr ihm zärtlich über das gelbe Fell mit den roten Flecken.

Wer lief denn da durch den Schnee?

Macht doch mal die Augen auf beim Winterspaziergang

Wenn Neuschnee liegt, kann der Wald Geschichten erzählen. Dann sind die Spuren der vielen Tiere ganz leicht zu erkennen. Ihr könnt sehen, wo sich die Rehe ihr Bett gemacht und sich die Füchse „Gute Nacht" gesagt haben. Erfahrene Förster „lesen" aus den Abdrücken im Schnee nicht nur, welche Tiere da unterwegs waren, sondern erkennen sogar, ob Rehbock oder Ricke, ob Wildsau oder Keiler durch den Schnee gelaufen sind. Wenn ihr mit einem Jäger über die Spuren reden wollt, solltet ihr wenigstens einige Fachausdrücke kennen. Spuren sind für den Waidmann etwas anderes als Fährten, und dann kennt er noch Geläufe. Fährten hinterläßt das Schalenwild, wie Reh und Hirsch und Wildsau. Pfotenwild, wie Fuchs und Hase, drückt Spuren in den Schnee. Geläufe stammen vom Federwild.
Schaut euch mal das Bild vom Hasen an und seine Spur darunter. Komisch, nicht? Vorne zwei Eindrücke auf gleicher Höhe, aber weit auseinander, und dahinter zwei kleinere Stapfen hintereinander. Wer länger hinschaut, versteht schnell, wie der Hase läuft. Die Hinterläufe machen die Hauptarbeit und greifen weit nach vorne. Mit den Vorderläufen stützt sich „Meister Lampe" nur ab.
Recht häufig ist auch eine ganz zarte Spur, die zunächst Rätsel aufgibt: Ganz deutlich sind die kleinen Pfoten zu erkennen. Ein Vogel kann es also nicht sein. Und trotzdem endet diese Spur mit einem Mal. Schnell werdet ihr merken, daß gleich in der Nähe immer ein Baum steht. Ganz klar: Da war ein Eichhörnchen unterwegs. Die

Foto: Maier/Prenzel-IFA

Foto: Maier/Anthony

Foto: Bormann/BAVARIA

unterbrechen nämlich an warmen Tagen ihren Winterschlaf und holen sich Futter aus den „Vorratskammern", die sie den Sommer über in den Waldboden gebuddelt haben.

Wie eine endlos lange Kette zieht sich die Fuchsspur durch Wald und Feld. „Meister Reineke" ist jede Nacht viele Kilometer unterwegs, um in seinem Revier nach dem Rechten zu sehen.

Kaum zu glauben, wie zierlich die Fährten der Rehe aussehen. Wer Glück hat, entdeckt auch eine der ovalen dunklen Mulden, in denen der Schnee weggetaut ist. Hier haben sich Rehe ihr Bett gemacht, um auszuruhen.

Weit weniger Versteck spielen da schon die Wildschweine. Es sieht fast so aus, als seien Planierraupen am Werk gewesen. Hier haben Eber und Bachen den Waldboden aufgebrochen, wie der Waidmann so treffend sagt. Die „Schwarzröcke" suchen unter der Schneedecke nach Waldfrüchten wie Eicheln, Bucheckern und Wurzeln. Aber auch wenn sie unterwegs sind, legen die Wildschweine keinen besonderen Wert auf Unauffälligkeit. Ganz deutlich sind die Schleifspuren der kurzen, kräftigen Läufe im Schnee zu erkennen.

Mit einer gehörigen Portion Glück werdet ihr auch die Spuren des Königs unserer Wälder entdecken: Schwer und wuchtig tritt der Hirsch seine Hufe in den Schnee. Und es sind immer ganze Rotwildrudel, die umherziehen.

Da könnt ihr ganz deutlich die Unterschiede zwischen Kalb, Kuh und Vater Hirsch erkennen. Altes Wild zum Beispiel zieht viel breitbeiniger als die jungen Tiere. Für einen Fachmann wird das Bild des ganzen Rudels lebendig, wenn er solche Spuren sieht. Wenn ihr beim Waldspaziergang einem Förster begegnet, fragt ihn doch einfach mal, ob er euch ein bißchen mehr erzählen kann, empfiehlt euch Benni.

Benni Bilder-Kreuzworträtsel

Hallo Rätselfreunde.
Die Buchstaben von 1 bis 17 ergeben das Lösungswort. Wenn ihr sie unten in die kleinen Kästchen eintragt, findet ihr leicht das richtige Wort. Die Lösung steht auf Seite 335.

SUPERGLITZERSPASS

WINTERSPORT DER TIERE

WIEVIELE VERSCHIEDENE TIERE KANNST DU ERKENNEN UND WIEVIELE SIND ES INSGESAMT?

Die Reporterbande beim

Die Schlittenhunde aus dem hohen Norden haben auch bei uns viele Freunde gewonnen.

Die Schlittenhunde sind kaum zu bändigen. Acht Tiere reißen ungestüm an dem Zuggeschirr. Der Führer des Gespanns steht auf den Kufen des Schlittens. Er schaut zum Starter und wartet auf das Signal.
»Go«, ruft der Mann am Start, und das Gespann stürmt los.
»Musher« heißt der Schlittenführer, denn mit »Mush«, »Mush« feuert er die Schlittenhunde an. Das Hundegespann mit den Sibirischen Huskies (sprich Haskis) prescht voran, dem Ziel entgegen.
Bennis Reporterbande hat sich im letzten Jahr so ein Rennen angesehen. Allerdings brauchten Kai, Silvia und Jenny dafür gar nicht in den hohen Norden zu reisen, wo die Schlittenhunde zu Hause sind. Sie waren in Todtmoos im Schwarzwald dabei. Denn inzwischen hat diese Sportart auch hier viele Freunde gewonnen. Rund 5000 Schlittenhunde gibt es bei uns.
Die Reporter hören schon von weitem das Heulen und Bellen der Tiere, die vor dem Start an langen Ketten angebunden sind.

Schlitten-Hunde-Rennen

Später erklärt ihnen ein »Musher«, also ein Schlittenführer, daß auch die Hunde, die im Schnee liegen, nicht frieren. »Ihr Fell ist so dicht, daß ihnen selbst Lufttemperaturen von minus 40 Grad nichts ausmachen!«
Kurz vor dem Start werden die Huskies merklich nervöser. Kai schaut sich den Schlitten genau an. Er ist mit einem Wurfanker, einer Notleine und einer Bremse ausgerüstet und wiegt bis zu 20 Kilo. Bei den Rennen gibt es unterschiedliche Startkategorien. Die entscheiden darüber, wieviele Hunde eingespannt werden. Das kann einer sein, manchmal ziehen aber auch zwölf Hunde einen Schlitten. Die erreichen dann leicht eine Geschwindigkeit von 30 Stundenkilometern. Aber auch der Musher leistet Schwerstarbeit. Er kann sich keine gemütliche Schlittenfahrt gönnen, sondern er folgt auf Langlaufskiern dem Schlitten, schiebt und drückt an steilen Steigungen und spornt die Tiere durch seine Rufe an. Silvia ist ganz begeistert, denn Peitschen sind nicht erlaubt, um damit die Hunde anzutreiben. Zwischen acht und 25 Kilometern legen die Hunde bei den Rennen bei uns zurück. In Alaska aber gibt es sogar ein berühmtes Marathon-Rennen, bei dem die Strecke 1700 Kilometer lang ist. In Alaska fanden auch die allerersten Hunderennen statt. Sie wurden von Goldsuchern veranstaltet. Für sie waren die Hunde, die als Last- und Zugtiere eingesetzt wurden, zu treuen Weggefährten geworden.
Die bekanntesten Schlittenhunde sind der Sibirische Husky, der Samojede und der Grönlandhund. Der Husky ist der Sprinter unter den Schlittenhunden.

Sein dichtes Fell schützt den Husky vor Schnee, Eis und Kälte.

Eltern - Kinder

Meinen Namen mag ich nicht

— Dröpschen!
— Was hat dein Bruder da gesagt?
— Ach, so nennen die mich zu Hause!
— Ha, ha! Dröpschen!
— Bitte schön, hier sind Dröpschen!

— Das ist doch niedlich. Warum nennen sie dich so?
— Weil ich als Baby so kugelrunde Augen hatte — so wie kleine Drops!
— Mich nennen sie **Nicki**!
— Das ist besser, und auch viel kürzer!
— Und ich bin **Dumbo, der fliegende Elefant** — wegen meiner großen Ohren!

— Hallo Dröpschen! Heute kaufen wir dir eine neue Jeans.
— Hör auf, mich so zu nennen. Das klingt doch albern.
— Aber nein, das ist niedlich.
— Vielleicht, wenn man noch klein ist, oder ein Mädchen...
— Das ist ein richtig zärtlicher Name!
— Puuh! Diese vielen Menschen!

— Wo ist er nur geblieben? Stefan! Stefan!
— Hier bin ich. Ich heiße Stefan!
— Dröpschen! Dröpschen!
— Als ich Dröpschen gehört habe, wußte ich, daß du mich suchst!
— Siehst du! Es gibt eben nur ein Dröpschen auf der Welt!
— Toll, diese Jeans mit dem Drops drauf!
— Das stimmt. Super!

Und du? Hast du auch einen Spitznamen? Magst du ihn? Oder möchtest du gern einen haben? Schreib an Benni!

© Astrapi: Dominique de Saint-Mars, Bernadette Deprés, Bertrand Champel

Lied vom Schneeglöckchen

1. Es schlief ein kleines Glöckchen
halb unterm Schnee verdeckt,
das hat mit seinem Kusse
die Sonne aufgeweckt.

2. Es streckt ein zartes Stengelein
und läutet hell und fein:
„Wacht auf, ihr lieben Schwestern,
es kehrt der Frühling ein."

3. Das hört das blaue Veilchen,
die Tulpe guckt hervor,
das kleine Gänseblümchen
spitzt auch das rote Ohr.

4. Doch als die Schwestern blühten
schliefs Glöcklein wieder ein,
es mag vom vielen Läuten
ganz müd' geworden sein.

Benni Hobby

Briefmarken sammeln

Benny und Stefan berichten über ihr Hobby

Hallo! Ich heiße Benny und bin sieben Jahre alt. Seit einem Jahr sammle ich Briefmarken. Mein Vater kann mir viele aus seinem Büro mitbringen – da kommt Post aus der ganzen Welt an. Zuerst müssen die Marken von den Umschlägen und Karten abgelöst werden. Dazu lege ich sie in eine Wanne mit warmem Wasser. Ich kann es kaum erwarten, bis die Marken frei schwimmen – aber wehe, wenn ich ungeduldig werde und versuche, sie vor der Zeit herunterzuzupfen! Zu leicht sind sie dann ruiniert! Nach dem Ablösen prüfe ich, wenn nötig sogar mit der Lupe: Sind alle Zähne intakt? Ist irgendwo ein Riß? Die guten Stücke lege ich zum Trocknen zwischen saugfähiges Papier. Anschließend ordne ich sie mit einer Pinzette ins Album ein. Bei nächster Gelegenheit werde ich mir auch einen Briefmarkenkatalog wünschen. Dann kann ich die Marken nach ihrem Ausgabetag der Reihe nach

Die Briefmarken werden im warmen Wasser eingeweicht und vorsichtig abgezogen.

Briefmarkensammler ordnen ihre Marken mit einer Pinzette ins Album ein.

einordnen: oder nachschlagen – wichtig bei Tauschgeschäften: – wie wertvoll die Marken sind, gestempelt und ungestempelt. Im Moment freue ich mich einfach daran, daß sich aus allen möglichen Ländern immer mehr Marken in meinem Album ansammeln, jede anders und oft eine schöner als die andre.

Benni Hobby

Hallo! Ich bin Stefan. Ich bin acht Jahre alt. Mein Hobby ist Briefmarkensammeln. Mein Papa hat mir vor etwa einem Jahr ein paar Briefmarken geschenkt – und da hab' ich angefangen zu sammeln. Inzwischen habe ich schon ein Album voll. Meistens bekomme ich die Briefumschläge von meiner Verwandschaft. Da muß ich natürlich die Briefmarken erst ablösen. Ich nehme eine Schüssel mit heißem Wasser, lege die Umschläge rein und lasse sie ein paar Minuten einweichen. Dann kann man die Marken ganz leicht vom Papier abziehen. Zum Trocknen lege ich die Briefmarken dann entweder auf die Fußbodenfliesen oder in die trockene Dusche.

Dann werden sie nach Ländern einsortiert. In meinem Album herrscht Ordnung: ein paar Seiten sind für Deutschland reserviert, andere für England, Österreich, USA, Italien, Frankreich, Schweiz und so weiter.

Viele, viele Marken, Pinzette, Album, Trockenheft – schon kann's losgehen.

Mit einer Lupe schaut sich Stefan seine schönsten Marken genau an.

Vorher schaue ich mir die Marken ganz genau an: Ob sie gestempelt oder ungestempelt sind – die ungestempelten sind mir übrigens lieber, weil sie schöner aussehen, man kann das Bild besser erkennen. Zu meinem Geburtstag wünsche ich mir ein neues, größeres Album für meine Briefmarkensammlung.

Fotos: Wyszengrad, Zeidler

Was habt ihr für Hobbies? Schreibt an BENNI!

Benni Witzekiste

In der Schule wurde über das Tote Meer gesprochen. Am nächsten Tag fragt die Lehrerin: "Wißt Ihr noch, wovon ich Euch gestern erzählt habe?" "Vom gestorbenen Meer!"

Cornelia Loos, Wendelsheim

Ute geht in ein Weißwarengeschäft und verlangt einen Kragen: "Soll es so einer sein, wie ich ihn trage?" fragt die Verkäuferin. "Nein, möglichst einen sauberen", ist die schnippische Antwort.

Simone Kieninger, Denzlingen

Ein Mann und eine Frau gehen einmal ins Kino. Mitten im Film krabbelt die Frau auf dem Boden herum und sucht anscheinend etwas. Schließlich fragt der Mann: "Was suchst Du denn da?" "Meinen Bonbon!" "Laß doch den Bonbon liegen. Ich gebe Dir einen neuen." "Geht nicht. Da hängt nämlich mein Gebiß dran."

Joachim Hippach, Friedberg

"Vati, heißt es: schlage mich oder schlage mir?" "Das solltest Du doch selber wissen! Schlage mich, heißt es!" "Vati, dann schlage mich bitte mal den Atlas auf!"

Friederike König, München

Peter erzählt beim Frühstück, daß er in einen Nagel getreten sei. "Das war natürlich nur ein Traum", ergänzt er. Da sagt der Vater ohne von der Zeitung aufzublicken: "Warum schläfst Du auch immer barfuß?"

Corinna Klein, München

Ein Allgäuer von echtem Schrot und Korn sitzt im Lokal vor einer großen Schweinshaxe. Erstaunt fragt ein Gast am Nebentisch. "Um Gottes willen, wollen Sie diese Haxe allein essen?" "Noi, noi," sagt der Mann, "i krieg no Knödl und Kraut dazu!"

Sylvia Günther, Waltenhofen

"Peter! Hast Du dem Papagei diese häßlichen Schimpfwörter beigebracht?" "Im Gegenteil Mutti, ich habe ihm nur gesagt, welche er nicht sagen darf!"

Nicole Neumann, München

Fritz und Opa gehen in der Stadt spazieren. Sagt Fritz: "Ich muß mal." "Nicht so laut, das müssen ja nicht alle wissen. Sag lieber, ich möchte singen, dann weiß ich, was du meinst." In der Nacht sagt Fritz zu Opa: "Ich muß singen." "Aber doch nicht in der Nacht!" "Aber ich muß ganz dringend singen!" "Gut, dann sing mir etwas ins Ohr".

E.H. Veerkamp, 4530 Ibbenbüren

Fragt die Lehrerin den Max: "Nenne fünf Tiere, die in Afrika leben!" Die Antwort ist für Max kein Problem: "Fünf Elefanten!"

Timo Bürk, Hemmingen

Herr Markus
spendet für die Mission

Berühmte Menschen

WALT DISNEY

Im Jahre 1908 ist Walt Disney 7 Jahre alt. Er lebt auf einem Bauernhof in den USA. Hier ist er glücklich. Am liebsten malt er die Tiere des Hofes.

"Wenn Sie mir drei Bilder abkaufen, bekommen Sie eine Rolle Bonbons gratis dazu!"

Schon als Junge macht Walt Disney immer kleine Jobs, um Geld zu verdienen. Und mit 15 Jahren hat er schon einen richtigen Geschäftssinn entwickelt.

"Super, Charlie Chaplin im Kino!"

Mit 18 Jahren zeichnet Disney das Kinopublikum. Und er hat eine verrückte Idee: Mit seinen Zeichnungen will er selbst Kino machen.

"Wenn man diese Zeichnungen ganz schnell durchlaufen läßt, bewegen sich die Figuren..."

Zu dieser Zeit hatte ein Franzose, Emile Reynaud, entdeckt, daß sich gezeichnete Bilder scheinbar bewegen, wenn man die Seiten fix durchblättert.

"Eine Katze, ein Hund? Nein, das ist langweilig!"

"Warum nicht mal eine Maus mit großen Ohren?"

Sein erster Held, ein Hase mit Namen Oswald, bringt Disney sofort den erhofften Erfolg. 1926 sitzen Disney und seine Frau in einem Zug nach Hollywood. Auch Disneys Frau ist Zeichnerin. Sie verbringen die Zeit damit, sich einen neuen Helden vorzustellen: Eine Maus, die sich selbst Mortimer nennt.

Walt Disney ist der erste Zeichner, der bewegliche Bilder in Farbe gezeichnet hat. Alle Kinder der Welt kennen seine Trickfilm-Helden: Micky Maus, Minnie, Donald Duck, Pluto und viele andere...

Hallo, ich bin die Micky Maus!

Das ist der Beginn des Tonfilms. Disney läßt seine Maus soger selbst sprechen. Und er gibt ihr einen neuen Namen: Micky Maus.

Disney wird bald der Chef eines riesigen Unternehmens. In seinen Studios bei Hollywood beschäftigt er mehrere hundert Zeichner.

Der muß einfach noch viel fieser aussehen!

Vielleicht so?... Grrrh...!

Für eine Sekunde Trickfilm müssen 24 Zeichnungen angefertigt werden. »Schneewittchen«, Disneys erster langer Zeichentrickfilm besteht aus 240 000 Bildern.

Fiffi, wo bist du?

Nicht nur die Zeichner, auch die Stimmen seiner Helden sucht Walt Disney sorgfätig aus. Donald Duck hat besonders viel Erfolg mit seinem näselnden Tonfall.

Seine Filme haben Erfolg: Pinocchio, Bambi, Susi und Strolch, Alice im Wunderland, Das Dschungelbuch... Walt Disney stirbt am 15. Dezember 1966. Doch sein Unternehmen arbeitet weiter. Mit dem »Disneyland« in Kalifornien wurde dem Begründer des Zeichentrickfilms ein monumentales Denkmal gesetzt...

Mit Benni durch die Natur

Vögel füttern?

Was dagegen spricht!

Viele Menschen, die im Winter Vögel füttern, halten sich für besonders gute Vogelschützer. Das ist leider überhaupt nicht richtig. Sie glauben, sie könnten unsere bedrohten Vogelarten durch Füttern vom Aussterben retten. Dabei ist es, mal abgesehen von extrem kalten Wintertagen, nicht die Nahrung, die den Vögeln fehlt, sondern vielmehr der natürliche Lebensraum, den wir immer mehr zerstören. Leider sind die von uns betreuten Vögel am Futterhäuschen auch gar nicht unter den bedrohten Arten. Im Gegenteil: Die Winterfütterung verhindert die natürliche Auslese. Die Gäste am Futterplatz vermehren sich besonders stark und werden für die bedrohten Zugvögel eine ernste Konkurrenz. Werden Vögel übermäßig gefüttert, besteht sogar die Gefahr, daß sie verlernen, Insekten zu fangen. Sie sind dann im Frühjahr kaum noch in der Lage, genug Naturfutter für ihre Jungen, die ja nicht mit Sonnenblumenkernen aufgezogen werden können, zu fangen.

Was dafür spricht!

Zunächst mal ist es ein schönes Naturerlebnis, Vögel am Futterplatz zu beobachten und kennenzulernen. Und schließlich: In besonders harten Wintern könnt ihr durch die Fütterung sicher manchen Kleinvögeln das Leben retten.
Am besten füttert ihr nur bei Dauerfrost und geschlossener Schneedecke.

Vor allem dürfen wir nie Essenreste ausstreuen, denn Salz ist für Vögel auch schon in geringen Mengen giftig.

Sinnlos ist es, Futter einfach auf den Boden zu streuen, denn es sollte möglichst nicht naß werden. Leg eine Futterstelle lieber am Fensterbrett an oder hänge Futtergeräte ausreichend hoch frei in einen Baum, so daß Katzen sie nicht erreichen können.

Buchfink

Kohlmeise

Grünfink

Specht

Mit Benni durch die Natur

Ja, aber richtig!

Natürlich kann man fertiges Vogelfutter kaufen wie Meisenringe oder Knödel. Man kann sich das Futter aber auch selbst herstellen. Zum Beispiel: **Meisen-Futter-Knödel.**

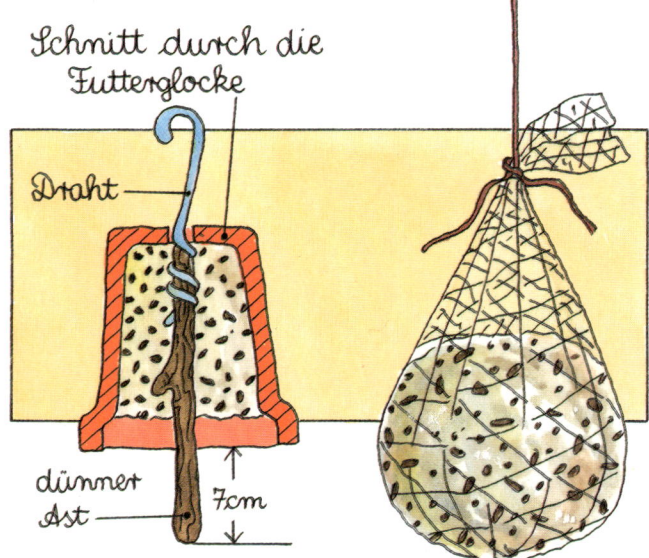

Schnitt durch die Futterglocke
Draht
dünner Ast
7cm

Kleiber

Amsel

Blaumeise

Rotkehlchen

Dazu brauchst du: 250 Gramm Biskin oder Palmin, 1 Tasse Haferflocken, 1 Tasse Sonnenblumenkerne, 2 Tassen Hanfsamen, leere Apfelsinennetze zum Aufhängen.

So wird's gemacht: Das Fett in einem Topf erwärmen, Hanfsamen zusammen mit den Haferflocken und den Kernen mit dem Fett verrühren. Abkühlen lassen. Knödel formen und in leeren Apfelsinennetzen aufhängen. Man kann die Masse aber auch in Blumentöpfe füllen und als Futterglocken aufhängen. Auf der Zeichnung seht ihr, wie das gemacht wird.

Ein ganz einfaches Rezept ist es, ein Stück unbehandelten Rindertalg an einen Baumstamm zu binden. Wer reine Sonnenblumenkerne für Grünling und Kohlmeise und Haferflocken für die Weichfresser füttern will, muß darauf achten, daß das Futter trocken und sauber bleibt. Dazu eignet sich am besten ein breit überdachtes Futterhäuschen. Meisenkugeln und Rindertalg nehmen keine Feuchtigkeit auf. Deshalb kannst du sie auch frei aufhängen.

Der magische Himmel

Male alle Teile ohne St[...]

...chwarz aus! Was siehst du dann?

Spiel

Lösung: Es sind die Heiligen Drei Könige: Melchior auf dem Pferd, Balthasar auf einem Dromedar und Kaspar auf einem Elefanten!

Benni – Koch mit!

OBSTSALAT

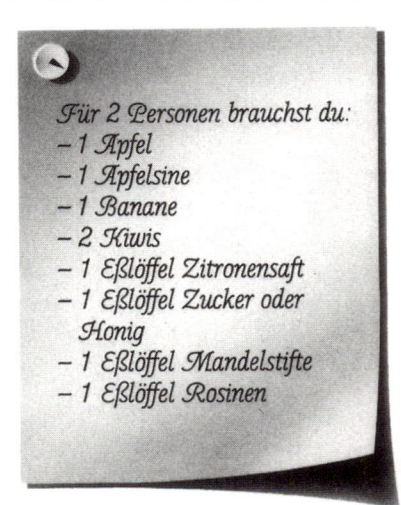

Für 2 Personen brauchst du:
- 1 Apfel
- 1 Apfelsine
- 1 Banane
- 2 Kiwis
- 1 Eßlöffel Zitronensaft
- 1 Eßlöffel Zucker oder Honig
- 1 Eßlöffel Mandelstifte
- 1 Eßlöffel Rosinen

Außerdem richtest du:
Küchenmesser, Schneidbrettchen, Schüssel

Und so wird's gemacht:

1. Schäle den Apfel, teile ihn in Schnitze und entferne das Kerngehäuse. Dann schneidest du die Schnitze in kleine Würfel. Gib diese Apfelstückchen in die Schüssel und beträufle sie mit dem Zitronensaft. So bleiben die Apfelstücke schön weiß.

2. Dann nimmst du die Apfelsine, schneidest mit dem Küchenmesser oben und unten eine Kappe ab. Ritze die Schale nun mehrmals mit dem Messer ein und ziehe sie mit den Händen ab.

3. Entferne die weiße Haut gut, dann teilst du die Frucht in Schnitze und schneidest sie klein.

4. Schäle die Banane und dann die Kiwis mit einem kleinen Küchenmesser und schneide beide Früchte in Scheiben.

5. Mische nun die Früchte mit den Apfelstücken und dem Zucker oder Honig. Wenn du willst, kannst du noch einen Eßlöffel Mandelstifte oder Rosinen unter den Obstsalat mischen.

TIP

Bereite den Obstsalat immer mit Früchten der Saison zu, da diese am besten sind, so zum Beispiel Erdbeeren im Sommer, Apfelsinen im Winter.

Rezept aus dem Kinderkochbuch »Komm, koch und back mit mir«, Falken-Verlag, Niederhausen, 19,80 Mark.

Benni im Schnee

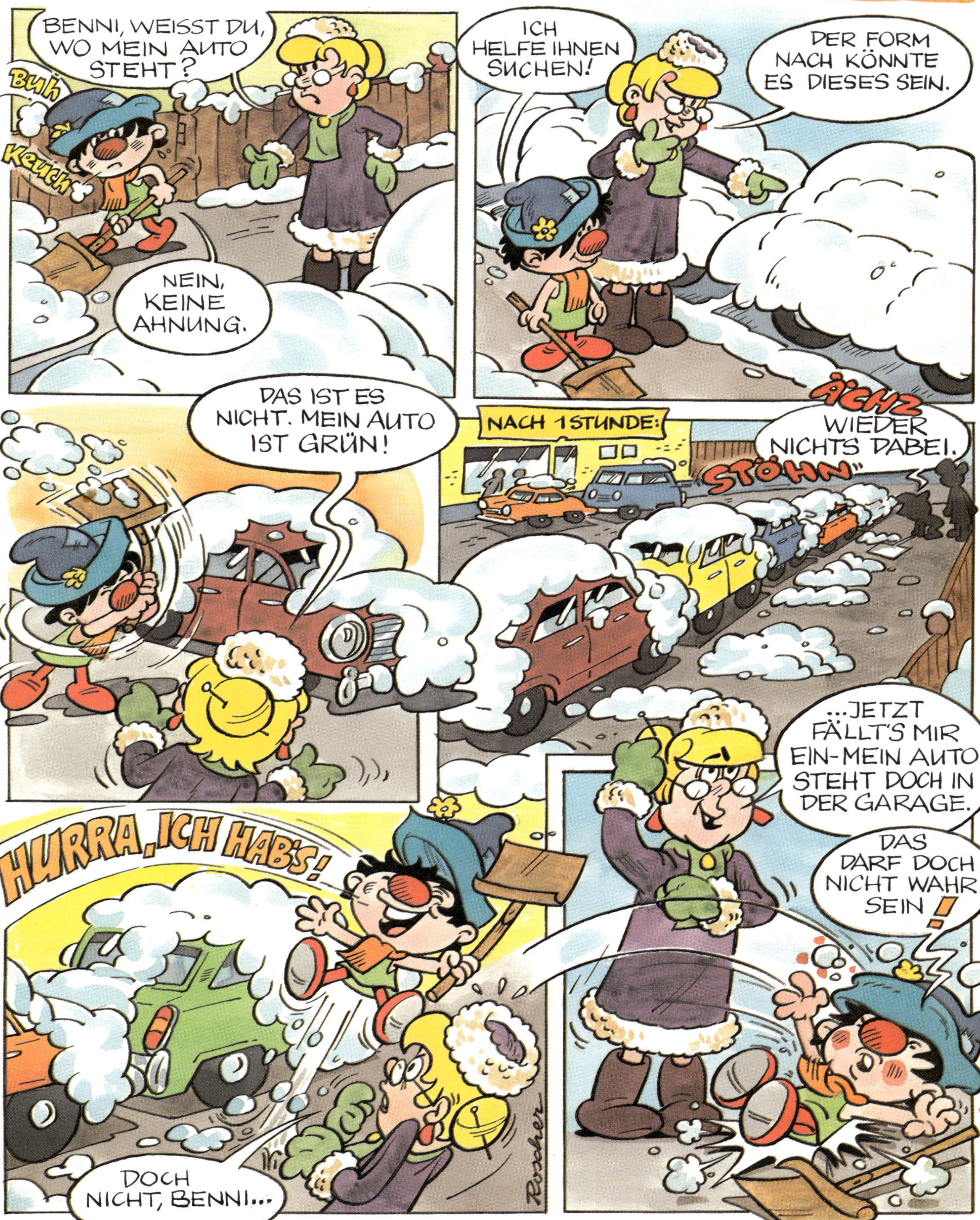

Benni im Februar

FEBRUAR

Hier kannst du deine wichtigsten Termine eintragen!

1
2
3
4
5
6
7
8
9
10
11
12
13
14
15
16
17
18
19
20
21
22
23
24
25
26
27
28
29

Benni im Februar

Kinder, wie die Zeit vergeht!

Das kannst du in einer Sanduhr gut beobachten.

Du brauchst dazu 2 kleine, durchsichtige Gläser oder Flaschen gleicher Größe und ein rundes Stück Karton im Durchmesser der Flaschenöffnung (die Flasche umgedreht auf den Karton stellen und mit einem Bleistift umfahren). Außerdem brauchst du noch etwas Klebeband und Sand.

Fülle nun eine Flasche mit fein gesiebtem Sand halb voll. Bohre ein kleines Loch in die Pappscheibe und lege diese zwischen die aufeinandergestellten Flaschen (siehe Zeichnung), umklebe sie dann mit Klebeband. Probiere aus, wieviel Sand nötig ist oder wie groß das Loch sein muß, damit deine Sanduhr genau 3 Minuten läuft. So lange solltest du dir täglich die Zähne putzen!

Masken in letzter Minute

Besorgt euch Einkaufstüten aus Papier. Falls sie bedruckt sind, klebt ein weißes Blatt Papier darüber. Dann schneidet die Tüte unten rund, damit sie gut auf euren Schultern aufsitzen. Augenlöcher aufzeichnen und ausschneiden. Jetzt nur noch mit viel Farbe und Phantasie drauflos malen!

Langeweile gibt es nicht!

Denn, wenn du nicht weißt, was du tun sollst:

- Ruf doch einfach irgendeine Telefonnummer an und beginn ein Gespräch (bitte nur Ortsgespräche!).
- Mal ein Gesicht auf deinen Daumennagel!
- Eine bestimmte Zahl würfeln, die du vorher festgelegt hast.
- Ein Schild schreiben "Vorsicht Stufe!" und an eine Tür hängen, hinter der gar keine Stufe ist und dann beobachten...
- Zählen wie viele Knöpfe insgesamt an deinen Kleidungsstücken zu finden sind!

Benni meint:

Quäle nie 'ne Katz' zur Gaudi, das tut nur ein schlimmer Raudi!

DIE NARREN SIND LOS

Benni SPIELE-SEITE

KÖPFE MALEN:

Jeder Teilnehmer darf einen Narren oder eine Närrin porträtieren, das heißt nur seinen Kopf in Blattgröße abmalen. Der Gastgeber sammelt alle Kunstwerke ein. Reihum darf dann jeder raten, wen das Bild darstellen soll und wer der Künstler ist.
Eine andere Möglichkeit: Alle Künstler zeichnen ein Selbstbildnis. Später kann man dann die Bilder ausstellen oder an die Erwachsenen versteigern.

ZIMMER VERKLEIDEN:

Zur Narrenzeit machen Feste ganz besonderen Spaß. Natürlich kann man nicht nur sich selbst, sondern auch den Festraum verkleiden. Aber vorher bitte fragen, oder sich helfen lassen. Das Zimmer kann man beispielsweise schmücken als:

⊙ Gespensterschloß
⊙ Indianer-Wigwam
⊙ Bauernhof
⊙ Märchenpalast
⊙
⊙ Was fällt euch noch ein?

TANZ DER VAMPIRE:

Macht Musik (Radio, Platte), und löscht dann das Licht. Jetzt spielen alle Vampir und tanzen ihren gruseligen Tanz. Einer zählt langsam bis zehn und knipst dann das Licht wieder an. Jetzt müssen sich alle lichtscheuen Vampire versteckt haben. Wer als erster gesehen wird, scheidet aus.

BÄRENFANG:

Jeder bekommt einen langen Zwirnsfaden. An einem Ende hängt ein Gummibärchen, das andere Ende wird zwischen die Lippen genommen. Wer schafft es, das Gummibärchen am Faden bis zum Mund hochzuziehen? Doch Vorsicht: Vor dem Verspeisen den Faden lösen!

PUDDING ESSEN:

Jedem Mitspieler werden die Augen verbunden. Dann bekommt jeder einen Teller voll Pudding und einen Löffel. In einem der Puddingteller ist ein Bonbon versteckt. Wer es gefunden hat, wird mit einem Preis belohnt.

B. Tkotz-Brandt

Benni Lesegeschichte

Das Zwiebelchen

Aufmerksam blickt die behäbige Schneeglöckchenzwiebel in die Runde. Immer wieder zählt sie ihre Kinder, die sich eng und schutzsuchend um sie scharen. Stolz kann sie feststellen, daß sie die stattlichste Familie weit und breit sind. Der Schnee beginnt zu schmelzen, der Boden wird täglich wärmer. Mit Freude beobachtet die Mutter-Zwiebel die zarten Triebe, die aus jedem der Zwiebel-Kinder kräftig in die Höhe sprießen. Doch halt! – Was ist denn mit dem Zwiebelchen an ihrer rechten Seite los? Jetzt erst bemerkt sie, daß sein Trieb seit Tagen nicht größer wird. „Kind?" fragt die Mutter-Zwiebel streng. „Wieso wächst du nicht?" Erschrocken versucht der kleine Trieb, auch noch den kümmerlichen Anfang einzurollen.

„Warum tust du das?" Das Grollen in der Stimme der Mutter-Zwiebel ist unüberhörbar. „Die Menschen warten schon sehnsüchtig auf uns!" Und als das Zwiebelchen immer noch keine Antwort gibt, fügt sie ungeduldig hinzu: „Streck' dich doch! Wie willst du sonst groß werden?"

„Ich will nicht groß werden!" tönt es ängstlich zurück. „Nicht?" Die Mutter-Zwiebel schüttelt sich so heftig, daß ein junger Regenwurm, der fleißig pflügend

Benni Lesegeschichte

an der großen Schneeglöckchenfamilie vorbeischlüpfen wollte, verdutzt innehält. „Du willst nicht groß werden?" Fassungslos betrachtet die Mutter das Kind.

„Nein!" dringt es zaghaft zu ihr empor. Eine Zeitlang schweigt die Mutter. Bisher wetteiferten ihre Kinder um den Augenblick, wer als erster durch das kahle Erdreich hindurchspitzen würde. Verständnislos schüttelt sie sich noch einmal, ganz versunken in ihre sorgenvollen Gedanken. Den kleinen Pflüger, der verwirrt einen Fluchtweg aus dieser unruhigen Gegend sucht, bemerkt sie nicht.

„Kind?" fragt sie leise und neigt sich behutsam dem winzigen Trieb zu. „Was stört dich am Großwerden?" „Ich habe Angst!" antwortet das Zwiebelchen nach einigem Zögern, rollt aber seinen Trieb wieder ein wenig auseinander. „Angst?" wundert sich die Mutter. „Wovor hast du Angst?" Zuerst schweigt das Zwiebelchen, doch schließlich berichtet es stockend: „Die dicke Zwiebel-Tante hat erzählt – voriges Jahr – da haben vorbeigehende Kinder ihre Triebe totgetrampelt!" Einen strengen Blick wirft die Mutter-Zwiebel in die Richtung der dicken Tante, dann beugt sie sich noch näher zu dem Zwiebelchen herab. Lange denkt sie nach. Endlich meint sie tröstend: „Lehn' dich an mich! Wir werden gemeinsam durch die Erde stoßen!" „Aber ich bin noch so klein und

Benni Lesegeschichte

du so groß!" sorgt sich das Zwiebelchen. „Ich warte auf dich!" verspricht die Mutter. „Jetzt aber strecke dich!" mahnt sie aufmunternd.

Tapfer versucht das Zwiebelchen, sich zu recken und zu strecken. Keinen Blick wirft es zu der dicken Tante herüber und verdrängt jeden Gedanken an deren Worte. Aber ab und zu durchläuft ein ängstliches Zittern seinen Körper. Dann beugt sich die Mutter zärtlich herunter, und das Zittern ebbt wieder ab.

Immer wärmer wird die Erde, der Schimmer von Licht verbreitet einen dämmerigen Schein.

„Jetzt ist es soweit!" erklärt eines Tages die Mutter. Noch näher drängt sich das Zwiebelchen an sie heran. Es schließt ergeben die Augen und reckt sich kräftig.

Das Licht wird stärker, immer stärker – hui! Beinahe wäre der kleine Trieb umgeknickt, so heftig wird er vom Wind gepackt. Da drückt sich die Mutter beschützend dazwischen – die Gefahr scheint überwunden zu sein!

Doch gleich darauf durchfährt das Zwiebelchen ein eisiger Schreck. Ertönte da nicht eine Stimme? Und noch eine? Huschte jetzt nicht ein dunkler Schatten vor die wärmenden Sonnenstrahlen? Die Angst des Zwiebelchens wird riesengroß, scheint seinen ganzen kleinen Körper auszufüllen. Es duckt sich und möchte am liebsten zurück in die Erde.

„Oh! Schau mal! Schneeglöckchen!" vernimmt das Zwiebelchen überdeutlich. Die Stimme klingt voller Staunen.

Regungslos verharrt das Zwiebelchen in seiner angstvollen Starrheit.

„Wir bauen einen Schutzwall aus Zweigen! Die erfrieren sonst!" ruft eine laute, eifrige Jungenstimme.

Da fühlt das Zwiebelchen eine nie gekannte Wärme bis in seine kleinsten Zellen aufsteigen. Freudig hebt es sein Köpfchen, blinzelt neugierig in die unbekannte Welt und entfaltet eiligst sein zartes, weißes Geschenk – ein Blütenglöckchen!

Anna Elisabeth Marks

Luftballon-Spaß

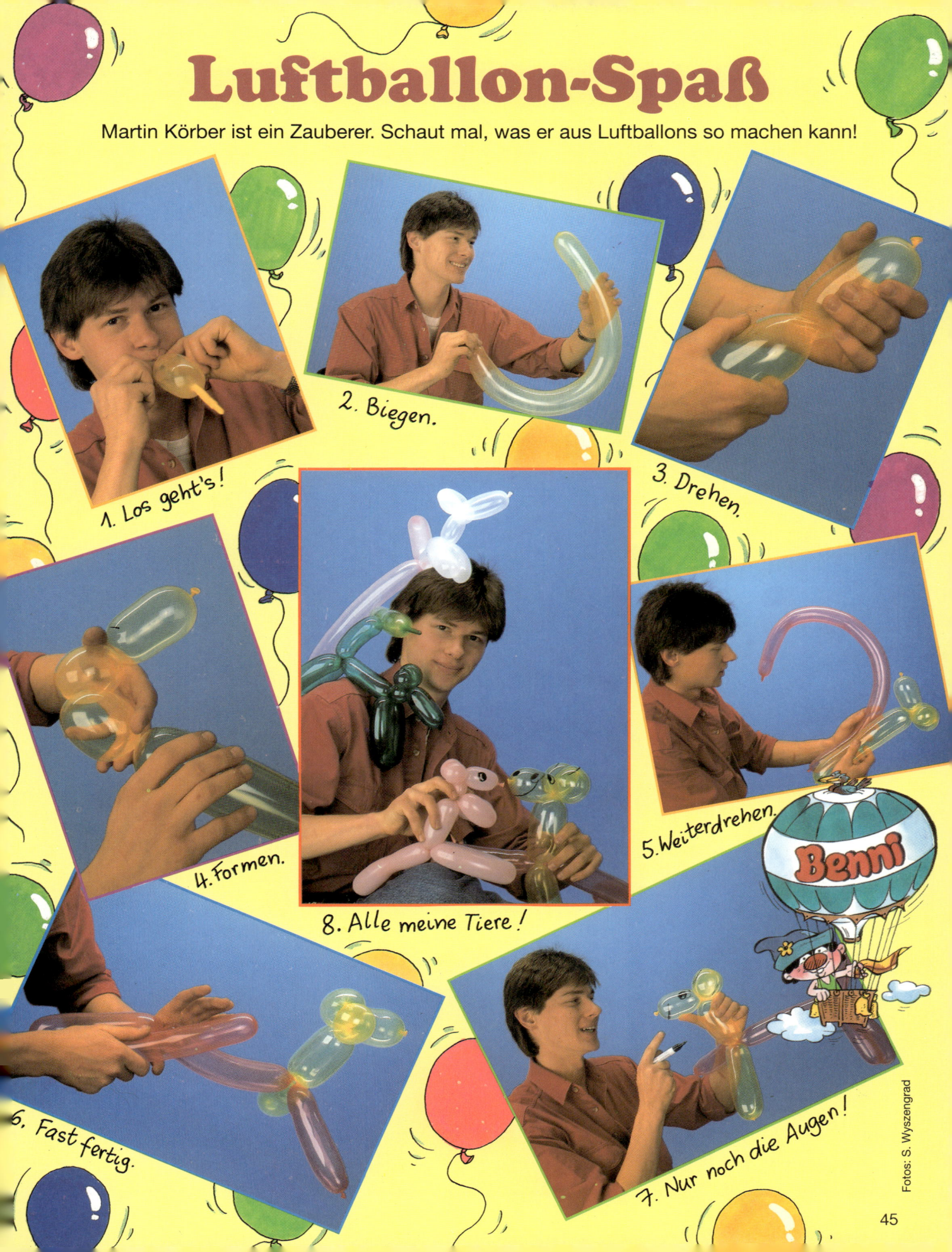

Martin Körber ist ein Zauberer. Schaut mal, was er aus Luftballons so machen kann!

1. Los geht's!
2. Biegen.
3. Drehen.
4. Formen.
5. Weiterdrehen.
6. Fast fertig.
7. Nur noch die Augen!
8. Alle meine Tiere!

Fotos: S. Wyszengrad

Fasching der Monster

eine Kerze im Ständer; ein Korken auf dem Kuhhorn; das Armband der Kuh; ein Stern auf dem Hut vom Schwein ganz vorn; sein Glas; die Schnecke unten links; die Maus unterm Tisch; der Mauseschwanz unten rechts, die Uhrzeit!

Zwischen fünf vor Mitternacht und fünf nach Mitternacht haben sich 20 Dinge verändert! Welche? Wie lange brauchst du, um alle Unterschiede zu finden?

Lösung: Das Ei auf dem Kuchen; der Hut des Krokodils; die Schnecke auf dem Sessel; die Anzahl der Schnecken auf der Platte; die Wunderkerze des Schweins mit der braunen Jacke; das Glas vom Schwein rechts; die Nase vom Schwein links; das Glas links von diesem Schwein;

ELTERN - KINDER

Beeil dich!

- Was war das? Ein Traum?
- Aufstehen, Klaus!
- später ... Was, du bist immer noch im Bett!
- Los, steh auf! Du hast kaum noch Zeit für dein Frühstück!
- Jeden Tag das gleiche Spiel! Nur Sonntags .... stehst du von allein auf!
- Kein Wunder, wenn ich nicht zur Schule muß!
- Oh, da ist ja mein Puzzle!
- Aber doch nicht jetzt, komm!
- Nie hab ich Zeit!
- Ah, du sagst doch immer, wenn man etwas angefangen hat, ...
- Man kann nicht zwei Sachen gleichzeitig machen! Das ist einfach zu lustig!
- Beeil dich! — Nur noch fünf Minuten!
- Warte, ich brauche noch mein Schwimmzeug!
- Du mußt mich früher wecken!
- Ja, wenn du früher ins Bett gehst!
- Trink nicht so hastig, bitte!
- Wenn ich mich einmal beeile ...
- Und du? Bist du wie Klaus? Bist du immer pünktlich? Findest du das schwierig? Schreib an Benni!
- Warte, ich kann meine Brille nicht finden!
- Aber, bitte beeil dich!

Benni – Mach mit!

Basteln mit LUFTSCHLANGEN

Wer glaubt, Luftschlangen ließen sich nur zum Werfen und als Zimmerdekoration verwenden, irrt sich gewaltig. Mit den bunten Papierstreifen läßt sich eine ganze Menge mehr anfangen. Ein paar Beispiele für dieses »Mehr« zeigt euch Benni hier auf dieser Seite. Doch seid gewarnt! Wer einmal mit dem Luftschlangenaufrollen anfängt, kommt so schnell nicht wieder davon los. Nach einem Hahn und einer Henne muß ein ganzer Hühnerhof her, dann ein Zoo, dann sämtliche Tiere der Arche Noah... Benni wünscht viel Spaß, aber er übernimmt keine Verantwortung für wundgedrehte Finger!

Für die **Kuller-Ketten** rollt ihr einfach unterschiedlich große »Perlen« und verklebt die Enden gut mit Alleskleber. Damit sie schön glänzen, könnt ihr sie mit Klarlack übersprühen oder einpinseln. Rollt die ersten Runden über eine Stricknadel, denn ihr braucht in der Perlenmitte ein Loch zum Auffädeln. Wir haben als Perlenschnur ein Lederband verwendet, doch ein dicker Wollfaden tut's auch.

Hahn und Henne bestehen jeweils aus vier Luftschlangenrädern: zwei für die Beine, eines für den Bauch und eines für den Kopf. Die Teile mit Alleskleber zusammenkleben, dann Schnabel, Kamm und Schwanz zurechtschneiden und ankleben. Für die gelockten Schwanzfedern des Gockels werden vier oder fünf Luftschlangenstückchen über die Schneide einer Schere gezogen. Laßt euch dabei lieber helfen, bevor der Daumen blutet!

Die größten Räder braucht ihr für den **Eierbecher.** Eine ganze Luftschlange bildet den Fuß. Fest aufrollen und das Ende verkleben. Dann drückt ihr die Mitte mit dem Daumen ein fingerbreit nach oben. In diese Delle könnt ihr noch ein kleines Luftschlangenrad kleben, das macht die ganze Sache richtig stabil. Für den Becher selbst werden vier Luftschlangen fest zu einem großen Rad aufgewickelt und anschließend über einem Ei (am besten einem gekochten!) in Form gebracht. Becher und Fuß mit Alleskleber zusammenkleben und außen und innen lackieren.

Benni Hobby

Tennis

Hallo, ich bin Rebekka!
Meine Eltern spielen schon lange Tennis. Das hat mich oft ziemlich gefuchst, wenn die zum Tennisspielen gegangen sind, weil mein Bruder und ich zuhause bleiben mußten. Deshalb haben meine Eltern uns eines Tages für Tennisstunden bei einem Trainer angemeldet. Einmal pro Woche haben wir eine Stunde lang in der Halle gespielt. Mein Bruder fand das zwar stinklangweilig, aber mir hat das Spaß gemacht und macht es noch immer.
Klar, am Anfang ist es ziemlich mühsam, die richtige Haltung des Schlägers zu üben und immer den Ball zu treffen, den der Trainer zuspielt. Technik spielt beim Tennis halt eine große Rolle. Aber unser Trainer hat zwischendurch immer wieder mal ein »Match« (so heißt das Spiel beim Tennis) mit uns ausgetragen - und das fand ich wirklich toll. Deshalb bleibe ich beim Tennis - auch wenn ich nicht unbedingt eine neue Steffi Graf weden will!

Das kostet der Tennis-Spaß:

Tennis galt früher als eine Sportart der »Reichen«. Inzwischen spielen viele Leute Tennis. Aber ein billiges Vergnügen ist es immer noch nicht. Es gibt zwei Möglichkeiten: Entweder eure Eltern sind in einem Tennisverein: da kostet die Familienmitgliedschaft leicht ein paar hundert Mark im Jahr, dazu kommt noch eine Aufnahmegebühr. Dafür sind aber dann die Trainerstunden billig, fünf bis zehn Mark pro Kind, wenn in der Gruppe trainiert wird.
Ohne Verein kosten Trainerstunden zwischen 20 und 50 Mark, dazu kommen Platzgebühren zwischen 15 und 35 Mark. Natürlich kann man sich auch in einer Gruppe zusammentun, dann wird's billiger. Die Ausrüstung ist nicht allzu teuer: Einen Kinderschläger gibt es schon ab 25 Mark, und Tennisschuhe kosten auch kein Vermögen. Als Kleidung reicht für den Anfang ein Trainingsanzug, den Traum vom weißen Röckchen könnt ihr ohne weiteres auf später verschieben!

Tennisspielen-Lernen heißt auch, ein gutes Ball-Gefühl zu entwickeln.

SPORT

Spiel, Satz und Sieg

Ihr wißt, wie verbissen es bei großen Tennisturnieren zugeht. Aber auch wenn sich Boris und Steffi noch so ärgern - nur der Schiedsrichter hat was zu sagen. Was, lest ihr hier!

1 Der »Stuhl-Schiedsrichter« ist Herr des Spiels. Er zählt die Punkte. Das geht so: 15, 30, 40, Spiel.

2 Um einen Satz zu gewinnen, muß man sechs Spiele und dabei mindestens zwei mehr als der Gegner haben Bei 6:6 gibt es Tie-Break.

3 Der Schiedsrichter nennt den Namen des Siegers, ohne Vornamen und Nationalität. Bei Damen sagt er »Fräulein Graf« oder »Frau Evert«.

4 Während eines Spiels schlägt immer nur einer auf. Einen fehlerhaften Aufschlag darf er einmal wiederholen. Ist der wieder fehl, heißt das Doppelfehler.

5 Der Linienrichter ruft »Aus« wenn der Ball jenseits der Linie ist. Der Stuhlschiedsrichter nennt dann den neuen Spielstand.

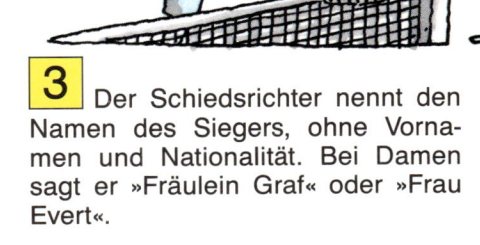

6 Der Netzrichter legt die Hand aufs Netz. Berührt der Ball beim Aufschlag die Kante, ruft er »Netz«, und der Aufschlag wird wiederholt.

7 Der Aufschläger darf beim Aufschlag nicht über die Grundlinie treten. Dies ist genauso ein Fehler wie z.B. ein Ausball.

8 Bei 6:6 gibt es Tie-Break. Dabei wird wie beim Tischtennis gezählt. Jeder darf nur zweimal hintereinander aufschlagen. Wer zuerst sieben Punkte hat, gewinnt den Satz mit 7:6.

© Astrapi: Catherine Peugeot, Jean-Marie Renard. Adaption: Gerald Drews

Benni *Tiere*

Kleiner Mann im Frack
Der Pinguin lebt piekfein im ewigen Eis

Fotos: Mauritius-Nakamura

Sicherlich kennt ihr den Pinguin aus dem Zoo oder Tierpark. Aber habt ihr euch schon mal überlegt, wo dieser seltsame Vogel herkommt und wie er lebt? Pinguine leben auf der südlichen Halbkugel der Erde. Die größten haben ihre Heimat in der Antarktis. Das ist das Gebiet um den Südpol der Erde, das immer von Eis bedeckt ist. Nirgendwo auf der Erde ist es so kalt wie hier. Eine dicke Fettschicht unter ihrer Haut schützt die Tiere vor der Kälte.

»Darf ich zum Tanze bitten?«

Ganze Pinguin-Familien leben zusammen auf dem Eisberg.

Obwohl die Pinguine nicht fliegen können, gehören sie zu den Vögeln. Ihre Vorderbeine sind keine Flügel, sondern kräftige Flossen. Die Pinguine sind Meister im Tauchen, Schwimmen und Fischfang, können aber auch an Land watschelnd und rutschend weite Strecken zurücklegen. Sie leben von Wassertieren, die sie unter Wasser tauchend erjagen. Kaum zu glauben, aber beim Schwimmen erreichen die Wasservögel Geschwindigkeiten bis zu 40 Kilometern in der Stunde. So schnell seid ihr nicht einmal mit einem Rennrad! Wegen ihres Aussehens heißen die Pinguine auch die »Kleinen Männer im Frack«. Pinguine vermehren sich — wie alle Vögel — durch Eier. Das Pinguin-Weibchen legt ein Ei und kehrt dann zum Meer zurück. Das Männchen brütet das Ei aus — bis die Pinguin-Mutter nach 64 Tagen mit Futter zurückkommt. Gemeinsam ernähren die Eltern dann das heranwachsende Pinguin-Kind.

Meister im Tauchen und Schwimmen.

Benni Witzekiste

Es klingelt. Frieda geht hin und öffnet. "Mami", ruft sie, "da ist jemand, der will für das Schwimmbad sammeln." Gib ihm zwei Eimer Wasser."

Timo Bürk, Hemmingen

Der Klassenlehrer verteilt die Zeugnisse: "Na, Andreas, deinem Vater werden sich bestimmt die Haare einzeln sträuben, wenn er dein Zeugnis sieht." "Das glaub' ich nicht, mein Vater hat eine Glatze!"

Peter Klaiber, Stegen-Eschbach

"Wer weiß denn in eurer Klasse am meisten?" will der Schulrat von den Kindern wissen. Da meldete sich Fritzchen: "Der Lehrer!"

Astrid Knüttel, Olsberg

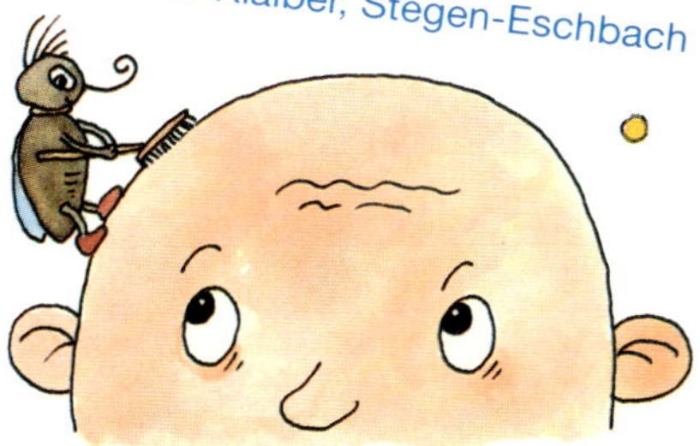

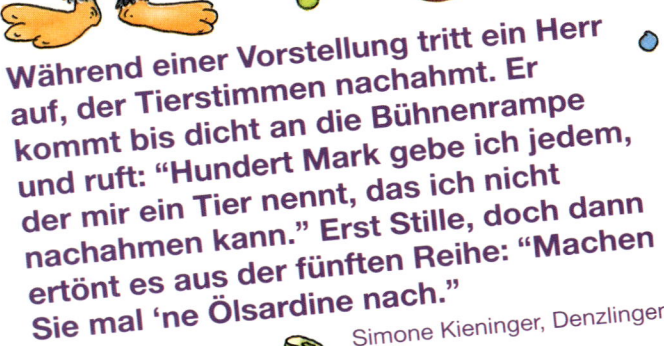

Während einer Vorstellung tritt ein Herr auf, der Tierstimmen nachahmt. Er kommt bis dicht an die Bühnenrampe und ruft: "Hundert Mark gebe ich jedem, der mir ein Tier nennt, das ich nicht nachahmen kann." Erst Stille, doch dann ertönt es aus der fünften Reihe: "Machen Sie mal 'ne Ölsardine nach."

Simone Kieninger, Denzlingen

Der neue Lehrling in der Bäckerei soll auf eine Torte "Herzlichen Glückwunsch" draufschreiben. Das dauert aber sehr lange. Da ruft der Meister: "Ist die Torte denn nun endlich fertig?" Ruft der Lehrling zurück: "Ich krieg das Ding so schwer in die Schreibmaschine."

Daniela Seemann, Dillingen

Vor der Schule steht ein Schild: "Überfahren Sie die Schulkinder nicht!" Darunter hat jemand geschrieben. "Wartet lieber auf den Lehrer."

Ilona Poppner, Essen

Frau Müller zum Taxifahrer, als sie am Ziel sind: "Fahren Sie bitte 500 Meter zurück, ich muß das letzte Stück zu Fuß gehen, mein Geld reicht nicht ganz!"

Karen Meyer, Hamburg

Ein Franzose tritt aus Versehen einem Deutschen auf den Fuß und sagt: "Pardon!" Antwortet der Deutsche empört: "Nichts Karton, echt Leder!"

Elke Seeger, Spaichingen

Schorschi sieht bei seinem Onkel, der einen Bauernhof hat, wie eine Melkmaschine im Kuhstall in Betrieb gesetzt wird. Flugs läuft er ins Haus und sucht seine Mutter. Als er sie nach langem Suchen gefunden hat, ruft er: "Mutti, Mutti komm schnell, dann kannst du sehen, wie Onkel Heiner die Kühe auftankt.

Simone Haury, Kappel

Die Reporterbande b

Mutig, mutig! Reporterin Jana probiert eine der greußlichen Masken auf.

Hier werden aus Menschen Katzen oder Hexen oder Kobolde oder Schönheiten des 18. Jahrhunderts - und das nicht nur im Fasching oder Karneval. Trotzdem ist daran gar nichts Zauberisches, denn Johanna, Jana und Benni von der Reporterbande besuchen gerade die "Maske" der Münchner Oper. Das ist der Arbeitsplatz der Maskenbildner. Hier werden abends die Sängerinnen und Sänger der Oper frisiert und geschminkt, sie bekommen falsche Bärte und Perücken verpaßt - und manchmal auch richtige Masken vor das Gesicht.

"Es ist schon vorgekommen", erzählt Rudolf Herbert, der Chef der Maskenbildner, "daß da zwei oder drei Maskenbildner in ein paar Minuten 15 Leute schminken und mit Perücken versehen mußten!" Die Reporter können das kaum glauben. "Hat es da keine komischen Unglücksfälle - verrutschte Bärte oder vertauschte Perücken - gegeben?" will Johanna wissen. Nein, an so was kann sich Rudolf Herbert nicht erinnern. Dazu wird alles viel zu gut vorbereitet - so wie jetzt am Nachmittag, wo die Reporter zu Besuch sind. Da fertigen zwei angehende Maskenbildnerinnen gerade kunstvolle Perücken. Jana interessiert sich aber viel mehr für die Masken und deutet auf gruselig aussehende Fratzen, die hier und da aus leeren Augenhöhlen in den Raum starren. Rudolf Herbert erklärt: "Die werden aus Latex modelliert und in einem Ofen vier Stunden lang gehärtet. Der Regisseur und der Kostümbildner

Interessiert schauen die Reporter zu, wie in der "Maske" eine Glatze entsteht.

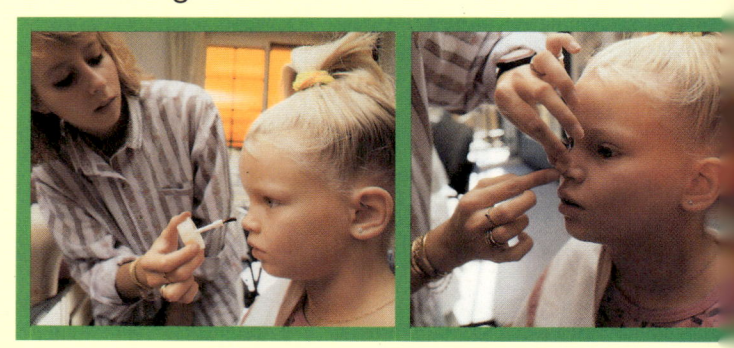

Kaum zu glauben: Aus Johanna ist Pippi Lang

den Maskenbildnern

schreiben in groben Zügen vor, wie die Maske dann aussehen soll, die Einzelheiten gestalten die Maskenbildner anschließend nach ihren eigenen Ideen. Heute haben sie einen Sonderauftrag. Bei Johanna von der Reporterbande soll "Maske" gemacht werden. Sie möchte gern aussehen wie Pippi Lang-strumpf. "Also Johanna, bitte Platz nehmen!"

Erstmal muß die Nase kecker werden! Ein Tupfer Kleber kommt auf die Nasenspitze, darauf ein paar kurzgeschnittene Haare, damit der künstliche Nasenteil besser hält. Dieser Nasenteil ist nichts anderes als ein Kügelchen Plastillin. Es wird ein bißchen zurechtgedrückt und dann so geschminkt, daß es von der umgebenden Haut nicht mehr zu unterscheiden ist. Nun bekommen die Backen noch ein paar Sommersprossen, die Haare erst eine neue enganliegende Frisur, dann darüber eine wilde rote Perücke! Fertig ist das Lausemädchen Pippi Langstrumpf. "Bei euch ist eigentlich immer Fasching",

Auch das Herstellen von Perücken gehört zur Arbeit der Maskenbildner.

findet Benni und ist ein bißchen neidisch. Dann aber haben alle noch ihren Spaß an den vielen Oberlippenbärten, die sie sich ins Gesicht drücken dürfen. Das sieht einfach zu lustig aus. Manchmal finden die Maskenbildner ihre Arbeit aber gar nicht lustig. "Wir müssen oft abends oder am Wochenende arbeiten, dann wenn alle anderen Menschen frei haben. Wenn man das auf Dauer auf sich nehmen will, muß man wirklich viel Spaß an seinem Beruf haben" erklärt Rudolf Herbert.

MICH ERKENNT BESTIMMT KEINER!

f geworden!

Jeder darf sich einen Oberlippenbart aussuchen und sein Aussehen damit verändern.

Fotos: Ursula Zeidler

FASTNACHTSLIED

Text und Melodie: Elisabeth Unkel

1. Heute bin ich nicht die Kathrin
und ich heisse heut' nicht Klaus.
Ich spiel eine andre Rolle,
schlüpf aus meiner Haut heraus.

REFRAIN:
Ob Fasching, Fastnacht, Karneval,
fröhlich sind wir allemal.

2. Seht mal hin, wer kommt da gleich?
Das ist Paul, als reicher Scheich.
Und mein Freund von nebenan –
spielt den Leierkastenmann.
REFRAIN:
Ob Fasching, Fastnacht, Karneval ....

3. Fliegenpilze, Schornsteinfeger,
Prinzen, Kätzchen und ein Neger –
Indianer mit der Feder,
Gärtnerin und Struwelpeter.
REFRAIN

4. Hans maskierte sich als Clown.
Der ist lustig anzuschaun!
Und dort schwebt ein Luftballon –
Ralf und Ilse tanzen schon.
REFRAIN

5. Hallo, Freunde, tanzt und springt –
alle klatschen, jeder singt.
Lacht und feiert, tobt euch aus!
Spielt im Garten und im Haus.
REFRAIN

B. Tkotz-Brandt

SCHMINKEN MIT BENNI

Zu Fasching hat Anna Wagner nie Zeit. Alle ihre kleinen Freunde wollen dann von ihr geschminkt werden. Natascha will in diesem Jahr als Clown, Sascha als Hund zur Kinderparty gehen. Hier seht ihr, wie sie aussehen.

<u>Wichtig:</u> Das Gesicht vorher gründlich reinigen. Dann eine fettfreie Feuchtigkeitscreme auftragen.

Mit einem dünnen Stift (Faschingsschminke) die Konturen vorzeichnen. Anschließend die entsprechende Farbe, wie auf unseren Fotos, auftragen. Am besten geht das mit den Fingern. Die Stupsnase des Hundes wird mit Muttis Eyeliner aufgemalt, die Hundeohren aus Filz ausgeschnitten und mit einer Haarklemme befestigt.

Fotos: Diekamp

Im nächsten Jahr gehe ich auch als Hund.

Benni - Mach mit!
Konfetti-Kunst

Benni ist nicht ganz fertig geworden mit seinem Konfetti-Bild. Wer klebt weiter?

Herr Markus
hat Glück und findet sich wieder

Benni Bilder-Kreuzworträtsel

Hallo Rätselfreunde.
Die Buchstaben von 1 - 16 ergeben das Lösungswort. Kleiner Tip: Manchmal weinen Leute, nur um anderen etwas vorzumachen. Dann fließen .... Die Lösung steht auf Seite 335.

Mit Benni durch die Natur

Nistkästen bauen

Aktion Ameise

Tips für Naturfreunde von der

Ende Februar kehren schon die ersten Zugvögel aus dem Süden zurück. Einige sind Höhlenbrüter. So nennt man Vögel, die gern in **Baumhöhlen** brüten. In unseren Wäldern gibt es aber nur noch wenige alte, faulende Bäume mit geeigneten Bruthöhlen. Deshalb zeigt euch Benni hier, wie man Nistkästen aus Holzbrettchen selbst bauen kann. Vielleicht haben eure Eltern Spaß daran, euch beim Bauen zu helfen?

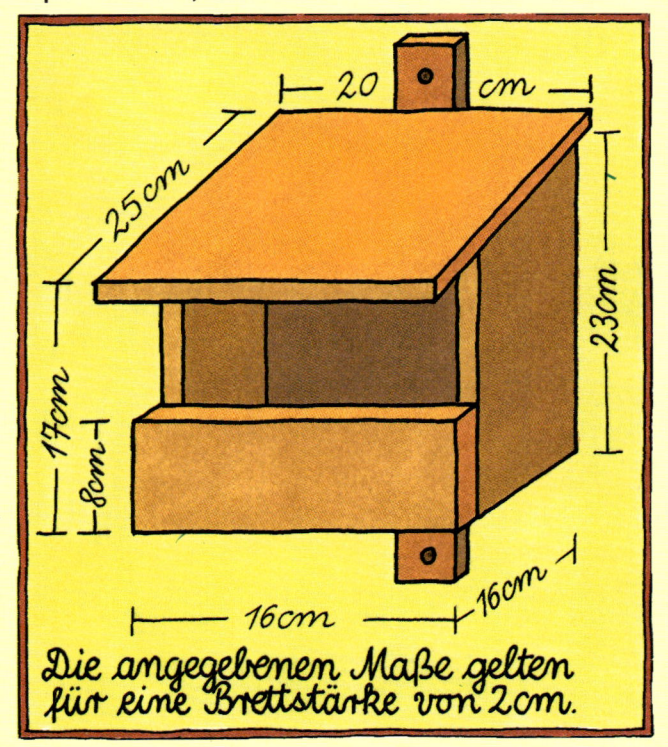

Alte Bäume mit natürlichen Bruthöhlen gibt es kaum noch.

In **Nistkästen** brüten Meisen, Kleiber, Trauerschnäpper und vor allem Stare. Kästen, bei denen die Vorderwand zur Hälfte offen ist, nennt man **Halbhöhlen.** In ihnen brüten Gartenrotschwänzchen, Grauschnäpper und Bachstelzen.

Wie hängt ihr die Nistkästen auf? Am besten mit der Öffnung gegen Osten oder Süden. Achtet auch darauf, daß keine Katzen die Brut stören können. Deshalb: Nistkästen am besten auf eine hohe Stange setzen oder frei in einen Baum hängen.

Die angegebenen Maße gelten für eine Brettstärke von 2 cm.

So könnt ihr die Nistkästen katzensicher aufhängen.

Fotos: Steinbach

61

Benni – Back mit!

Wir backen Faschings-Krapfen

Im Fasching oder Karneval gibt es überall frische Krapfen (woanders als in Bayern heißen sie Berliner oder Pfannkuchen). Es ist ganz einfach, selber welche zu backen, obwohl es kompliziert aussieht.

Foto: Zeidler

Vorsicht beim heißen Fett. Laßt euch beim Ausbacken helfen.

Für den Teig braucht ihr 500 Gramm Mehl, 40 Gramm Hefe, 45 Gramm Zucker, gut 1/8 Liter warme Milch, 2 Eßlöffel Öl, 2 Eigelb, 1 gestrichenen Teelöffel Salz, Mehl zum Ausrollen. Für die Füllung könnt ihr eure Lieblingsmarmelade oder Pflaumenmus nehmen. Zum Ausbacken kauft ihr 750 Gramm Kokosfett ein.

Schüttet das Mehl in eine große Schüssel, drückt in die Mitte eine Vertiefung und bröckelt die Hefe hinein. Darauf kommt Zucker, die Milch und etwas Mehl. Verrührt das Ganze und deckt es mit einem sauberen Tuch zu. Laßt die Schüssel an einem warmen Ort eine Viertelstunde stehen. Danach gebt ihr die restlichen Zutaten in die Schüssel und knetet den Teig gut durch.

Laßt den Teig nochmal 20 Minuten ruhen. Dann rollt ihn daumendick auf einer mit Mehl bestreuten Platte aus und stecht mit einem Glas oder einer kleinen Tasse runde Stücke von etwa 8 Zentimeter Durchmesser aus. Gebt in die Mitte einen Teelöffel Marmelade und zieht den Teig darüber zusammen. Laßt die Krapfen so nochmals 15 Minuten ruhen.

In der Zeit erhitzt ihr das Fett in einem großen Topf (vorsichtig, ihr könnt euch bös verbrennen, wenn das heiße Fett spritzt). Gebt die Krapfen hinein und backt sie zwei bis drei Minuten im geschlossenen Topf von der einen Seite. Mit einer Gabel werden sie gewendet und noch drei Minuten im offenen Topf von der anderen Seite fritiert. In Puderzucker wälzen.

Schoko-Crossies

Lieber Benni!
In der Gruppenstunde haben wir einmal Schoko-Crossies gemacht. Die haben prima geschmeckt. Ich will dir das Rezept verraten

Du brauchst: 100 Gramm Schokolade (am besten Vollmilch), 100 Gramm Cornflakes.

So wird's gemacht: Tafel Schokolade in einen Topf geben und im Wasserbad auflösen. Cornflakes darunter mischen. Mit einem Löffel kleine Häufchen von Schokoladen-Cornflakes auf ein mit Stanniol ausgelegtes Blech legen. Im Kühlschrank hart werden lassen.

Rezept von: **Elisabeth Kracker, Sonthofen.**

Benni, der Krapfenbäcker

GIB MIR MARMELADE, LEO! WIR MÜSSEN DIE KRAPFEN NOCH FÜLLEN!

ÄCHZ *STÖHN*

DA FEHLT SCHON WIEDER EIN KRAPFEN. HAST DU IHN GEGESSEN?

ICH KOMM' VOR LAUTER ARBEIT NICHT DAZU.

KURZ DANACH

PSST, GUCK MAL! DEM WERDEN WIR'S ZEIGEN! HOL MAL DEN SENF!

Pfui *Grrrr* *Spuck*

Haha, REINGELEGT!

WEIL DU NICHT ABWARTEN KONNTEST!

Roscher

Benni *im März*

MÄRZ

1	2	3
4	5	6	7	8	9
10	11	12	13	14	15
16	17	18	19	20
21	22	23	24	25	26
27	28	29	30	31

Hier kannst du deine wichtigsten Termine eintragen!

Benni im März

Benni, der Frühlingsgärtner

Benni bewegen Frühlingsgefühle. Und weil er keine Geduld mehr aufbringt, bis es draußen in der Natur wieder grünt und blüht hat er sich beim Gemüsehändler zwei Obstkisten besorgt. Er legt sie doppelt mit Alufolie aus, füllt sie bis zur Hälfte mit Erde, feuchtet die Erde gut an und sät Kresse, Zitronenmelisse, Schnittlauch, Basilikum und Petersilie aus. In die Ecken setzt er blühende Primelstöckchen. Bald spitzen die ersten Pflänzchen aus der Erde.

Geräusche aus der Trickkiste

Mit einem Kassettenrecorder könnt ihr Geräusche aufnehmen für akustische Ratespiele oder für ein selbstgemachtes Hörspiel. Wie wäre es mal mit einem schnarchenden Ungeheuer? Bohrt ein Loch in den Boden eines Papp- oder Plastikbechers und zieht eine dicke Schnur durch. Verknotet das Ende, das im Becher ist. Reibt mit den Nägeln von Daumen und Zeigefinger an der Schnur entlang. Das leisere Aufatmen entsteht, wenn ihr sachte mit den Fingerkuppen die Schnur entlangfahrt.

Wenn Arme und Beine müde werden

Von der Frühjahrsmüdigkeit habt ihr ja alle schon mal gehört. Was aber ist los, wenn Fuß oder ein Arm einschlafen? Ganz einfach: Nerven versorgen unsere Glieder mit Empfindungen. Sitzt man lange an einer Stelle, und das auch noch irgendwie ungeschickt, dann kann es passieren, daß irgendwo zwischen Fuß oder Arm und Rückenmark einer der Versorgungsnerven abgeklemmt wird. Der Fuß oder Arm schläft ein. Ein unangenehmes Gefühl entsteht, du hast das Gefühl, du kannst den eingeschlafenen Fuß nie mehr bewegen. Aber keine Angst. Der Nerv erholt sich rasch wieder. Das Prickeln wird stärker und plötzlich wacht der Fuß (oder Arm) wieder auf. Guten Morgen! Von schnarchenden Füßen oder Armen hat man aber noch nichts gehört...

Benni meint:

Im Schlaf zu reden, ist vor allem dann gefährlich, wenn es den Unterricht stört!

Benni Spielseite

Spiele im

Fangspiel: Nehmt eine kleine Papprolle, und befestigt daran die Enden einer dünnen Schnur. Die beiden anderen Enden bindet ihr um einen Stecken. Versucht, die Rolle mit dem Stecken einzufangen.

Strumpfball: In einen alten Strumpf wird ein kleiner Ball gesteckt. Dicht über dem Ball macht ihr einen Knot. Mit diesem Geschoß könnt ihr Werfen und Fangen. Wer am weitesten wirft und am besten fängt ist Sieger.

Namenspuzzle: Bringt ihr die Namen eurer Freunde in einem Puzzle unter?

TINA
SANDRA
CLAUDIA
ISABELL
JULIAN

Osterglocke
Tulpen
Schneeglöckchen
Haselstrauch

Frühling

Welche Tiere macht der Wind?
Schaut euch die Wolken an! Wenn der Frühlingswind bläst, gehen seltsame Tiere am Himmel spazieren!

Runter vom Sockel:
Sucht euch zwei gegenüberliegende Sockel, z.Bsp. am Sandkasten. Nehmt ein dickes Seil und versucht, euch gegenseitig vom Sockel zu ziehen. Achtung, wenn du fest ziehst und dein Gegenüber losläßt, fällst du!

Was blüht denn da?
...t durch den Garten oder ...ch den Wald und sucht, was ...t schon blüht oder sprießt. ... kennt die Namen der Blumen ...d Sträucher? Pflückt die ...men nicht! Sie sind meist ...tig und draußen viel ...öner.

Windröschen
Seidelbast
Leberblümchen

67

Benni Bilder-Kreuzworträtsel

Hallo Rätselfreunde.
Die Buchstaben von 1 bis 10 ergeben das Lösungswort. Wenn ihr sie rechts in die kleinen Kästchen einträgt, findet ihr das richtige Wort. Die Lösung steht auf Seite 335.

Herr Markus
fängt den Frühling ein

Gut. Mach ich. Hummel auch. Sagen Sie ihm: Um 3.

ZUM-ZUM-ZUM

Juchu! Ich darf ohne Mütze gehen! Juchu—

Frühlingssymphonie, 1. Satz, im Vorgarten. Das kleine Schweigen zwischendurch ist das Schneeglöckchen...

© Mayer-Skumanz, Opgenoorth: »Herr Markus – Schmunzelgeschichten für alle Tage«, Verlag St. Gabriel

Benni Tierwelt

Der HASE

Um Hasen zu beobachten, muß man wirklich viel Geduld haben. Gemeint sind natürlich die Feldhasen, nicht die Osterhasen. In der Fabel heißt der Hase »Meister Lampe«. Die Mutter des jungen Hasen ist die Häsin, der Vater heißt in der Sprache der Jäger Rammler.

Der Hase bewegt sich in Sprüngen fort, auch wenn er nicht in Eile ist. Weil er viele Feinde hat, ist er argwöhnisch und mißtrauisch. Er verwischt seine Spuren, indem er Haken schlägt, falsche Fährten legt, Riesensätze macht. Auf der Flucht kann er Spitzengeschwindigkeiten von bis zu 80 Stundenkilometern erreichen.

Seine großen Augen liegen seitlich am Kopf. Nach vorne hin sieht er deshalb schlecht, aber auf beide Seite hin gut. Bei Gefahr macht der Hase Männchen.

Das sieht doch jeder: Der Feldhase hat ganz lange Löffel …

Das heißt: Er setzt sich auf die Hinterpfoten, stellt seine Löffel (Ohren) auf, schaut sich um und schnuppert nach allen Richtungen. Hasen können sehr gut sehen und noch besser hören und riechen. Die beweglichen, extrem langen Löffel fangen auch das leiseste Geräusch auf.

Jetzt im März kommen die ersten Junghasen zur Welt. Die meisten Hasenkinder werden aber im Mai und Juni geboren. Eine Häsin kann viermal im Jahr bis zu fünf Junge bekommen. Die Hasenkinder kommen mit offenen Augen zur Welt, ihr Körper ist mit langen Haaren bedeckt, und sie haben bereits Zähne.

Die Mutter bringt sie in ihrer Sasse unter. So heißt das muldenförmige Lager des Hasen am Boden. Es ist eine Art Nest im Freien unter einem Busch oder im hohen Gras. Im Gegensatz dazu haust das Wildkaninchen in einem unterirdischen Bau. Kaum sind die Hasenjungen auf der Welt, können sie schon laufen. Tagsüber tollen sie ums Lager herum. Bei Gefahr kuscheln sie sich in die Sasse, um ihren Feinden zu entgehen: der Krähe, der Elster, dem Adler

Da rührt sich was! Der Hase wittert Gefahr und macht Männchen.

Benni Tierwelt

... und das Wildkaninchen kleine Ohren. Leicht zu unterscheiden.

oder dem Fuchs. Sie liegen bewegungslos da, bis die Gefahr vorrüber ist. Auch die Milch ihrer Mutter bekommen sie im Lager, beim Morgengrauen und in der Abenddämmerung.

Nach 14 Tagen werden sie entwöhnt und wagen sich in die Welt hinaus. Sie hoppeln über Felder und Wiesen, fressen Gras, knabbern Gemüse und Getreide an. Im Winter nagen sie die Rinde von den Bäumen.

Übrigens: Feldhasen und Wildkaninchen lassen sich leicht unterscheiden. Das Kaninchen ist viel kleiner als der Hase und hat viel kürzere Ohren.

Sicher im Lager: Mit großen Augen blicken die Hasenkinder in die Welt.

GUTENBERG

Gutenberg wurde 1397 in Deutschland geboren. Zu dieser Zeit hat man schon Papier bedruckt: Die Texte werden auf ein Holzbrett graviert.

Auf dieses Relief kam Tinte und darauf drückte man ein Blatt Papier. Ein teures, zeitaufwendiges und umständliches Verfahren!

Ist dieser Stein schön! Das wäre ein wunderbarer Ring für meine Verlobte.

Gutenberg ist 23 Jahre alt. Er lebt in Straßburg, wo er Ornamente und Schmuck herstellt. Besondere Freude hat er an schönen Steinen.

Spielst du jetzt, ja oder nein?

Ja, ja, gleich!

Die Drucker haben viel Arbeit. Sie produzieren hunderte von Spielkarten, denn das Kartenspielen ist groß in Mode gekommen.

Kannst du uns nicht dein Buch leihen?

Was steht denn da drin?

Wie kann man nur Bücher für alle Welt herstellen?

In Europa beginnt eine glückliche Zeit. Kriege, Hunger und Pest haben ein Ende. Jetzt finden die Menschen sogar Zeit zum Lesen.

Aber Bücher sind selten und furchtbar teuer. Da beschließt Gutenberg, einen Weg zu suchen, um den Druck zu vereinfachen.

Im Mittelalter kopierte man Texte mit der Hand. Später findet Gutenberg einen Weg, Texte schnell zu reproduzieren und mehrere Exemplare davon herzustellen. Das nennt man Drucken.

Danke! Mit Ihrer Hilfe werde ich Großes vollbringen.

Ich hoffe, Sie geben mir das Geld bald zurück!

1448 ist es soweit. Gutenberg hat eine Idee. Doch sein Vorhaben kostet Geld. So kehrt er nach Mainz zurück und kauft Papier und Tinte.

Gut! Jetzt kommt die Tinte...

Gutenberg stellt bewegliche Buchstaben aus Metall her: Schriftzeichen. Auf einem Brett reiht er die Schriftzeichen aneinander.

Sobald der Druck fertig ist, kann man die Schriftzeichen für einen neuen Text benutzen. Immer wieder, so oft wie man will...

Halt, halt, ich habe eine Idee!

Gutenberg erfindet auch eine Druckpresse nach dem Vorbild einer Weinpresse. Damit kann man das Papier auf das Buchstabenbrett drücken.

Davon machen wir ein Dutzend Exemplare!

1449 wird in Gutenbergs Druckerei eine Bibel gedruckt. Sie ist später unter dem Namen "Gutenberg-Bibel" weltberühmt geworden.

Gutenberg stirbt im Jahre 1468. Ihm verdanken wir, daß Bücher heute billiger sind. So konnten selbst arme Leute lesen lernen und sich bilden.

Die Reporterbande berichtet vom
Leben auf dem Bauernhof

Natürlich haben auch die Reporter ihre Lieblingstiere auf dem Bauernhof.

Schafescheren, Spargelstechen, Stallausmisten, Unkrautjäten! Könnt ihr euch vorstellen, daß es Kinder gibt, die so etwas freiwillig machen? Es gibt sie! Sie haben Bennis Reporterbande davon erzählt.
Pia und Julian zum Beispiel besuchen regelmäßig den **Kinderbauernhof in Neuss.** Sie haben dort ihre Lieblingstiere, denen sie auch immer einen Leckerbissen mitbringen. Für Pia ist es ganz klar, daß "ihre" Katze Pussi besonders lieb gestreichelt wird. Die Bauern dort, Maria und Johann Königs, waren früher "richtige" Bauern. Als sie sich zu alt fühlten, den Hof weiterzuführen, haben sie daraus einen Kinderbauernhof gemacht. Jetzt können die kleinen Besucher aus der Stadt erleben, wie das Leben auf dem Bauernhof abläuft. Zu gern erzählen die Königs den Kindern davon und zeigen ihnen die alten Geräte.
Von weitem wiehert "Diamant", ein niedliches Fohlen. Martina gibt ihm nicht nur Streicheleinheiten, sondern füttert den Vierbeiner und mistet den Stall aus. "Diamant" ist nämlich ihr Patentier. "Ich mag Tiere sehr gerne und besonders Pferde", erklärt sie den Reportern, die die **Jugendfarm in**

Schafbock Werner ist der Liebling von Birgit. Angst hat sie keine.

Essen besuchen. Wer auf der Jugendfarm mitmachen will, muß auch Verantwortung für die Tiere übernehmen. Das heißt eben für Martina, daß man mit den Pferden nicht nur ausreitet, sondern sie auch putzt, für einen sauberen Stall und für das Futter sorgt. Daniel ist gerade im Garten beschäftigt. Hier wird Gemüse und Obst angebaut, das die Kinder selbst ernten und verzehren dürfen. Der 9jährige Daniel wohnt mit seinen Eltern mitten in der Großstadt Essen. Aber

Andrea und Jennifer lernen hier, wie man richtig Kühe melkt.

Das Ausmisten der Ställe gehört ...

... genauso dazu wie das Hühnerfüttern ...

... und die Arbeit im Gemüsegarten ...

... oder bei den Kälbern im Stall.

eines hat sich der Besucher der Jugendfarm fest in den Kopf gesetzt: Er will später mal Bauer werden.

Katharina, Jakob und Christian sind begeisterte Gäste auf dem **Schulbauernhof in Ummeln bei Bielefeld.** Denn statt Rechnen und Vokabelpauken steht hier Stallausmisten und Tomaten anpflanzen auf dem Stundenplan. Da gehen die Schüler mit ihrem Lehrer hinaus in den Wald oder an den Teich, hören sich das Gezwitscher der Vögel und das Gequake der Frösche an. Erlebnisse, die Großstadtkinder nur aus Büchern kennen. Hier lernen die Kinder bei der

Schüler und Lehrer lernen hier das Leben am Teich kennen.

Arbeit, daß nichts von allein wächst und entsteht: Je nach Jahreszeit werden Kartoffeln, Mais, Rüben, Zwiebeln, Bohnen und Erbsen gepflanzt, gejätet, gegossen oder geerntet. Und sie bekommen größere Achtung vor dem, was sie täglich wie selbstverständlich auf ihren Tellern finden.

Für die tierliebenden Besucher gibt es 60 Gänse und ein Schwein, viele Enten, Hühner, Hunde und Katzen. Auch sie wollen versorgt werden. Zum ersten Mal morgens vor dem Frühstück! "Arbeitsfreizeit" nennt sich das, was die Schüler auf dem Bauernhof treiben. "Mehr Arbeit als Freizeit" spottet Jungbauer Stefan, bevor er abends müde, aber zufrieden ins Bett fällt.

Fotos: EXKLUSIV, Karin Hackenbroich, Schäfer

Was tun, wenn du Kummer mit deiner Katze hast?

Meine Katze

Sie putzt sich ständig!

Das ist normal. Sie macht ihre Katzentoilette. Sie glättet ihre Haare und reinigt ihre Krallen.

Bürste sie einmal in der Woche gegen den Strich! Aber bitte nicht baden. Katzen graust es nämlich vor Wasser!

Sie zerreißt alles!

Schade um das schöne Sofa oder die Tapete im Flur! Aber deine Katze meint das nicht böse. Sie will nur ihre nachwachsenden Krallen abschleifen.

Sie braucht einen Katzenbaum, an dem sie ihre Krallen schärfen kann. Befestige oben drauf ein Stück von einem alten Pulli von dir.

Sie reibt sich an deinen Beinen!

Sie tauscht ihren Duft mit deinem! Damit will sie dir sagen: Ich bin da!

Streichele sie, damit sie merkt, daß du ihre Botschaft verstanden hast.

Sie schläft so oft!

Sie liebt einen Mittagsschlaf und sechs Stunden Schlaf jede Nacht!

Im Winter ist der Boden kalt. Leg' eine Zeitung unter ihren Schlafplatz!

Sie ißt nicht mehr so viel!

Aber sie liebt Sardinen. Gemüse dagegen verabscheut sie. Also am besten mischst du ihr das Futter, ohne daß sie es merkt!

Wenn du sie verwöhnen willst, gib ihr Käse! Aber niemals süße Sachen und keine Hähnchenknochen für deinen kleinen Liebling.

Immer stellt sie etwas an!

Wenn du ein Kotelett so griffbereit hinstellst, brauchst du dich nicht zu wundern. Gib' ihr lieber einen Katzenknochen! Wenn du zu spät kommst, sei ihr nicht böse.

Benni Hobby

Mein Hobby: Eislaufen

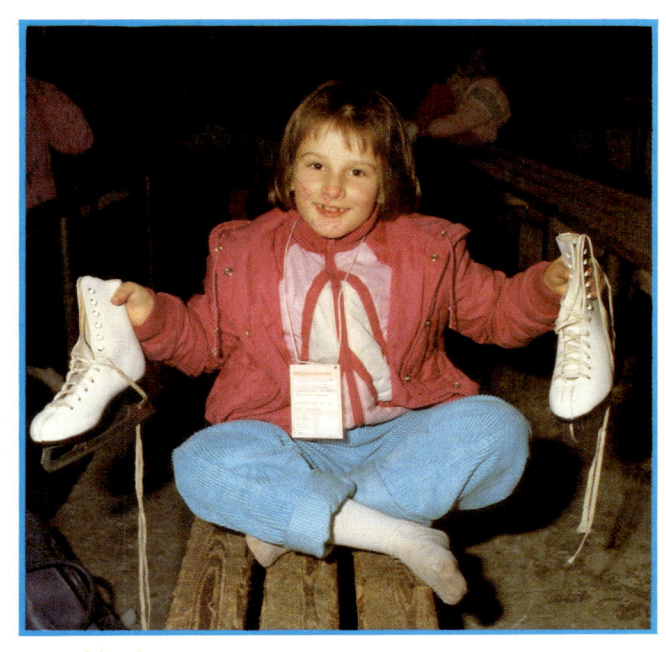

Hallo! Ich heiße Therese und bin sieben Jahre alt. Mein Hobby ist Eislaufen. Von September bis April komme ich zweimal in der Woche ins Eisstadion und schnalle meine Schlittschuhstiefel an. Das ist ganz schön mühsam, mit den vielen Haken und Ösen! Dann darf ich die Handschuhe nicht vergessen, und los geht's! Ich bin jetzt schon im zweiten Jahr dabei. Wir üben inzwischen schwierigere Figuren wie den Flieger oder den Schwan. Im ersten Jahr haben wir vor allem das Hinfallen, das Aufstehen und das Laufen geübt.

»Schön strecken das Bein!« Lydia, die Trainerin, zeigt, wie's richtig ist.

JETZT KLAPPT'S BESTIMMT.

Ungefähr zehn Kinder sind in jeder Gruppe. Manche Gruppen trainieren auch schon für Wettkämpfe. Zwei achtjährige Mädchen und ein neunjähriger Junge aus unserem Verein haben schon bei den Bayerischen Jugendmeisterschaften mitgemacht. Aber ich komme vor allem deshalb hierher, weil es mir Spaß macht, mich auf dem Eis zu bewegen, und weil ich hier Freunde finden kann.

Mit ausgestreckten Armen kann man das Gleichgewicht besser halten.

Fotos: Zeidler

Benni Spieleseite

HASENJAGD:

Für dieses Spiel müßt ihr mindestens 5 Kinder sein. Steckt im Garten oder auf einer Wiese ein Feld von 2 mal 2 Metern ab. Das ist der Fuchsbau. Ein Spieler ist der Fuchs, die anderen sind die Hasen. Der Fuchs geht in seinen Bau, und die Hasen laufen um den Bau herum. Plötzlich ruft der Fuchs: "Der Fuchs kommt!", läuft aus seinem Bau und versucht, einen Hasen zu fangen. Der gefangene Hase wird nun zu einem Fuchs. Die beiden fassen sich an den Händen und rufen: "Die Füchse kommen!" Dann geht die Jagd wieder los. Die beiden dürfen sich nicht loslassen und es wird immer nur ein Hase gefangen. Der letzte Hase ist beim nächsten Spiel der Fuchs.

OSTEREIER WÜRFELN:

Für dieses Spiel bekommt jeder Mitspieler 6 Zuckereier. Außerdem braucht ihr 6 Bierdeckel, auf die ihr die Zahlen 1 bis 6 schreibt, und einen Würfel. Wer eine 6 würfelt, darf beginnen. Er setzt ein Ei auf das Feld 6. Ein Feld darf von jedem Mitspieler nur einmal besetzt werden. Mit ⚀, ⚁, ⚂, ⚃, ⚄ werden die weiteren Felder aufgefüllt. Wer zuerst keine Eier mehr hat, ist Sieger.

RUNDUM

Barbara Thotz-Brandt

ICH WAR IM GARTEN...

Spielt einmal "Ich sehe was, was du nicht siehst" in anderer Form. Ein Spieler sagt: "Ich war im Garten und habe eine Blume gesehen." Die anderen Spieler versuchen, durch Fragen herauszubekommen, welche Blume gemeint ist. Die Fragen müssen so gestellt werden, daß sie nur mit "Ja" oder "Nein" beantwortet werden können. Es kann auch nach anderen Dingen gefragt werden, z. Bsp. einem Baum oder einem Tier, das im Garten vorkommen.

EIERBLASEN:

Tischfußball mit ausgeblasenen Eiern! Auf einem abwaschbaren Tisch wird ein Fußballfeld aufgezeichnet. Das ausgeblasene Ei darf nur mit der Puste bewegt werden, die Hände bleiben auf dem Rücken. Wer das Ei in das gegnerische Torfeld geblasen hat, bekommt einen Punkt. Wenn das Ei außerhalb des Spielfeldes rollt, gibt es von neuem einen Anstoß aus der Mitte. Mit sieben Punkten wird das Spiel beendet, und eine neue Runde kann beginnen.

DAS OSTERESSEN

Große Osterbastele

Für unsere Osterbastelei braucht ihr eine Menge ausgeblasener Eier. Sagt also eurer Mutter, den Großeltern, Tanten und Nachbarn gleich Bescheid, damit sie von jetzt ab die Eier, die sie zum Kuchenbacken brauchen, nicht mehr aufschlagen, sondern euch die Schalen heil überlassen. Was ihr sonst noch bereitlegen müßt, steht jeweils bei den einzelnen Bastelvorschlägen dabei. Sucht euch den schönsten aus, und dann geht's los.

Fotos: Urusla Schmidt-Steinbach

Eierblumen

Ihr braucht: beliebig viele ausgeblasene Eier, Farben, Schaschlikstäbe ein Stück grünen Filz.

Die ausgeblasenen Eier anmalen oder bekleben. Auf unserem Foto seht ihr zum Beispiel Eier, die mit Wollfäden umwickelt sind (dazu das Ei immer etwa 1 cm breit rundum mit Klebstoff einstreichen und die Wolle andrücken) und solche, die wir mit Papierpunkten aus dem Locher beklebt haben.

Für jede Eierblume einen Schaschlikstab mit Wasserfarbe grün anmalen und ein oder zwei Filzblättchen draufstecken. Wie die Blätter gemacht werden, seht ihr bei der Beschreibung des Osterkranzes. Diese Eierblumen bringen jede Grünpflanze zum Blühen, ihr könnt sie aber auch nur in einen mit Erde gefüllten Topf stecken und zwischen die anderen Blumen aufs Fensterbrett stellen.

Hübsches für den Ostertisch

Sicher kennt ihr alle »FIMO«, die Knetmasse, die man im Backofen härten kann, so daß sich die Teile anschließend nicht mehr verformen. Daraus haben wir unseren Tischschmuck gemacht (der natürlich auch nach Ostern noch genauso hübsch aussieht).

Schneidet mit dem Messer drei etwa 1 cm breite Stücke FIMO von eurem Block ab und rollt sie zu dünnen Würsten aus. Sie sollen jeweils etwa 20 cm lang sein und einen Durchmesser von einem halben Zentimeter haben.

Drückt die Enden der drei Würste leicht aufeinander und flechtet dann einen Zopf, den ihr zum Kreis biegt. Schneidet die Enden mit einem Messer glatt und fügt sie zusammen. Nach Vorschrift im Backofen backen — zusammen mit Hilfe der Großen natürlich — und nach dem Kaltwerden lackieren.

Diese geflochtenen Ringe könnt ihr als Eierbecher benutzen, als Halter für die Osterkerze und als Serviettenring.

– seid ihr dabei?

Eierhuhn

Ihr braucht: 3 oder mehr ausgeblasene Eier, ein Stück Karton, Farben.
Die Umrisse des Eierhuhns auf Karton vorzeichnen (es muß ja nicht genauso aussehen wie unseres) und ausschneiden.
Dann das Loch im Bauch herausschneiden. Wenn ihr grauen Karton habt, müßt ihr ihn mit weißem Papier überkleben, bevor ihr euch ans Bemalen macht. Der Kamm und die Hautlappen am Hals werden rot, der Schnabel gelb. Das Auge darf natürlich auf keinen Fall fehlen.

Die Eier könnt ihr entweder weiß lassen oder bunt bemalen, wie es euch besser gefällt. Hängt ein Ei in den Bauch des Huhns, die anderen darunter. Das macht ihr am besten so, daß ihr ein etwa 1 cm langes Stück Streichholz an einen Faden knotet und das Hölzchen dann durch das Loch im Ei steckt. So rutscht der Faden nicht durch.

Blättchen aus Filz zuschneiden.... 8cm 3cm ...der Länge nach zusammenlegen und ein Loch durchstechen

Osterkranz

Ihr braucht: 7 ausgeblasene Eier, Wasserfarben, Plakatfarben oder Nagellackreste zum Bemalen, ein Stück grünen Filz, Blumendraht oder starken Faden.
Die sauberen Eier einzeln auf Schaschlikspieße stecken und entweder in einer Farbe oder bunt bemalen. Wenn die Farbe ganz trocken ist, mit einer Speckschwarte abreiben, damit sie schön glänzen. (Beim Nagellack ist das nicht nötig, der glänzt von allein.)

Sieben Blättchen aus grünem Filz wie auf unserer Zeichnung zuschneiden, der Länge nach zusammenlegen und in der Mitte mit einer dicken Nadel ein Loch hineinstechen. Jetzt immer abwechselnd ein Blatt und ein Ei auf den Draht oder Faden auffädeln und diesen straff verknoten, damit sich ein schöner Kranz bildet.

Der Osterkranz wirkt am besten, wenn er im Fenster aufgehängt wird.

Benni Suchbild

Schäfchen im Urwald

Drei Schäfchen schlafen hier versteckt – wenn du sie findest, sind sie geweckt! Erst suchen, dann ausmalen!

Benni Witzekiste

"Wenn ich geradeaus weitergehe, steht dann da der Kölner Dom?" "Ja, der steht auch da, wenn Sie nicht weitergehen."

Julia Kretschmann, Lilienthal

Kommt der Vater eines Schülers in das Büro des Rektors: "Wie können Sie behaupten, mein Sohn hätte bei der Sachkundearbeit abgeschrieben?" "Ihr Sohn saß neben der Klassenbesten. Er hat die ersten vier Aufgaben genauso beantwortet wie sie. Die fünfte Aufgabe hat sie mit "Ich weiß nicht" beantwortet, und Ihr Sohn schrieb: "Ich auch nicht!"

Ilona Poppner, Essen

Zwei Kühe stehen im Stall: "Was schüttelst du dich so? Ist dir kalt?" "Nein", sagt die andere, "ich habe doch morgen Geburtstag, da schlage ich schon mal die Sahne!"

Stephanie Perthen, Bad Hersfeld

Was schmeckt besser als ein Bonbon?
Zwei Bonbons.
Warum ist Rätselraten gefährlich?
Weil man sich den Kopf zerbricht.
Wie quaken Froschbabys?
Gar nicht. Denn die Froschbabys sind Kaulquappen.
Welches ist das stärkste Tier?
Die Schnecke, sie trägt ihr Haus

Susi Frahm, Riedenburg

Fragt Herr Maier seinen Mitarbeiter: "Hat das Schlafmittel genützt? Haben Sie die Sterne gezählt?" Antwort: "Ja, schon, aber als ich bei 50.000 angekommen war, hat der Wecker geläutet!"

Regine Steiner, München

Wie kann man Wasser in einem Sieb tragen?
Als Eis.
Ein Haus voll Essen, die Tür vergessen!
Das Ei.
Welcher Fink hat keine Flügel?
Der Schmierfink.
In welcher Schule sind keine Schüler?
In der Baumschule.

Dominik Röckl, Gaiberg

Warum nehmen die Ostfriesen eine Leiter mit ins Kaufhaus?
Weil die Preise so hoch sind.

Katja Röckl, Gaiberg

Familie Maier hat das fünfte Kind bekommen, einen Jungen. Vater überlegt mit seinen Kindern einen schönen Namen. Da schlägt eine Tochter vor, ihn "Tulpenmax" zu nennen.
"Aber das ist doch kein Vorname für unseren Jungen", gibt der Vater zu bedenken. "Warum denn nicht? Ich heiße doch auch Rosemarie."

Simone Kieninger, Denzlingen

Hugo, der als schlimmer Rowdy in der Klasse gilt, wird vom Lehrer gefragt: "Wer hat Hannibal geschlagen?" - "Also diesmal war ich es ganz bestimmt nicht!"

Christina Durant, Egenstedt

Es hat Zeugnisse gegeben. Fritz zeigt seinem Vater das Blatt. "So ein mieses Zeugnis hast Du ja noch nie gehabt!" brüllt der Vater wütend. "Nee, Papa", freut sich Fritz, "das ist ja auch nicht von mir. Das habe ich in deinen alten Sachen auf dem Dachboden gefunden."

Eleni Kriempardis, München

Benni – Koch mit!

Eierlei

Ostern ohne buntgefärbte Eier ist wie Weihnachten ohne Plätzchen, stimmt's? Und weil das Färben so viel Spaß macht, kann man so schnell gar nicht mehr damit aufhören. Beim Aufessen der bunten Pracht wird es schon etwas schwieriger. Das erste halbe Dutzend schmeckt ja noch ganz prima einfach so, aber dann…
Damit das Eierlei nicht zum Einerlei wird, hat Benni zwei Rezepte für euch aufgeschrieben, die euch bestimmt wieder Appetit machen!

Eiersalat

Für 4 Personen braucht ihr:
8 hartgekochte Eier
1 Scheibe gekochten Schinken, etwa 1/2 cm dick
1 Scheibe Käse (zum Beispiel Gouda), auch etwa 1/2 cm dick
1/2 Becher Joghurt
1/2 Becher Sahne
Salz, Pfeffer, frische Petersilie

Die Eier schälen und in kleine Stücke schneiden. Schinken und Käse in Würfelchen schneiden und alles in eine Schüssel geben. Joghurt und Sahne miteinander verrühren, mit je einer Messerspitze Salz und Pfeffer würzen und über den Salat gießen. Petersilie fein hacken (Vorsicht, Finger!), zum Salat geben und alles gut durchmischen. Dazu schmeckt knuspriges Weißbrot oder Toastbrot.

Teufelseier

Die Zutaten für 4 Portionen:
4 hartgekochte Eier
1 Päckchen Tomatensoße
1 Tasse Tomatenketchup
2 Gewürzgurken
1 Eßlöffel gehackte Petersilie und Tomatenmark zum Garnieren

Die Tomatensoße nach Vorschrift auf der Packung mit einem Viertelliter Wasser kochen. Dabei hilft die Mutter oder der Vater, da ihr ja alleine noch nicht an den Herd dürft. Jetzt das Ketchup in die Soße geben. Die Gurken in kleine Würfel schneiden und ebenfalls dazutun. Noch einmal kurz aufkochen. Dann die Soße in eine flache Schüssel gießen. Die Eier schälen, der Länge nach halbieren und in die Soße legen. Jede Eihälfte mit einem Tupfer Tomatenmark und gehackter Petersilie garnieren.
Als Beilage gibt's Spaghetti oder Kartoffelbrei.

Benni wünscht guten Appetit!

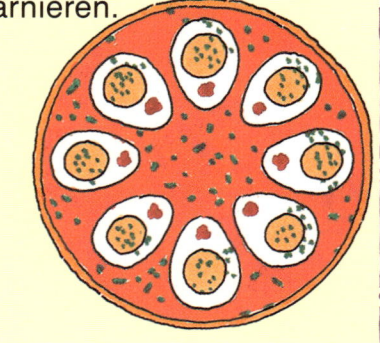

Benni und das Osternest

"TSCHÜSS, BENNI!"

"ACH, JA, BEI DIR WAR SCHON DER OSTERHASE!"

"EIN NEST BEI MIR?"

"WO SIND DIE?"

UND DIE SUCHAKTION BEGINNT:

"NIX DRIN!"

"DA OBEN AUCH NICHT!"

"FLOP!"

"FEHLMELDUNG!"

"NUR STAUB!"

"MIST!"

"WEIT UND BREIT KEIN EI!"

"MEINE LETZTE HOFFNUNG"

"LEER!"

"VERFLIXT, ER KIPPT!"

Frohe Ostern, Benni!

"...UND VIEL SPASS BEIM ZIMMERAUFRÄUMEN!"

F. Roscher

Benni im April

April

Hier kannst du deine wichtigsten Termine eintragen!

1
2
3
4
5
6
7
8
9
10
11
12
13
14
15
16
17
18
19
20
21
22
23
24
25
26
27
28
29
30

Benni im April

Stelzenlauf

Kaum scheint im April die Sonne, treffen sich alle auf der Straße oder im Hof. Stelzenlauf ist angesagt. Jeder braucht zwei leere Konservendosen und ein Stück Schnur. Laßt euch in jede Dose, kurz oben vor dem Dosenboden, zwei Löcher bohren, die sich gegenüber liegen. Zieht eine Schnur durch, die so lang ist, daß ihr damit die Dose festhalten könnt. Auf geht's!

Wetterstation zum Selberbauen

Willst du wissen, wie das Wetter wird? Wie wär's mit einer eigenen Wetterstation? Nimm ein großes Glas und spanne darüber ein genügend großes Stück von einem Luftballon. Befestige die Ballonhaut mit einem Gummiring. Der Ballon muß ziemlich fest gespannt sein. Nimm einen Trinkhalm und klebe ein Ende davon in die Mitte des Ballons. Lege ein Streichholz auf den Rand des Glases, damit der Trinkhalm abgestützt wird. Male eine "Hoch-Tief-Zeichnung" und stelle dein Glas davor (siehe Bild!). Das Glas sollte immer am selben Ort stehen. Bei schönem Wetter wird der Luftdruck stärker und drückt den Ballon nach innen. Der Trinkhalm zeigt nach oben. Ein "Hoch" kündigt sich an, das Wetter wird schöner. Nimmt der Luftdruck ab, so läßt der Druck auf die Gummihaut nach und der Zeiger fällt in Richtung "Tief". Das Wetter wird in den nächsten Tagen schlechter.

Zaubercreme

Für zwei Personen braucht man:
1 Eiweiß, 2-3 Eßlöffel Kaba, 50 ml Milch und ein Päckchen Sahnesteif.
Alle Zutaten in einer Rührschüssel zwei Minuten lang mixen. Wenn die Creme richtig steif und locker ist, kann man sie in zwei Gläser füllen und mit Schokostreusel bestreuen.

Ein Rezept von Ulrike Mahr, Stegaurach

Pisa-Turm

Jeder bekommt 20 Streichhölzer. Dann brauchen wir noch eine leere Flasche. Abwechselnd legt jeder ein Hölzchen oben auf die Flasche. Der Turm wird immer höher und schiefer. Wer den Turm zum Einstürzen bringt, muß alle Hölzchen nehmen. Wer hat als erster keine Hölzchen mehr?

Benni meint:

Von allen Sagen ist die Wettervorhersage die unwahrscheinlichste.

Komm, wir spielen draußen

Benni Spieleseite

Kampf der Füße:
Stellt euch gegenüber und faßt euch an den Händen. Jeder versucht, dem anderen auf die Zehen zu treten. Wem das dreimal hintereinander gelungen ist, hat gewonnen und sucht sich einen neuen Partner. Spielt unter gleichen Bedingungen – entweder beide barfuß oder beide in Turnschuhen.

Dreieck fangen:
Drei Spieler halten sich an den Händen und bilden ein Dreieck. Ein Spieler bekommt ein rotes Tuch um den Hals, er ist der Hase und muß gefangen werden. Ein vierter Spieler ist Jäger und versucht, dem Hasen auf den Rücken zu schlagen. Die drei Spieler im Dreieck versuchen, ihn daran zu hindern. Hat der Jäger den Hasen erwischt, wird der Hase zum Jäger.

Harmonie:
Dieses Spiel für Zwei ist sehr lustig, und ihr könnt nur gemeinsam gewinnen! Überlegt euch, wie ihr drei verschiedene Tiere spielen wollt, zum Beispiel: Katze (miau), Hund (wau-wau) und Hahn (kikeriki). Dann dreht euch in 1m Abstand den Rücken zu. Zählt zusammen bis drei und dreht euch dann blitzschnell zueinander, wobei ihr eines der Tiere spielt. Wenn ihr beide das gleiche Tier spielt, habt ihr gewonnen.
Beim 33. Mal klappt es bestimmt.

Jonglieren:

Jonglieren ist gar nicht so schwierig, wenn ihr es im Kreis versucht. Stellt euch zueinander im Kreis auf und werft einen Ball in einer bestimmten Reihenfolge, z.B. nach dem ABC: von Anne zu Benni zu Christian zu Dorothee und wieder zu Anne. Wenn ihr vor dem Wurf den Namen des nächsten Spielers ruft, klappt es besser. Sobald ihr die Reihenfolge "drin" habt, nehmt einen zweiten Ball und schickt ihn hinter dem ersten her. Wenn ihr ein bißchen übt, könnt ihr 4 oder 5 Bälle gleichzeitig im Kreis werfen.

Natur-Kim:

Draußen im Wald, an einem See oder im Park könnt ihr ein Beobachtungskim spielen. Alle Spieler schauen in eine Richtung und merken sich, was sie sehen. Dann dreht euch um und zählt die Pflanzen und Dinge auf, die ihr beobachtet habt.

Barbara Tkotz-Brandt

Benni – Mach mit!

SAURIER

Male! 1=grün, 2=braun, 3=rot, 4=gelb, 5=blau

Nimm deine Stifte

Welcher Weg führt durch den Saurier?

Benni – Mach mit!

TREFFEN

entdecke die Welt der Riesen!

Überraschung: Verbinde die Zahlen von 1 bis 74!

Er hat es in sich: Male die Flächen mit einem Punkt schwarz aus.

Mehr über Saurier erfährst du auf den nächsten Seiten!

ILLUSTRATION : BOB BARBORINI

Benni Wissen

Saurier

Wo sind sie geblieben?

Wie eine riesige gefährliche Schildkröte sieht diese Panzerechse aus.

Schildkröten und Krokodile kennt ihr natürlich alle. Kommen euch diese Tiere so urtümlich vor? Sie sind tatsächlich Überlebende aus längst vergangenen Zeiten. Damals waren sie Zeitgenossen der Saurier. Saurier stellen wir uns immer riesengroß und furchterregend vor. Zum Teil ist das auch richtig. Aber in den vielen Millionen Jahren, in denen Saurier die Erde bewohnt haben, gab es natürlich eine ganze Menge verschiedener Arten.
Unter den Sauriern versteht man Reptilien, die im Erdmittelalter lebten. Damals sah die Erde ganz anders aus, als wir sie heute kennen. Das Klima war gleichmäßig feucht und warm, Jahreszeiten gab es noch nicht. Riesige Pflanzen überwucherten die Erde.
Unzählige Vulkane waren damals tätig. Ihre Ausbrüche erschütterten das Land. In dieser wüsten Umwelt hatten die Saurier ihr Zuhause.

Es gab Fisch-Saurier in den Meeren, Flug-Saurier in den Lüften und Saurier, die auf dem Land lebten. Von diesen Landbewohnern wiederum gab es viele verschiedene Arten. Am besten kennen wir heute die Dinosaurier. Der Name bedeutet übrigens »schreckliche Echse«. Dinosaurier waren die größten Landtiere, die jemals gelebt haben. Sie waren noch viel größer als Elefanten. Die Riesen unter ihnen maßen 30 Meter vom Kopf bis zum Schwanzspitze und ragten 15 Meter in die Höhe.
Ein ausgewachsener, gut genährter Saurier

Zwei Riesen unter den Sauriern liefern sich

Benni Wissen

konnnte bis zu 80 Tonnen Gewicht auf die Waage bringen. Ein Elefant — zum Vergleich — wiegt etwa fünf Tonnen. Aber es gab auch ganz kleine Saurier, die nur etwas größer als eine Maus waren.

Es gibt eine eigene Wissenschaft, die sich mit dem Leben in der Vorzeit beschäftigt. Sie heißt Paläontologie. Paläontologen erforschen die Geschichte des Lebens anhand von Fossilien. Diese Fossilien können versteinerte Knochen oder Zähne längst verstorbener Tiere sein, aber auch erhaltene Fußspuren oder Gesteinsabdrücke der Körper.

Zur Wissenschaft gehört auch immer ein bißchen Glück. Mary Anning hieß das elfjährige Mädchen, das in die Geschichte der Urzeit eingegangen ist. Im Jahre 1810 kletterte Mary in den Klippen von Dorset in Südengland herum. Die kleinen Versteinerungen, die sie bei solchen Ausflügen fand, verkaufte sie dann an die Touristen.

Die Donnerechse war ein vier Meter hohes und 25 Meter langes Ungetüm.

Eines Tages entdeckte Mary ein guterhaltenes Skelett. Später fanden die Forscher heraus, daß es sich dabei um einen Meeres-Saurier mit dem schwierigen Namen »Ichthyosaurus« handelte.

Aber auch in unserer Zeit heute werden noch immer wieder neue Funde gemacht. Mittlerweile kennen wir schon 300 Saurier und wissen, daß sie auf allen Erdteilen vorkamen. Aber wir staunen immer wieder, was die Forscher anhand von ein paar Knochen alles herausfinden. So wissen wir heute, was die Saurier gefressen haben, weil manchmal der Mageninhalt dieser riesigen Tiere mit versteinert ist.

Einige Saurier hatten ziemlich merkwürdige Eßgewohnheiten. Die Sauropoden zum Beispiel hatten so schlechte Zähne, daß sie damit nicht mal die Pflanzenfasern zerkleinern konnten. Deshalb schluckten sie zusätzlich Steine, um die Nahrung im Magen kleinzumahlen. »Es rumpelt und pumpelt in meinem Bauch« heißt es in dem Märchen vom Wolf und den sieben Geißlein. Ob sich der Sauropode das nach dem Essen wohl auch gedacht hat? Es gab

n gefährlichen Kampf.

Benni Wissen

Fotos: H. Nel

auch einige fleischfressende Saurier, allerdings nicht viele.

Die Raubsaurier bewegten sich auf zwei Beinen fort. Der bekannteste Raubsaurier war Tyrannosaurus Rex. Er muß wirklich fürchterlich ausgesehen haben. Tyrannosaurus Rex war ein Riese. Er war bis zu 15 Meter lang, etwa sechs Meter hoch und wog acht Tonnen. Allein sein Kopf war 1,20 Meter lang, seine Zähne 15 Zentimeter.

Überhaupt waren die Saurier keine Schönheiten nach unserem Geschmack. Einige waren gepanzert, andere hatten eine richtige Keule als Schwanz, andere wiederum wehrten sich mit riesigen Stacheln gegen ihre Feinde. Es gab Saurier, die eine Art Entenschnabel hatten und andere mit merkwürdigen Trichtern auf dem Kopf, mit Hörnern und Wülsten. Manche Saurier hatten ein riesiges Segel auf dem Rücken, mit dem sie die Sonnenwärme speichern konnten.

Saurier legten Eier, wie es auch die uns heute bekannten Reptilien tun. Von der Gruppe der Dinosaurier wissen wir, daß sie sogar recht fürsorglich waren und gut auf ihre Jungen achteten. Dinosaurier konnten über hundert Jahre alt werden. Im Laufe ihres Lebens sind sie immer weiter gewachsen, im Alter allerdings nicht mehr so schnell wie als Jungsaurier. Dick, dumm und faul, dieses Vorurteil gibt es heute noch, wenn man über Saurier spricht. Und das nicht ganz zu Unrecht. Die allerschlauesten Lebewesen sind die Saurier wohl wirklich nicht gewesen. Es hat zwar schon einige kleinere Saurierarten gegeben, die ganz pfiffig waren. Aber die großen Saurier taten sich mit dem Denken schwer. Im Verhältnis zu den riesigen Körpern waren ihre Gehirne ziemlich klein.

Dieser Dinosaurier begrüßt die Besucher am Eingang des Traumlandparks.

Ein Zwerg unter den Riesenechsen, der es nur auf 3 Meter Höhe gebracht hatte.

Benni Wissen

Saurier
Wo sind sie geblieben?

Eines Tages gab es dann eine gewaltige Neuheit: Der Urvogel tauchte auf. Die Wissenschaftler vermuteten, daß dieser Vogel mit dem komplizierten Namen Archaeopteryx sich aus einem kleinen Raubsaurier entwickelt hat. Archaeopteryx hatte zwar schon Federn. Aber seine Krallenfüße und sein Reptilienkopf mit den scharfen Zähnen deuten darauf hin, daß der Vogel aus einem Saurier entstanden ist. Die erste Versteinerung eines Urvogels ist in einem Steinbruch in dem bayerischen Städtchen Solnhofen gefunden worden.

Vor etwa 65 Millionen Jahren ereignete sich etwas Seltsames. Die Forscher zerbrechen sich heute noch immer die Köpfe: Die Saurier starben aus. Noch heute weiß keiner genau, warum. Es gibt zwar über hundert Erklärungen und Vermutungen, aber vielleicht wird es für immer ein Geheimnis bleiben. Natürlich sind nicht alle Saurier auf einem Schlag tot umgefallen. Nein, zwei Millionen Jahre lang zog sich das traurige Sterben hin. Viele Forscher glauben übrigens, daß es verschiedene Ursachen für das Sterben der Saurier gab. Aber wie gesagt, genau weiß das keiner. Vielleicht wollt ihr mal echte Saurier sehen? Dann unternehmt mit euren Eltern doch mal einen Ausflug in die Vergangenheit, zum Beispiel nach Frankfurt. Dort ist im Senckenberg-Museum ein Dinosaurier in Originalgröße aufgebaut. Und die Fotos auf den Seiten 8 bis 10 hat unser Fotograf im Traumlandpark in Bottrop-Kirchhellen gemacht. Dort gibt's ein Dinosaurier-Freilichtmuseum.

Wie stellst du dir deinen Lieblingssaurier vor? Male!

Benni Witzekiste

Der Kommissar tobt. Seine Leute haben total versagt. "Ich habe euch doch gesagt, ihr sollt sämtliche Ausgänge besetzen. Und nun sind die Ganoven doch entkommen!" - "Ja, Chef, aber durch den Eingang!"

Stephanie Perthen, Bad Hersfeld

"Sag mal, hast du dich heute mit Ata gewaschen?" "Wie kommst du den darauf?" "Du siehst so bescheuert aus!"

Monika Weber, Gusterath

"So was Schlimmes wie deine gestrigen Hausaufgaben habe ich noch nie gesehen, Willi." - "Mag sein, Herr Lehrer, aber Sie haben die Aufgaben von heute noch nicht gesehen!"

Ulrike Meintken, Twist

Die Mutter ist wütend: "Du sollst nicht immer über den Tisch greifen, Susi! Hast du denn keinen Mund?" - Susi: "Doch, aber mit der Hand komme ich besser dran!"

Katharina Mach, Frankfurt

"Was macht die Fliege da in der Suppe?" beschwert sich ein Gast beim Kellner. Kellner: "Sieht ganz nach Brustschwimmen aus."

Kerstin Kollmayer, Füssing

Erna ist beim Arzt. Sie redet und redet. "Und dann, Herr Doktor, und wissen Sie, dann.." "Jetzt sind Sie mal ein Weilchen ruhig", bittet der Doktor. "Wieso? Ich dachte, jetzt ist Sprechstunde."

Timo Bürk, Hemmingen

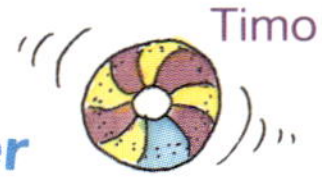

Karlchen sieht, wie die große Schwester vor dem Spiegel den Lippenstift an den Mund führt. Aufgeregt läuft er zur Mutter und ruft: "Guck schnell, Mama, die Toni vernascht Marmelade in Stangen."

Simone Kieninger, Denzlingen

Warum ist der Mond so bleich? Weil er nachts nie schläft!

Martina Spitz, Berg

Der Lehrer fragt: "Wenn ich ein Stück Papier in 1000 Stücke zerreiße, was habe ich dann? Eduard! "Konfetti, Herr Lehrer!"

Ilona Poppner, Essen

"Was will ihr Sohn denn werden?" fragt Frau Höller. Frau Hochgürtel: "Müllkutscher!"
"Warum denn ausgerechnet Müllkutscher?" "Er denkt, die arbeiten nur dienstags!"

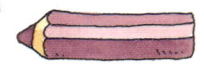

Anne Hein, Mechernich-Vussem

"Mami, stimmt es, daß Schafe dumm sind?" "Ja, mein Schäfchen!"

Sabine Einzinger, Buchbach

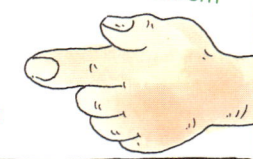

Ich möchte noch den Film sehen!

- Nathalie, du mußt jetzt schlafen gehen!
- Ja, nach der Werbung!
- Geh jetzt!
- Moment noch, nur den Filmanfang!
- Whau! Wie ich die Sendung liebe!

- Geh! Es ist spät!
- Aber Karin darf aufbleiben. Das ist ungerecht!
- Schließlich bin ich vier Jahre älter als du!
- Ruhe!
- Du brauchst deinen Schlaf. Sonst bist du morgen in der Schule müde...
- ... und nervös!

- Ich ruh' mich hier aus!
- Nein, das ist nicht dasselbe!
- Ich bin abends so gern bei euch!
- Also gut, eine Viertelstunde noch. Aber dann wird's noch schwerer!
- 16 Minuten später ...
- Gute Nacht, Mama!
- Ich decke dich gleich richtig zu!

- Kritsch! Fritsch!
- Hi, Hi! Gut, daß die Nachbarn einen Fernseher haben!
- Oh je, der Film ist aber langatmig!

Und du? Willst du manchmal abends fernsehen? Erlauben deine Eltern es dir? Schreib an Benni.

Benni *Tierwelt*

Ein Maulwurf erzählt

Gestatten: Mein Name ist Maulwurf. Gerade bin ich aus dem Winterschlaf erwacht. Puuh, hab ich einen Hunger! Regenwürmer brauch ich. Hmmh, wenn ich nur daran denke an diese kleinen saftigen Dinger. 100 Gramm davon vertilge ich täglich.
Was ich euch immer schon mal fragen wollte: Warum seid ihr Menschen eigentlich so sauer auf mich? Etwa wegen der Hügel, die ich in euren Garten grabe? Das ist doch wirklich lächerlich. Kaum strecke ich mal meinen Kopf aus der Erde, rennt schon irgendein Mensch mit dem Spaten auf mich zu und will mir eins überbraten. Und alles nur wegen der 24 Hügel, die ich hier im Garten gegraben habe.
Neulich hat mich so ein Erdenbewohner so geprügelt, daß mir jetzt noch alles weh tut. Leider habe ich ihn zu spät gesehen. Das

Benni Tierwelt

ist ohnehin mein Pech. Mit meinem Fell über den Augen kann ich nämlich nur hell und dunkel unterscheiden. Aber hören und riechen kann ich dafür um so besser. Wie der Wüterich da oben über der Erde gebrüllt hat! Das habe ich jetzt noch im Ohr. Sonst habe ich eigentlich keine Feinde, die Hunde vielleicht und die Bussarde. Aber oft tauche ich ja gar nicht oben auf. Und unten in meinem Erdreich, da ist es sicher. Natürlich habe ich jede Menge Arbeit: das Tunnelgraben beschäftigt mich ganz schön, aber es macht Spaß: Überall findet man Mäuse, Insekten, Lurche. Vom Winterschlaf her bin ich noch ausgeruht und außerdem ohnehin bestens ausgerüstet für den Tiefbau. Unsere Hände sind falsch herum, mit den Flächen nach außen, damit kann man prima vorankommen. Auch ist unser Körper so herrlich glatt, da können wir uns wie ein Bohrer um uns selbst drehen. So schafft man in einer Stunde locker zwölf Meter zu wühlen. Ach so, wegen der Haufen im Garten wolltet ihr noch etwas wissen. Ist doch klar. Überlegt mal: Wie belüftet man einen U-Bahn-Schacht? Durch Luft von oben. Nichts anderes machen wir. Vielleicht baut ihr im Urlaub am Strand auch mal einen Tunnel? Dann werdet ihr merken, daß beim Wühlen viel Sand übrig bleibt, der weggeschafft werden muß. Also: nichts ist natürlicher als unsere Hügel. Verstanden? Na, dann wird von euch bestimmt niemand mehr Jagd auf mich machen, oder? Schließlich stehe ich unter Naturschutz. Und das finde ich ganz gut so.

Kurzsteckbrief Maulwurf
Länge: Bis 17 Zentimeter
Gewicht: Bis 120 Gramm
Alter: Etwa 3 Jahre
Kinder: Im Mai und Juni 3 - 4 bohnengroße Junge
Lebensraum: Gärten, trockene Wiesen und Weiden

Über der Erde sieht man den glänzend-schwarzen Maulwurf ganz selten.

Benni Bilder – Kreuzworträtsel

Hallo Rätselfreunde.
Die Buchstaben von 1 bis 14 ergeben das Lösungswort. Wenn ihr sie unten in die kleinen Kästchen eintragt, findet ihr leicht das richtige Wort. Die Lösung steht auf Seite 335.

Mit Benni durch die Natur

Zweierlei Frühlingsboten

Tips für Naturfreunde von der Aktion Ameise

Der Schnee ist weg! Am Bach und am Waldrand kommt allerlei Buntes zum Vorschein: Limodosen, fabrig bedruckte Plastiktüten und andere Überbleibsel, die nicht hierher gehören. Sie erinnern uns daran, daß die Menschen gern ins Grüne spazieren. Viele von ihnen laden in der Natur ab, was sie nicht mehr haben wollen. Durch dein gutes Beispiel kannst du dazu beitragen, daß die wirklichen Frühlingsboten, die Blumen, nicht durch Abfälle der Menschen behindert werden.

Mit frischen Farben und süßen Düften locken die Frühlingsblumen fliegende Besucher an. Die Schmetterlinge naschen von ihrem süßen Nektar. Bienen und andere Insekten sammeln auch den nahrhaften Blütenstaub ein. Den Märzenbechern und geselligen Krokusblüten, die schon im März blühten, folgen im April Huflattich, Schlüsselblumen, Scharbockskraut, Sumpfdotterblumen, Veilchen, Leberblümchen und Lichtnelken.

Fotos: Noack

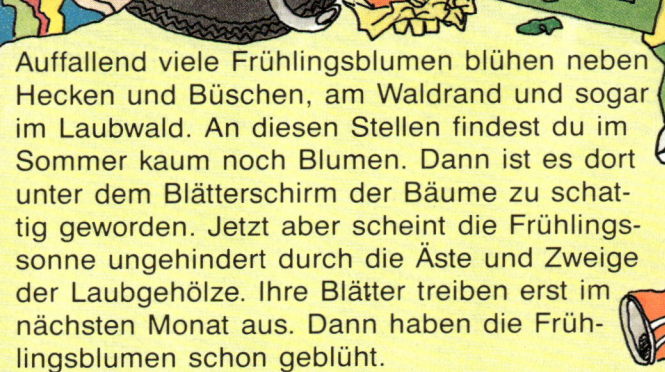

Foto: Santor

Scharbockskraut

Sumpfdotterblume

Huflattich

Schlüsselblume

Veilchen

Auffallend viele Frühlingsblumen blühen neben Hecken und Büschen, am Waldrand und sogar im Laubwald. An diesen Stellen findest du im Sommer kaum noch Blumen. Dann ist es dort unter dem Blätterschirm der Bäume zu schattig geworden. Jetzt aber scheint die Frühlingssonne ungehindert durch die Äste und Zweige der Laubgehölze. Ihre Blätter treiben erst im nächsten Monat aus. Dann haben die Frühlingsblumen schon geblüht.

Jede Pflanze erfüllt im Haushalt der Natur ihre Aufgabe. Auch im April kann es noch schneien. Kälteeinbrüche bringen den Frühlingsblumen und den ersten heimgekehrten Zugvögeln oft schwere Rückschläge. Laßt deshalb die Blumen ungestört blühen und pflückt sie nicht ab! Und mehr über Frühlingsblumen und Zugvögel steht in dem Buch »Die Natur im Jahreslauf« von der Aktion Ameise. Und mehr über die Naturfreunde-Aktion könnt ihr erfahren bei Gunter Steinbach, Irsengrund, 8999 Oberreute.

Berühmte Menschen

CHARLES LINDBERGH

Charles Lindbergh ist ein typischer amerikanischer Junge. Er ist begeistert von der Fliegerei und läßt keine Vorführung von Luftakrobaten aus.

"Also zuerst kommen zwei Loopings und dann trudeln wir langsam..."

1922 ist Charles 20 Jahre alt. Da bricht er sein Maschinenbaustudium ab und schreibt sich bei einer Luftfahrtschule ein, um Flieger zu werden.

"Hör auf, das reicht jetzt!"

Ziemlich bald ist Lindbergh schon so geschickt, daß er selbst eine Luftakrobatik-Nummer vorführen kann. Im vollen Flug bei 160 Stundenkilometern steigt er aus seiner Kabine und marschiert über die Tragfläche. Er macht sogar einen Kopfstand. Das Publikum ist außer sich!

"Von Neufundland nach Irland — das kann doch nicht so schwer sein..."

Bald reicht ihm dieser Erfolg nicht mehr. Er träumt von einer Pioniertat, will den Atlantischen Ozean überqueren — ohne Zwischenstopp!

"Können Sie ein Flugzeug bauen, das ohne Zwischenstopp den Atlantik überqueren kann?"

Da hört Charles Lindbergh, daß ein reicher New Yorker 25.000 Dollars ausgesetzt hat für den, der als erster diese Überquerung schafft.

102

Diesem Amerikaner gelang als erstem im Alleinflug die Überquerung des Atlantik. Ohne Zwischenlandung flog er in 33 Stunden von New York nach Paris. Damals war das eine Sensation!

Schnell baut man Lindbergh ein Fluggerät nach seinen Ideen. Die Bürger von Saint-Louis finanzieren den Flieger, »Spirit von Saint-Louis«.

Es ist so leicht. Ich habe nicht geglaubt, daß es startet...
Uiih!

Am 20. Mai 1927 um 7.52 Uhr startet Lindbergh allein mit der »Spirit of Saint-Louis« von New York aus zu seinem waghalsigen Unternehmen.

Ich sehe nichts. Halt, da sind ja Eisberge...

Die ersten 14 Stunden Flug sind die schwierigsten. Der Pilot kämpft mit ganz schlechtem Wetter. Die Tragfläche des Eindeckers ist voll Eis.

Irland! Wenn ich Irland erreiche, habe ich gewonnen!

Immer wieder muß er sich selbst ins Gesicht schlagen, um wach zu bleiben. Endlich, nach 24 Stunden, erkennt Lindbergh die Küsten Irlands.

VIVE LINDBERGH! HURRA! BRAVO! VIVE LINDBERGH!

Irgendjemand hat ihn schon geortet. Die Neuigkeit breitet sich aus wie ein Lauffeuer. In Paris wartet schon eine jubelnde Menschenmenge auf den Pionier. Am 21. Mai 1927 landet Lindbergh um 22.22 Uhr in der Nähe von Paris. In 33 Stunden hat er allein 5800 Kilometer zurückgelegt.

Benni – Koch mit!

Pfannkuchen

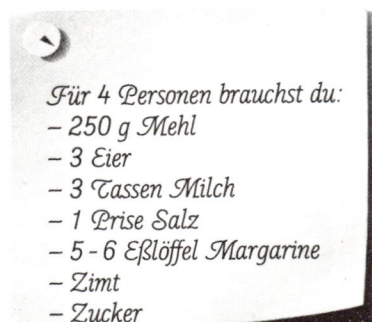

Für 4 Personen brauchst du:
- 250 g Mehl
- 3 Eier
- 3 Tassen Milch
- 1 Prise Salz
- 5 - 6 Eßlöffel Margarine
- Zimt
- Zucker

Außerdem richtest du:
Rührschüssel, elektrisches Handrührgerät mit Rührbesen, Teelöffel, Pfanne, Schöpfkelle, Pfannenwender, Eßlöffel, Porzellanplatte

Und so wird's gemacht:
1. Zuerst bereitest du den Teig zu. Gib dafür Mehl, die aufgeschlagenen Eier, Milch und Salz in eine Rührschüssel und rühre alles mit dem Handrührgerät auf Stufe 3 einige Minuten lang.

2. Dann gibst du 1 Teelöffel Margarine in die Pfanne. Stelle die Herdplatte auf Stufe 2 und warte so lange, bis das Fett geschmolzen ist. Vorsicht, wenn heißes Fett spritzt, kann man sich daran bös' verbrennen. Laß dir helfen!

3. Gieße nun mit einer Schöpfkelle gerade so viel Teig in die Pfanne, daß der Boden bedeckt ist. Warte 1 oder 2 Minuten, bis der Eierpfannkuchen an der Unterseite fest ist. Dann rüttelst du die Pfanne leicht hin und her, damit sich der Pfannkuchen vom Pfannenboden löst. Vielleicht mußt du mit dem Pfannenwender etwas nachhelfen.

4. Wenn der Eierpfannkuchen an der Unterseite schön goldbraun gebacken ist, wird er umgedreht. Dazu benutzt du am besten den Pfannenwender. Dann gibst du noch einen halben Teelöffel Fett an den Rand der Pfanne. So kann auch die zweite Seite gut bräunen.

5. Die fertigen Pfannkuchen legst du schön auf eine Porzellanplatte und bestreust sie mit Zucker und Zimt.

Wenn du magst, kannst du auch eingemachte Früchte oder Obstsalat dazu essen.

Oder du bestreichst die Eierpfannkuchen mit Marmelade, Honig, Quark oder Schokoladencreme und rollst sie dann zu einer süßen Rolle auf.

Rezept aus dem Kinderkochbuch »Komm, koch und back mit mir«, Falken-Verlag, Niedernhausen, 19,80 Mark.

Herr Markus
will eine Melodie vorspielen

Benni Lesegeschichte

Magnus, der Riese

»Riese! Riese!« tönt es lachend vom Gartenzaun her. Drinnen im Haus stellt Magnus, der Kleinste in seiner Klasse, zornig den Schulranzen auf den Boden. »Warum habt ihr mir diesen schrecklichen Namen gegeben!« schimpft er. »Heute hat unser Lehrer erklärt, daß Magnus ‚Der Große' bedeutet. Jetzt lachen sie mich besonders aus!«

Nachdenklich schaut die Mutter ihren unglücklichen Sohn an. »Lade deine Schulkameraden zu deinem Namenstag ein!« schlägt sie schließlich vor.

»Kein Mensch feiert Namenstag!« murrt Magnus.

»Versuche es!« drängt die Mutter.

Die Schulkameraden kommen tatsächlich. Als sie sich nach dem Spielen zum Essen und Trinken niederlassen, setzt sich die Mutter zu ihnen. »Langer!« fragt sie einen der Jungen laut. »Möchtest du noch Eis?« Überrascht schaut der Junge auf. »Ich heiße Fritzi!« sagt er. Aber schon hat sich die Mutter an einen anderen Jungen gewandt: »Dünner! Hast du noch Durst?«

Der Angesprochene wird rot. »Ich heiße Peter!« stößt er hervor. Aber die Mutter achtet nicht darauf. »Riese!« ruft sie ihrem Sohn zu.

Da werden alle Buben still; sie schauen betreten.

»Wie kann man auch Magnus heißen?«

Benni Lesegeschichte

sagt Fritzi trotzig in die Stille hinein.
»Weißt du, warum du Fritzi heißt?« fragt die Mutter ruhig.
Der Junge schüttelt den Kopf.
»Und du, Peter?« fragt die Mutter den nächsten.
Auch Peter schüttelt den Kopf. Aber dann fällt ihm ein: »Diesen Namen haben mir die Eltern gegeben!«
»Die Eltern haben sich diesen Namen ausgedacht,« meint die Mutter. »Vor dir haben schon andere Männer so geheißen!«
»Ja — mein Vater und mein Onkel!« weiß Peter zu berichten.
»Wir haben Magnus auf diesen Namen taufen lassen, weil der allererste Magnus ein ganz besonderer Mann war!« erklärt die Mutter.
»Haben sie ihn gekannt?« fragt Peter.
»Wir haben nur von ihm gehört!« sagt die Mutter. »Er sollte unserem Sohn ein Vorbild sein!«
»Was hat dieser Magnus getan?« wird Fritzi neugierig.
»Er hat sich für die Armen eingesetzt!« erzählt die Mutter. »Er hat für diejenigen gekämpft, die sonst kein Recht bekommen hätten!«
»Dazu gehört viel Mut!« sagt Fritzi.
Jetzt meldet sich Bernhard. »Und bei meinem Namen? War da auch ein besonderer Mann ein Vorbild?«
»Bei jeden Namen war am Anfang ein Mensch, der etwas Gutes und Tapferes getan hat!« bestätigt die Mutter. »Deswegen feiern wir den Festtag dieses Vorbildes — eben den Namenstag!«
Die Kinder schweigen. Bis Fritzi herausplatzt: »Riese ist doch ein toller Spitzname! Denn Magnus war riesig!«
Da muß sogar Magnus lachen.

Anna E. Marks

Die Reporterbande bei den Segelfliegern

Wenn schönes Wetter ist, wissen Carolin und Johanna schon, wohin es am Wochenende geht: zum Flugplatz! Ihre Eltern sind nämlich begeisterte Segelflieger, und manchmal dürfen Carolin und Johanna dann mit. »Aber wieso fliegt eigentlich ein Flugzeug, wenn es keinen Motor hat?« will Philipp wissen. Carolin und Johanna nehmen ihn deshalb mit zum Flugplatz. Die drei wollen sich dort einmal umschauen und das Geheimnis des Segelflugs erkunden.

Sie kommen gerade rechtzeitig, um Carolins Mutter zu helfen, ihr Flugzeug an den Startplatz zu schieben. Cornelia Burkart erklärt den Kindern noch, welche Instrumente in so einem Segelflugzeug drin sind, dann schnallt sie sich den Fallschirm um (»Für alle Fälle!«) und zwängt sich in den engen Sitz. Beim Angurten helfen die Mädchen, dann wird die durchsichtige Haube geschlossen und es kann losgehen. Das Flugzeug wird mit einem starken Haken am Ende eines Stahlseils befestigt. Das andere Ende ist ganz weit hinten auf eine dicke Trommel gewickelt, die mit einem Motor verbunden ist. Wenn der Pilot über Funk das Zeichen gibt, wird der Motor gestartet, das Seil wickelt sich blitzschnell auf und zieht das Flugzeug in die Höhe - ihr müßt euch das vorstellen wie beim Drachensteigen.

Das pfeift vielleicht, wenn der Segelflieger nach oben gerissen wird! »Es ist schon ein komisches Gefühl, weil man da so in den Sitz gepreßt wird!« berichtet Carolin aus eigener Erfahrung. Selber fliegen darf sie allerdings noch nicht, da muß sie erst 14 Jahre alt sein. Mit 17 kann sie dann ihre erste Prüfung ablegen.

Die Seiltrommel ist in einem umgebauten Lastwagen untergebracht.

Die Reporter Johanna, Philipp und Carolin winken vom Tower.

Carolin hat sich in das enge Cockpit gezwängt.

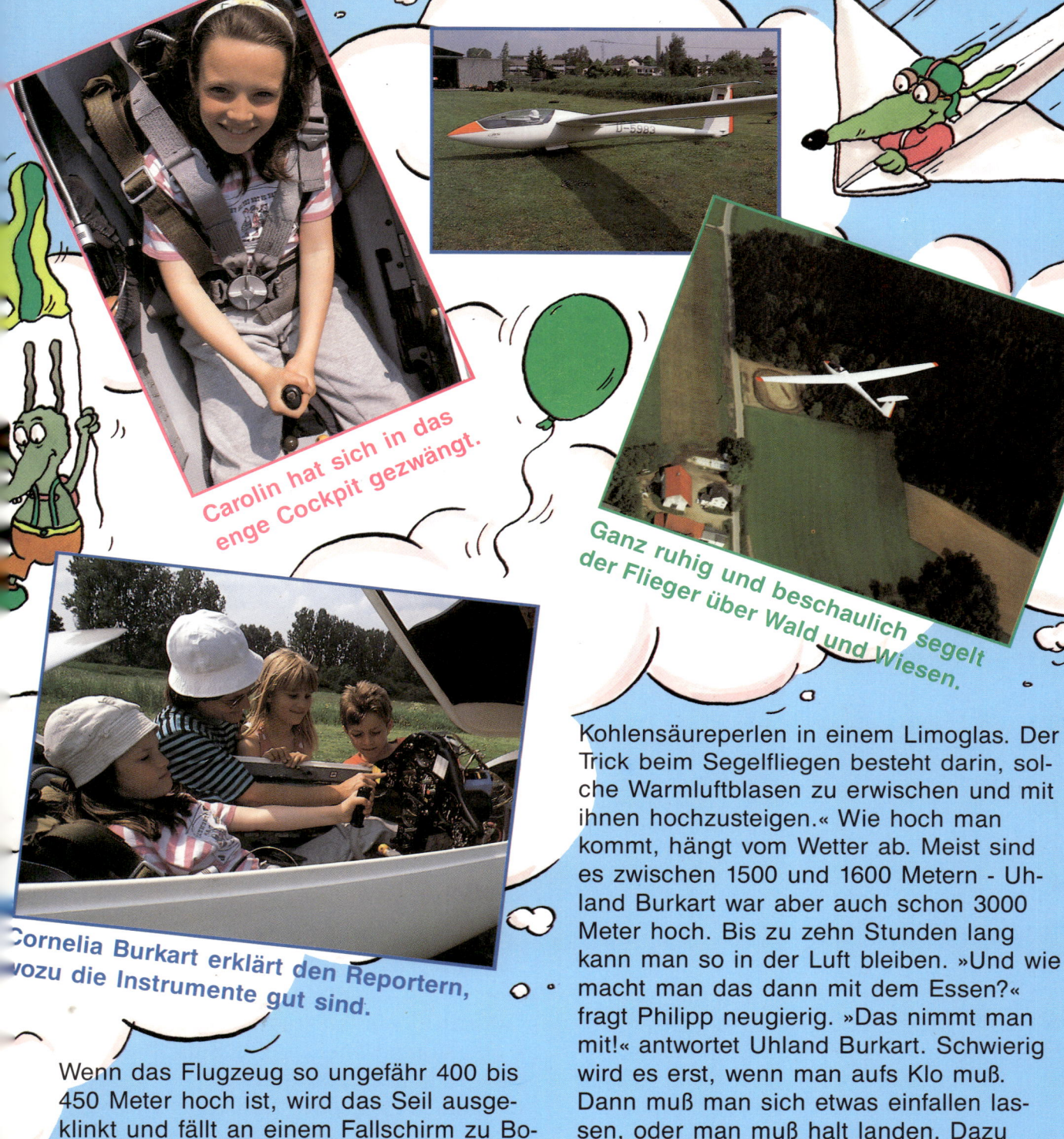

Ganz ruhig und beschaulich segelt der Flieger über Wald und Wiesen.

Cornelia Burkart erklärt den Reportern, wozu die Instrumente gut sind.

Wenn das Flugzeug so ungefähr 400 bis 450 Meter hoch ist, wird das Seil ausgeklinkt und fällt an einem Fallschirm zu Boden. Dann muß der Pilot sehen, daß er einen »Aufwind« erwischt. Uhland Burkart, der Vater von Johanna und Carolin erklärt es genau: »Warme Luft ist leichter als kalte Luft, sie steigt nach oben. Wenn die Sonne scheint, erhitzt sie den Boden, der erwärmt die Luft darüber und es bildet sich eine Warmluftblase. Die löst sich vom Boden und steigt nach oben - so wie die Kohlensäureperlen in einem Limoglas. Der Trick beim Segelfliegen besteht darin, solche Warmluftblasen zu erwischen und mit ihnen hochzusteigen.« Wie hoch man kommt, hängt vom Wetter ab. Meist sind es zwischen 1500 und 1600 Metern - Uhland Burkart war aber auch schon 3000 Meter hoch. Bis zu zehn Stunden lang kann man so in der Luft bleiben. »Und wie macht man das dann mit dem Essen?« fragt Philipp neugierig. »Das nimmt man mit!« antwortet Uhland Burkart. Schwierig wird es erst, wenn man aufs Klo muß. Dann muß man sich etwas einfallen lassen, oder man muß halt landen. Dazu stellt man die sogenannten »Landeklappen« an den Tragflächen hoch, der Luftstrom, der das Flugzeug in der Luft trägt, wird unterbrochen und das Flugzeug beginnt zu sinken, etwa sechs bis sieben Meter pro Sekunde. Da muß dann entweder ein Flugplatz sein, oder man muß sich einen möglichst flachen Acker raussuchen, auf dem man landen kann.

Fotos: Wyszengrad

Benni Hobby

Mein Hobby: Cello-Spielen

Hallo! Ich heiße Jennifer und bin neun Jahre alt. Mein Hobby ist Cello-Spielen. Jede Woche habe ich eine Stunde Unterricht bei meinem Lehrer. Sein Cello ist viel größer als meines. Denn das Instrument muß der Körpergröße angepaßt werden. So gibt es ganz kleine Celli, die man Viertel-Celli nennt. Sie sind eben nur ein viertel so groß wie ein »ausgewachsenes« Cello. Meines ist ein »halbes«, und das wird sicher noch ein paar Jahre für mich ausreichen. Wir haben es in einem Musikgeschäft ausgeliehen. Denn ein neues Cello kostet etwa 4000 Mark. Und nach ein paar Jahren ist es dann schon wieder zu klein.

Meine Eltern zahlen 30 Mark Leihgebühren im Monat für das Instrument, dazu kommt der Privatunterricht, der pro Stunde zwischen 15 und 20 Mark kostet.
Weil das Cello-Spielen ziemlich schwer zu lernen ist, muß ich jeden Tag mindestens eine Viertelstunde üben. Bis ich alle Griffe beherrsche, lerne ich noch allein bei meinem Lehrer. Er meint, daß ich aber schon nach etwa einem Jahr mit anderen Kindern zusammen leichte Stücke spielen kann: mit Klavierspielern, anderen Cellisten oder Geigern. Meine Freundin lernt Geige. Ich freue mich schon darauf, bald zusammen mit ihr im Schulorchester zu spielen.

Benni der Leithammel

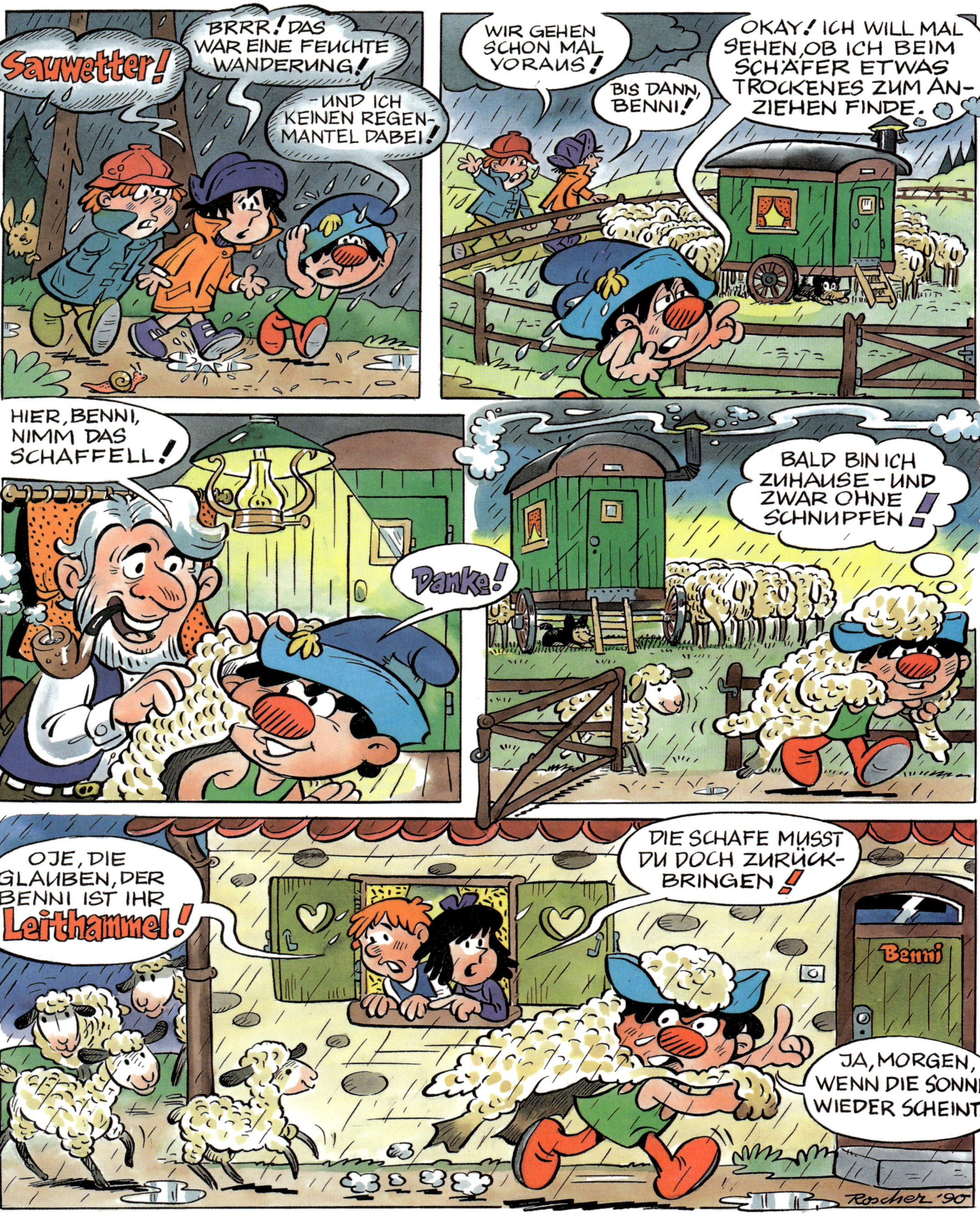

Benni im Mai

mAi

1	2	3
4	5	6	7	8	9
10	11	12	13	14	15
16	17	18	19	20
21	22	23	24	25	26
27	28	29	30	31

Hier kannst du deine wichtigsten Termine eintragen!

Benni im Mai

Max und das Wasserglas
Max hat in die Streichholzschachtel ein Zündholz geklemmt. Zum Wasserglas hin hat er ein weiteres daraufgelegt. Wie kann Max das Glas wegnehmen, ohne das Hölzchen festzuhalten, ohne es hinunterzuwerfen oder gar einen Klebstoff zu verwenden?

Lösung: Max zündet das Gebilde mit einem Zündholz an den beiden Zündholzköpfen an. Nachdem die Köpfe kurz entflammt waren, pustet er das Feuer wieder aus. Die beiden Köpfchen sind aneinandergeschmolzen. Jetzt kann Max das Glas wegnehmen.

Starschnitt
Willst du dich mal in Lebensgröße an der Wand sehen? Kein Problem. Leg dich auf ein großes Stück Packpapier oder Tapete. Dann laß von jemand anderem deine Umrisse nachzeichnen. Fertig angemalt und ausgeschnitten, kannst du dich dann selbst an die Wand hängen!

Korkfloß
Ihr braucht: circa 25 Korken, 9 Schaschlikspieße, 2 Rundhölzer, Buntpapier oder Stoffreste, Klebstoff, Nadel und Faden.
**Und so wird`s gemacht:** Jeweils vier Korken der Reihe nach aufspießen. Leichter geht`s, wenn ihr vorher die Spitzen erhitzt.
Aber Vorsicht: Metall leitet Wärme, da kann man sich leicht die Finger verbrennen. Damit das Floß hält, die Korken quer mit drei Spießen verbinden. Bunte Fahnen und Segel aus Stoffresten oder Papier vervollständigen das Gefährt. Stoff oder Papier mit zwei Rundhölzern verstärken und mit Nadel und Faden am Mast fest anbringen.

Marienkäfer-Rechnung
Zähle die Punkte auf den Marienkäfern richtig zusammen und ergänze die fehlenden Punkte waagerecht und senkrecht so, so daß die Rechnung stimmt.

Benni meint:
Kräht der Maulwurf auf dem Dach, liegt der Hahn vor Lachen flach!

MANEGE FREI –
wir spielen Zirkus

Mit alten Klamotten könnt ihr euch schnell in Artisten verwandeln. Überlegt vorher, wer welche Nummer übernimmt.

MUSIK-CLOWNS:

2 Clowns stolpern in die Manege, verlieren beim Verbeugen ihren Hut und beginnen, ein Lied zu singen. Ein dritter Clown kommt dazu und spielt auf der Flöte ganz falsch dazwischen. Die beiden Sänger weisen ihn hinaus. Dann fangen sie wieder an zu singen. Der dritte Clown mit der Flöte kommt wieder, stört sie und bekommt eine Ohrfeige. Er flüchtet hinter den Vorhang und stört die beiden gleich wieder, indem er sie mit Wasser bespritzt. Das Spiel endet mit einer wilden Verfolgungsjagd rund um die Manege.

SEILTÄNZERIN:

Als Seil könnt ihr einen Schwebebalken nehmen oder einfach ein dickes Seil auf den Boden legen. Wichtig ist, daß die Seiltänzerin nur mit Mühe das Gleichgewicht halten kann und immer wieder abzustürzen droht.

Der STÄRKSTE MANN der Welt:

Mit einem Riesenschrei reißt der stärkste Mann der Welt ein schweres Gewicht in die Höhe und – man glaubt es kaum – trägt es nur mit einer Hand. Kenner wissen: Das Gewicht besteht aus einem Besenstiel und zwei dicken Scheiben aus Styropor, die mit Alufolie verpackt sind. Vor dem Auftritt wird es von mehreren Leuten in die Manege gerollt.

SCHLANGEN-BESCHWÖRER:

Im Korb liegt eine gefährliche Schlange (aus Papier ausgeschnitten und bemalt). Am Kopf wird ein dünner Nylonfaden befestigt. Das andere Ende des Fadens (40 bis 60 Zentimeter lang) befestigt ihr an einer Flöte. Im Schneidersitz vor dem Korb beginnt der Schlangenbeschwörer (mit der Maske eines Inders), die Schlange mit Tönen zu locken. Langsam, nach und nach, geht er mit Flöte höher und die Schlange kommt immer weiter aus ihrem Korb heraus.

Benni Tierwelt

Bernhardiner
Barry und seine Brüder

Die Mönche vom Kloster St. Bernhard haben die Bernhardinerhunde gezüchtet.

Versetzen wir uns in Gedanken in das Jahr 1800: Auf dem höchsten Punkt des uralten Bergpasses, der von der Schweiz über den großen Sankt Bernhard nach Italien führt, steht eine der höchstgelegenen menschlichen Wohnungen der Welt: Das Kloster des Heiligen Bernhard. Der Schnee bleibt hier das ganze Jahr liegen, acht bis neun Monate herrscht Winter, und das Thermometer fällt im Januar und Februar oft bis auf 20 Grad unter den Gefrierpunkt. In diesem ungemütlichen Klima, wo es kaum 20 Sonnentage im Jahr gibt, leben zwölf Mönche in ihrem Kloster.

Höchstens zwei Monate im warmen Hochsommer ist die holprige Pass-Straße über den Berg Großer Sankt Bernhard schnee- und eisfrei. Aber auch während dieser Zeit sind die Reisenden vielen Gefahren ausgesetzt: durch dichten Nebel kommen sie leicht von ihrem Weg ab, plötzliche Gewitter und Schneegestöber machen ein Weiterkommen unmöglich, Schneelawinen bringen die Wanderer in Todesgefahr!

Benni Tierwelt

Das Kloster aber bietet allen Reisenden einen Zufluchtsort, wo sie freundliche Aufnahme, Pflege und Hilfe finden. Oft, wenn das Wetter mal wieder ganz besonders rauh und im Nebel keine Hand vor Augen zu erkennen ist, streifen die Mönche selbst durch die Gegend, geben den verirrten Wanderern durch Rufen die richtige Richtung an, graben Menschen aus dem Schnee aus und tragen die von Kälte Erstarrten und die Ermüdeten ins Kloster. So retten sie Jahr für Jahr viele Menschenleben.

Doch die Mönche sind nicht allein. Bei ihren Rettungsaktionen werden sie von großen Hunden begleitet, die aussehen wie Doggen. Sie werden von den menschenfreundlichen Klosterbrüdern eigens zur Rettung Verunglückter gezüchtet und heißen nach ihren Züchtern »Bernhardiner«.

Diese Hunde lassen sich auch allein aus-

Wer diese großen Hunde mag, sollte für viel Platz und Auslauf sorgen.

Ein Bernhardinerhund ist ein kinderlieber Freund und Begleiter.

schicken. Sobald ein Bernhardiner einen Verunglückten gewittert hat, kehrt er in pfeilschnellem Lauf zu seinem Herrn zurück und gibt durch Bellen, Wedeln und unruhige Sprünge seine Entdeckung bekannt. Dann führt er seinen Herrn zu der Stelle, an der der Verunglückte liegt.

Manchmal hängen die Klosterbrüder den Hunden auch ein Körbchen mit Brot und stärkenden Getränken um den Hals, damit ein ermatteter Wanderer ausharren und auf Hilfe warten kann.

Barry war ein ganz besonderer Bernhardiner. Zwölf Jahre lang hat er unermüdlich seinen Dienst oben auf der Paßhöhe des Großen

Sankt Bernhards verrichtet und allein 40 Menschenleben gerettet. Noch heute erzählen sich die Menschen im Tal von dem Eifer und der Treue dieses Hundes. Nie ließ sich Barry zum Dienst treiben. Sobald sich der Himmel bedeckte, Nebel aufkam oder sich die gefährlichen Schneegestöber ankündigten, hielt ihn nichts mehr im Kloster zurück. Rastlos strich er bellend überall umher und kehrte immer wieder an die gefährlichen Stellen zurück, um zu sehen, ob seine Hilfe benötigt wurde. War das der Fall, zog er Versinkende aus dem Schnee oder setzte in ungeheuren Sprüngen zum Kloster zurück und holte Verstärkung.

Als Barry alt und kraftlos war, sandten ihn die Klosterbrüder hinunter nach Bern. Dort starb er 1814. Barry wurde sorgfältig präpariert und ist noch heute im Berner Naturhistorischen Museum zu sehen. Über sein legendäres Leben wurden viele Bücher geschrieben und zahlreiche Filme gedreht.

Barrys Nachfahren, die Bernhardiner heute, sind liebenswerte imposante Gesellen, die sich gut als Familienhunde halten lassen. Besonders bei Kindern sind die mächtigen Hunde mit dem schweren Kopf wegen ihrer Geduld sehr beliebt. Eine kleine Stadtwohnung ist allerdings für Bernhardiner nicht geeignet. Denn natürlich braucht ein Hund mit einer Schulterhöhe von 70 Zentimetern viel Platz.

Die Freunde der Bernhardiner-Hunde haben sich übrigens schon 1891 zu einem Klub zusammengeschlossen. Im nächsten Jahr können sie also ihren 100. Geburtstag feiern. Benni gratuliert schon jetzt ganz herzlich. Wer mehr über die Anschaffung, Haltung und Pflege dieser schönen Hunde wissen möchte, kann sich beim **St. Bernhards-Klub, Wolfgang Ketzler, Lessingstraße 35, 5012 Bedburg** ein Faltblatt mit vielen Informationen schicken lassen. Bitte frankierten Rückumschlag beifügen.

Kaum zu glauben wie groß diese kuscheligen Welpen einmal werden.

12 Regeln im Umgang mit Hunden

🦴 Nähere dich einem Hund nur behutsam, auch wenn der Besitzer dabei ist und der Hund lieb aussieht. Die meisten Hunde wollen nämlich ihren Besitzer oder sein Eigentum schützen und sind deshalb mißtrauisch gegen Fremde.

🦴 Beim Nähergehen ist es ratsam, leise und beruhigend mit dem Hund zu sprechen. Niemals schreien.

🦴 Vermeide alle schnellen und ruckartigen Bewegungen in der Nähe des Hundes, alles, was der Hund als Bedrohung empfinden könnte. Das Tier könnte sich erschrecken und vor Schreck angreifen.

🦴 Den Hund nicht sofort streicheln. Laß den Hund zuerst schnuppern, damit er sich mit den fremden und neuen Gerüchen vertraut machen kann.

🦴 Komm mit dem Gesicht auf keinen Fall zu nahe an den Kopf des Hundes. Er könnte, wenn auch nur im Spiel, zuschnappen, und dich verletzen.

🦴 Ebenso tabu sind fressende Hunde. Unter keinen Umständen das Tier anfassen, ebensowenig zu nahe an den Futternapf gehen. Aus Futterneid wird ihn der Hund mit den Zähnen verteidigen.

🦴 Klar, daß man niemals einen Hund tritt, schlägt oder bewußt ärgert. Behandel einen Hund so wie du behandelt werden möchtest. Dann passiert nichts!

🦴 Versuche nie, raufende Hunde zu trennen. Das kann äußerst gefährlich werden für dich.

🦴 Komm nicht in die Schwanznähe, versuche nicht daran zu ziehen, trete nicht darauf. Das mögen Hunde nicht.

🦴 Wenn ein Hund nach dir greift, halte still. Du hast zwei Hände, der Hund aber nur seine Zähne, um etwas festzuhalten. Deshalb nicht bewegen, still halten!

DAMIT LOCK' ICH IHN IN DIE WANNE.

KOMM, STRUPPI, KOMM!

🦴 Wenn du mit einem Hund spielst, achte sicherheitshalber darauf, daß ein Erwachsener in der Nähe ist.

🦴 Kein Hund ist wie der andere. Zwei Hunde, die ganz gleich aussehen, können ganz verschieden sein. Deshalb mußt du jeden Hund neu kennenlernen und herausfinden, ob er dich mag.

Herr Markus lärmt auf seine Weise

ZUM MUTTERTAG

von ....

Wir wären nie gewaschen
und meistens nicht gekämmt,
die Strümpfe hätten Löcher
und schmutzig wär das Hemd,
wir äßen Fisch mit Honig
und Blumenkohl mit Zimt,
wenn du nicht täglich sorgtest,
daß alles klappt und stimmt.
Wir hätten nasse Füße
und Zähne schwarz wie Ruß
und bis zu beiden Ohren
die Haut voll Pflaumenmus.
Wir könnten auch nicht schlafen,
wenn du nicht noch mal kämst
und uns, bevor wir träumen,
in deine Arme nähmst.
Und trotzdem! Sind wir alle
auch manchmal eine Last:
Was wärst du ohne Kinder?
Sei froh, daß du uns hast.

Eva Bartoscheck-Rechlin

Benni – Mach mit!

Spiel und Spaß rund um den Geburtstagskuchen!

Alle, die es tatsächlich noch nicht wissen, wer hier und heute Geburtstag feiert, kann jetzt sein Knobel-Talent beweisen: an den dicken Kerzen hängen Buchstaben. Schreibe in jede Kerze den richtigen Buchstaben (in verschiedenen Farben), und du erlebst eine Überraschung!

★ ★ ★

Geschenke über Geschenke balanciert Benni heran. Erkennst du – trotz der Verpackung – was Benni da gleich auspacken wird?

▼

Rrooooomm!
Drei „Vögel" ohne Federn

Die drei Flieger sind wirklich komische „Vögel": sehen aus, wie Drillinge und unterscheiden sich doch in vielen kleinen Einzelheiten. Wieviel Unterschiede sind es **insgesamt**?

Scherben bringen Glück!"...

... sagt man, und deshalb kann der kleine Unfall die Freude an der Geburtstagsfeier nicht trüben. Außerdem ist die Vase wieder zu kleben ... wenn du das **richtige** Teil findest, das zackengenau in die Bruchstelle paßt!

Benni – Mach mit!

Bennis Regenbogen-Zauberei!

Fülle Wasser in eine flache Schüssel.

Stelle einen Taschenspiegel schräg gegen den Schüsselrand in das Wasser.

Drehe die Schüssel nun so zur Sonne, daß die Sonnenstrahlen vom Spiegel aufgefangen werden. Das geht am besten im Freien auf einem Gartentisch. Nun halte ein weißes Blatt Papier ein bißchen schräg über den Spiegel, und du siehst einen kunterbunten Regenbogen zauberhaft aufleuchten.

Auflösungen: Das Geburtstagskind ist natürlich Benni – Benni trägt einen Tennisschläger, eine Trompete, einen „Teddy", eine Gitarre – die Flugzeuge unterscheiden sich in 7 Einzelheiten – Bruchstück Nr. 3 paßt haargenau!

Die Reporterbande im Schulgarten

Die Reporterbande bei ihrem aktiven Einsatz im Schulgarten.

Ihren Schulgarten kennen Theresa, Lea, Christina und Oliver schon lange. Heute sind sie aber nicht zum Unkrautzupfen gekommen, sondern als Bennis Reporterbande. Da wollen sie natürlich alles genau wissen, und manches machen sie sich bei dieser Gelegenheit zum ersten Mal klar.

Klar, die vielen Gemüse-, Blumen- und Hügelbeete kennen die drei natürlich, aber dort im Schatten — ist das nicht ein Beet nur für Farne? Und hier, auf dem Steinbeet, was sind das für Gewächse? »Das sind Rosmarin und Ginster!« erklärt Anne Grudzinski, die Erzieherin.

Anne Grudzinski führt gerade Aufsicht, denn ohne Begleitung eines Erwachsenen darf niemand den Schulgarten betreten. Leidvolle Erfahrung hat zu dieser Gartenregel geführt, weil sonst vielleicht andere heimlich ernten, was fleißige Gärtner gepflanzt und hochgezogen haben: Vom Schnittlauch bis zu Stangenbohnen, von Radieschen bis zu Erbsen. Anne Grudzinski erzählt weiter: »Im Frühjahr melden sich alle Klassen und Gruppen, die an einem Beet interessiert sind. Dann werden die Beete verteilt!« Anschließend geht es an die

Tips für Hobbygärtner: Blumen-Bilder

Du kannst aus selbstgezogenen Blumen hübsche Geschenke machen. Dazu brauchst du: Einfache Blüten, Löschpapier, ein dickes Buch oder eine Blumenpresse, einen Ziegelstein oder schwere Bücher als Gewicht, festen weißen Karton, durchsichtige, selbstklebende Plastikfolie, Kleb...

1. Pflücke die Blumen an einem sonnigen Tag, wenn sie ganz trocken sind.
2. Lege sie zwischen zwei Löschblätter, ohne daß sie sich berühren.
3. Lege die Löschblätter mit den Blüten vorsichtig zwischen die Seiten eines schweren Buches oder in die Blumenpresse.

Arbeit — freiwillig natürlich, schließlich soll der Garten Spaß machen und keine Pflichtübung sein.
Am Anfang sind alle Schüler mit großem Interesse dabei. Die Klasse entscheidet selbst, was sie anbauen will, der Lehrer oder die Lehrerin werden höchstens um Rat gefragt. Dann wird der Boden gelockert, es muß gedüngt, gesät und gepflanzt werden und dabei heißt es immer: Vorsicht beim Benutzen der Gartengeräte!
»Wenn es dann ans Unkrautjäten geht und bei der monatelangen Pflege der Beete Geduld erforderlich ist, läßt bei manchen Nachwuchsgärtnern die Begeisterung schon nach« sagt Anne Grudzinski.

Kurz vor der Rhabarberernte werden die Stangen kritisch untersucht.

Auch mit den Schnecken gibt es immer wieder mal Probleme. Doch die Schulgärtner haben sich in diesem Jahr zu helfen gewußt und einen Schnecken-Sammel-Wettbewerb veranstaltet. 80 Kriechtiere konnte der glückliche Gewinner vorweisen. Theresa, Lea, Christina und Oliver sind begeistert — auch wenn die Arbeit im Schulgarten am Nachmittag nach der Schule stattfindet, Spaß macht sie trotzdem und man lernt so ganz nebenbei jede Menge von Garten und Natur. Und das finden die Reporter »ist einfach am wichtigsten!«.

Nach mehreren Wochen Trockenzeit ordne die gepreßten Blumen auf einem weißen Blatt zu einem hübschen Bild und klebe sie mit einem Tupfen Klebstoff fest.
Schneide die Plastikfolie so zu, daß sie auf den Seiten ein Stück übersteht. Lege sie vorsichtig über das Blumenbild und falte den Rand nach hinten um. Die Ecken schräg abschneiden.

Auch am Schulteich gibt es immer wieder Neues zu entdecken.

Benni Witzekiste

Im Nil geht ein Luxusdampfer unter. Die Passagiere schwimmen, einige Krokodile nähern sich bereits gefährlich. Plötzlich ruft einer der Schwimmenden: "Wie luxuriös, sogar die Rettungsboote sind von Lacoste."

Verena Schmidt, Augsburg

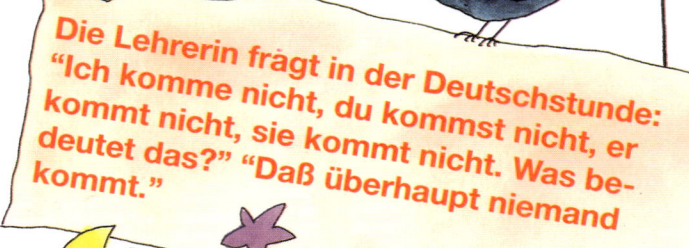

Die Lehrerin frägt in der Deutschstunde: "Ich komme nicht, du kommst nicht, er kommt nicht, sie kommt nicht. Was bedeutet das?" "Daß überhaupt niemand kommt."

Marion Striegl, Waldkraiburg

Wozu raucht man Zigaretten?
"Zu Asche."

Nadine Knauf, Immenhausen

Klaus und Fritz ziehen mit ihren Eltern um. Die beiden sollen tragen helfen. Klaus trägt einen kleinen Schrank. Der Vater fragt: "Wo ist Fritz?" Stöhnend antwortet Klaus: "Er sitzt im Schrank und trägt die Kleiderbügel!"

Brigitta Fabritz, Höxter

Wie kann man einem Ostfriesen ein unterhaltsames Wochenende bereiten? Ganz einfach: Man schickt ihm am Freitag einen Brief. Auf der Vorder- und Rückseite des Briefes steht: "Bitte wenden."

Judith Schmitt, Zapfendorf

"Mein Vati muß jetzt umschulen auf Kellner." "Warum denn das?" "Der Augenarzt hat ihm gesagt, er solle lieber Gläser tragen!"

Doris Keil, Fürth

"Herr Lehrer, heute wollten sie doch über das Gehirn sprechen!" "Darüber später, heute habe ich etwas anderes im Kopf!"

Monika Labus, Oelde

Was fliegt in der Luft und macht immer "mus", "mus"?
Eine Biene, die rückwärts fliegt!

Mathias Elberg, Hamm

Hänschen schreit wie am Spieß, als die Mutter ihn in die Badewanne setzen will: "Aber Hänschen!" schimpft die Mutter. "Was soll das Theater? Willst du denn kein sauberes Kind sein?" "Ja, aber kannst du mich denn nicht einfach abstauben."

Stephanie Perthen, Bad Hersfeld

"Vati, heißt es: schlage mir oder schlage mich?" - "Das solltest du schon selber wissen, natürlich heißt es: schlage mich!" - "Vati, dann schlage mich bitte den Atlas auf!"

Sabine Agnes Arendt, Hamburg

Wir feiern ein Geburtstagskind!

TEXT und MELODIE: Elisabeth Unkel

Hur-ra! Hur-ra! Kommt her und seht, wer hier in un-serm Krei-se steht! Wa-rum wir heut' so fröh-lich sind? Wir fei-ern ein Ge-burts-tags-kind! Fünf Jah-re ist der klei-ne Mann. Das sieht dem BEN-NI kei-ner an. Der BEN-NI le-be hoch, hoch, hoch! Wir wün-schen vie-le Jah-re noch.

Natürlich könnt ihr auch einem anderen Kind ein Ständchen bringen. Laßt dann einfach den Text „Fünf Jahre ..." bis „keiner an" weg und setzt einen anderen Namen ein!

B. Tkotz-Brandt

Benni *Sport*

Mit Grimassen klappt das Lernen einfach besser!

Schattenboxen

Zähneknirschen

Rumpfkreisen

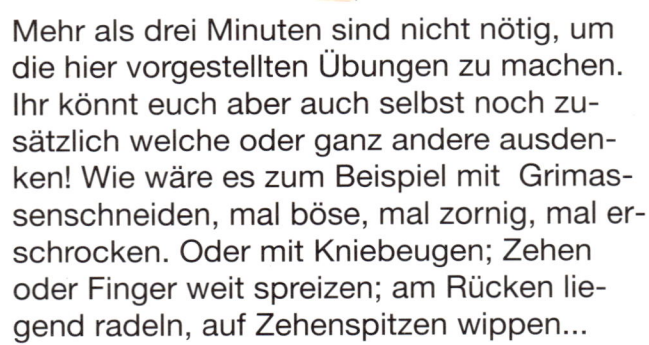

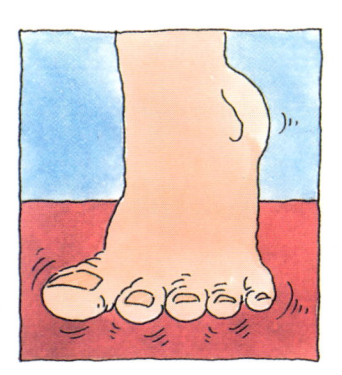

Zehenspitzen

Bauchtanzen

Büroschlaf

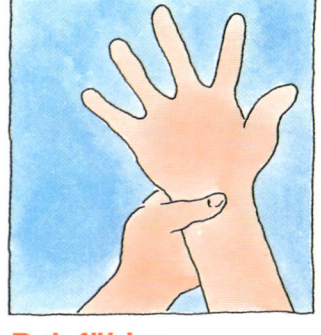

Pulsfühlen

Augenturnen

So komisch es auch klingt, es funktioniert: Unser Hirn kommt leichter in Schwung, wenn unsere Muskeln vorher gearbeitet haben. Das heißt jetzt nicht, daß ihr 100 Kilo stemmen sollt, bevor ihr mit dem Lernen beginnt! Nur ein paar Spannungsübungen und dann wieder Entspannung. Das genügt, um müde Schüler munterer zu machen. Probiert es doch einfach mal aus.

Mehr als drei Minuten sind nicht nötig, um die hier vorgestellten Übungen zu machen. Ihr könnt euch aber auch selbst noch zusätzlich welche oder ganz andere ausdenken! Wie wäre es zum Beispiel mit Grimassenschneiden, mal böse, mal zornig, mal erschrocken. Oder mit Kniebeugen; Zehen oder Finger weit spreizen; am Rücken liegend radeln, auf Zehenspitzen wippen...

Und zum Entspannen: Auf den Rücken legen und von den Ferien träumen, in die hohle Hand horchen oder an einen besonders netten Menschen denken!

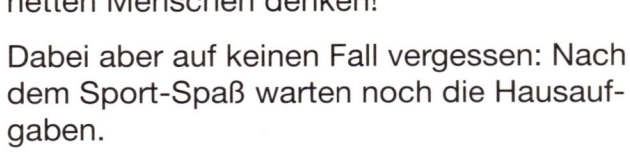

Dabei aber auf keinen Fall vergessen: Nach dem Sport-Spaß warten noch die Hausaufgaben.

Benni zum Ausmalen

Hundebabies

Tibet Terrier ☐

1

2

Cocker Spaniel ☐

3

Golden Retriever ☐

Hier seht ihr Hundemütter und ihre Kinde[r]. Die Welpen aber haben sich im Durcheinander verlaufen. Hilfst du den kleinen Hu[n]den, die richtigen Mütter zu finden? Ordn[e] jeder Mutter den richtigen Welpen (Zahl) z[u].

4

5

6

Airedale Terrier ☐

Rauhhaardackel ☐

Fotos: IG Deutscher Hundehalter

suchen ihre Mütter

Boxer ☐

7

8

Foxterrier ☐

9

West Highland White Terrier ☐

Mittelpudel ☐

10

Lhasa Apso ☐

Lösung: Airedale Terrier 4, Foxterrier 2, Cocker Spaniel 8, Golden Retriever 10, Lhasa Apso 6, Mittelpudel 1, Rauhhaardackel 9, Tibet Terrier 5, West Highland White Terrier 7, Boxer 3.

Ich mag dich trotzdem, Mama! Eine kleine Familengeschichte

Den kriegst du nicht, nein, nein!
Schluchz, Schluchz!

Julian, verschwinde sofort in dein Zimmer. Immer ärgerst du deine kleine Schwester!
PAN!
Heul!

Mir reicht es auch mit dir. Ich mag dich überhaupt nicht mehr!

Am besten ziehe ich zu Oma. Dann hast du deine Ruhe!

Mittags in der Schule ...
Hast du den Film gesehen?
Von wegen. Ich habe Krach mit Mami.

Was? Du auch! Immer das selbe!
Ja, ja, die Mütter!

Zwei Mark der Strauß! Hier, meine Herren, ein Geschenk zum Muttertag!
Kommt ja gar nicht in Frage!

Obwohl ..., Mama ist eigentlich ganz nett. Mit Problemen kann ich immer zu ihr kommen.
Sie tröstet mich so oft, und dann lachen wir wieder zusammen!

Mach's gut!
Bis morgen!

Ähmm!
Hoppla!

So ein Strauß würde sie sicherlich freuen!
Ja, schließlich muß man auch mit Müttern Geduld haben ...
...denn sie sind ja auch nur Menschen!

Für meine unübertroffene Mutter. Dein Julian!
Niemanden mag ich lieber als meine fröhliche Mutter. Dein Frank!

Und du? Verstehst du dich gut mit deiner Mutter? Sprecht ihr oft zusammen? Schreib an Benni!

Benni Tierwelt

Eine Eule schlüpft aus dem Ei

Die Eule brütet im Schilf.

Das Gelege mit sechs Eiern.

Das erste Junge ist zwei Tage alt.

Mit großen Augen schaut die Sumpfohr-Eule den Fotografen an. Der wird sie doch hoffentlich nicht stören? Aber nein! Der Fotograf hält sich nur in der Nähe vom Nest auf, um euch zu zeigen, wie die kleinen Eulen aus dem Ei schlüpfen und sich entwickeln.

Mutter Eule frißt die Eierschale.

Das Junge gähnt in der Sonne.

Zwei bis sechs Tage alte Küken.

Wo sind denn meine Geschwister?

Im Nest ist`s am schönsten!

MOZART

"Auch ich will die Noten suchen, die sich liebhaben!"

Wolfgang Amadeus Mozart wird am 27. Januar 1756, also vor 250 Jahren, als 7. Kind einer Musiker-Familie in Salzburg geboren.

"Papa, ich habe mein erstes Menuett für dich geschrieben!"

"Kaum zu glauben, er ist noch nicht mal 6 Jahre!"

Wolfgang ist hochbegabt: Er hat ein unglaubliches Gedächtnis und schreibt die Noten auf, ohne sie vorher zu spielen.

"Kannst du auch gut spielen, wenn wir ein Tuch über das Klavier legen?"

"Oh, das ist ein Wunderkind!"

Der Vater nimmt seinen Sohn mit auf die Reise und führt Wolfgang in alle Fürstenhäuser Europas. Überall wird der kleine Musiker gefeiert...

"Seine Musik ist so fröhlich, so bewegend, so vergeistigt, so tiefgehend..."

"Ach was, das ist jetzt nicht mehr modern..."

Mit 15 Jahren hat Mozart schon 20 Symphonien komponiert. Aber er ist trotzdem ein total unreifes Bürschlein, das noch nie auf andere gehört hat.

"Ich bin doch nicht ihr Diener. Man kann mich nicht zwingen zu einer Musik, die ich nicht liebe!"

"Oh, sowas hat mir noch nie ein Musiker angetan!"

Mit 17 Jahren kehrt er nach Salzburg zurück und arbeitet für den Erzbischof. Doch das Klima dort erdrückt den Künstler. Deshalb kündigt er.

Endlich wieder frei. Mozart zieht nach Wien, in die Hauptstadt der Musik, und organisiert Straßenkonzerte. 1782 ist so etwas revolutionär!

Mozart wurde vor 250 Jahren in Österreich geboren. Er war ein musikalisches Genie. Während seines kurzen Lebens hat er mindestens tausend Werke komponiert.

— Wolfgang, du bist ein Kindskopf!
— Huah!
— Huch!

Mit 27 Jahren heiratet er Konstanze Weber. Sie leben von Musikunterricht. Er komponiert Konzerte für Klavier, Violine und Oboe.

— Wir haben kein Geld und können kein Holz mehr kaufen.
— Tanzen wir, dann wird uns warm!

Aber sein Erfolg schwindet immer mehr. Konstanze hat sechs Kinder geboren, von denen nur zwei überleben. Sie ist schwer krank.

— Schau Papa! Sie lieben deine Oper wirklich ...Diese Zauberflöte!

Man lädt Mozart nicht mehr ein. Eifersüchtige Musiker reden schlecht über ihn. Sein Vater stirbt. Mozart ist tief unglücklich. Seine Musik aber bleibt fröhlich.

Man bestellt Opern bei Mozart. "Die Hochzeit des Figaro" und "Don Juan" sind wohl seine besten und meistgespielten Meisterwerke.

— Ich fühle den Tod und spüre eine Kälte, die ich nicht erklären kann...

1791 wird Mozart schwer krank. Doch er arbeitet weiter an einem Auftrag, an einer Totenmesse. Dieses "Requiem" wird er nicht mehr beenden.

Mozart stirbt mit 35 Jahren und wird in einem Gemeinschaftsgrab beerdigt. Die Wiener wissen nicht, daß sie ein Genie verloren haben.

Benni Bilder-Kreuzworträtsel

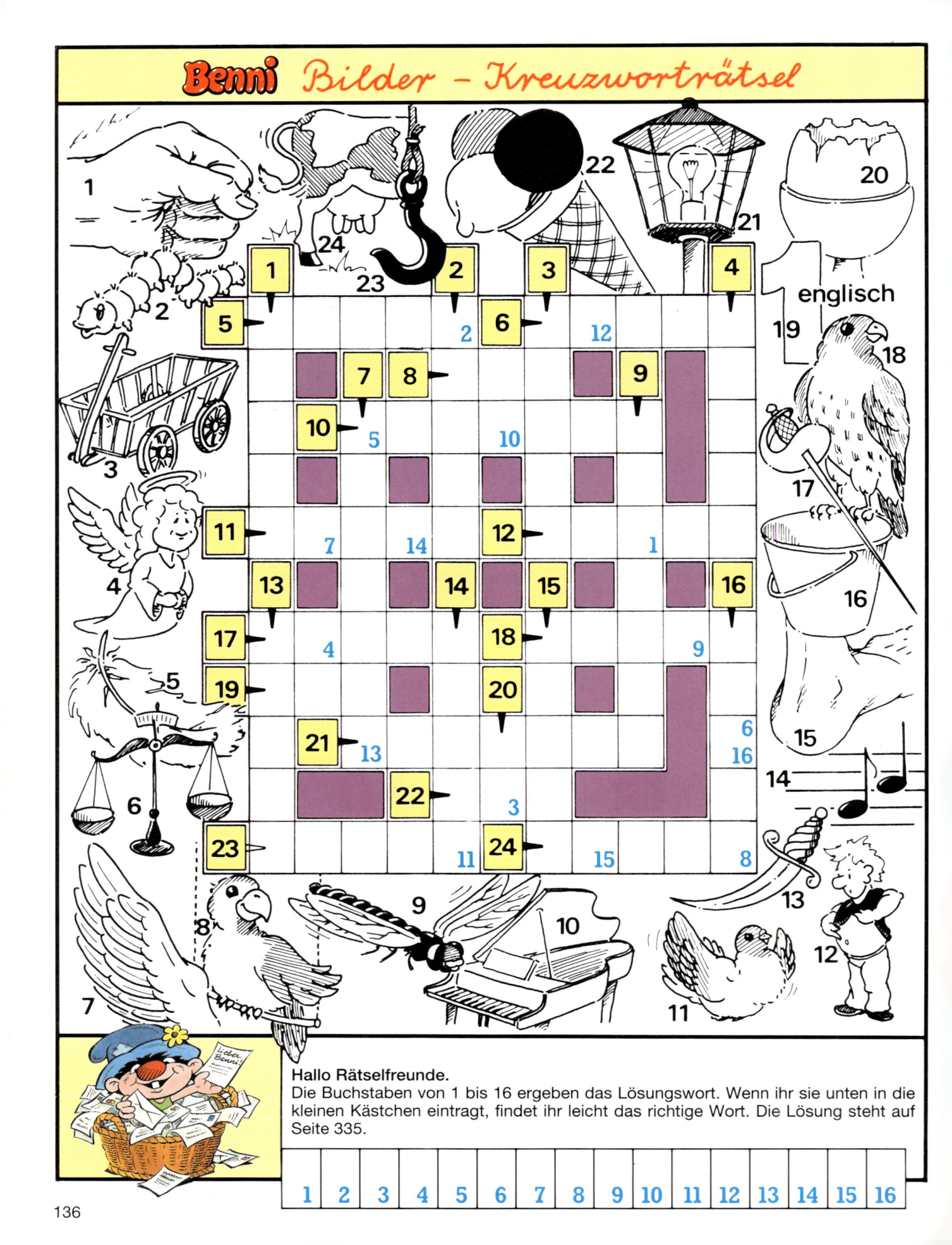

Hallo Rätselfreunde.
Die Buchstaben von 1 bis 16 ergeben das Lösungswort. Wenn ihr sie unten in die kleinen Kästchen eintragt, findet ihr leicht das richtige Wort. Die Lösung steht auf Seite 335.

Benni Hobby

Segeln

Hallo, ich bin Korbinian. Mein Hobby ist Segeln. Am meisten Spaß macht es mir, wenn ich mit meinem Vater unterwegs bin und das Segelboot so richtig schön über das Wasser schießt. Auch wenn es sich dabei ein bißchen schräg legt, habe ich keine Angst. Bei sonnigem Wetter ist das Segeln natürlich am schönsten.

Einen richtigen Segelschein kann ich mit meinen elf Jahren leider noch nicht machen, aber ich habe in den letzten Sommerferien eine Segelschule besucht. Am Ammersee zwischen München und Augsburg werden Kurse nur für Kinder angeboten (Ammersee-Segelschule, Telefon 08807/8415). Eine ganze Woche lang ist man von morgens bis abends auf dem Wasser. Gepaukt werden muß auch ein bißchen, damit man nicht gleich baden geht, wenn der Wind mal etwas kräftiger bläst.

Bei schönem Wetter macht das Segeln am meisten Spaß.

Alle in einem Boot: Aber auch in der Segelschule heißt es üben, üben, üben!

Und dann heißt es üben, üben, üben, bis man alle Knoten im Traum kennt.
Zwei bis fünf Kinder zwischen sechs und 13 Jahren sind immer gemeinsam auf einem Boot. Der Segellehrer fährt im Motorboot nebenher. So ein Kurs kostet rund 150 Mark. Zum Schluß bekommt jeder eine Urkunde, in der die Segelkenntnisse bescheinigt werden. Übrigens: Natürlich kann ich schwimmen, auch wenn ihr mich hier mit Schwimmweste seht. Das ist eine reine Vorsichtsmaßnahme.

Fotos: Silvio Wyszengrad

Benni – Back mit!

Zum Mutter- und Vatertag:
Leckere Rosinenbrötchen

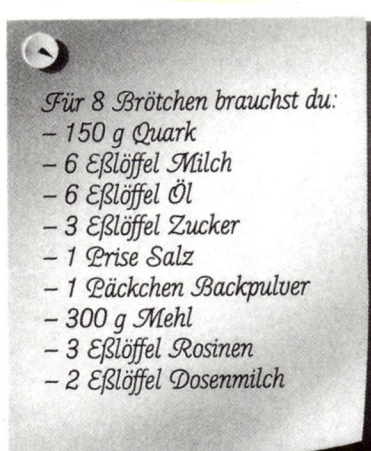

Für 8 Brötchen brauchst du:
- 150 g Quark
- 6 Eßlöffel Milch
- 6 Eßlöffel Öl
- 3 Eßlöffel Zucker
- 1 Prise Salz
- 1 Päckchen Backpulver
- 300 g Mehl
- 3 Eßlöffel Rosinen
- 2 Eßlöffel Dosenmilch

Außerdem richtest du:
große Rührschüssel, elektrisches Handrührgerät mit Knethaken, Backblech, Backpapier, Backpinsel

Und so wird's gemacht:

1. Gib den Quark, die Milch, das Öl, den Zucker und das Salz in die Rührschüssel und verknete alles mit dem Rührgerät.

2. Dann mischst du das Backpulver sehr gut mit dem Mehl und knetest nach und nach mit dem Rührgerät diese Mehlmischung unter den Teig.

3. Gib den Teig auf ein Backbrett und knete ihn durch. Zuletzt knetest du mit der Hand die Rosinen unter den Teig.

4. Aus dem Teig formst du 8 runde Brötchen. Lege das Backblech mit Backpapier aus und setze die Brötchen darauf. Dann bepinselst du sie noch mit Dosenmilch, damit sie beim Backen schön braun und glänzend werden.

5. Backe die Brötchen auf der mittleren Schiene im Backofen bei 200°C 20 Minuten lang.

TIP

Aus dem Teig kannst du auch herzhafte Brötchen backen. Laß die Rosinen und den Zucker weg und bestreue die Brötchen mit Sesam, Mohn oder mit Kümmel.

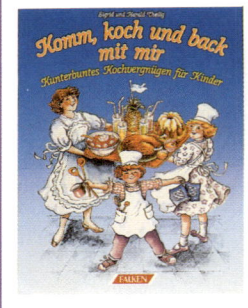

Ein Rezept aus dem Kinderkochbuch »Komm, koch und back mit mir«, Falken-Verlag, Niedernhausen, 19,80 Mark.

Benni der Hundeführer

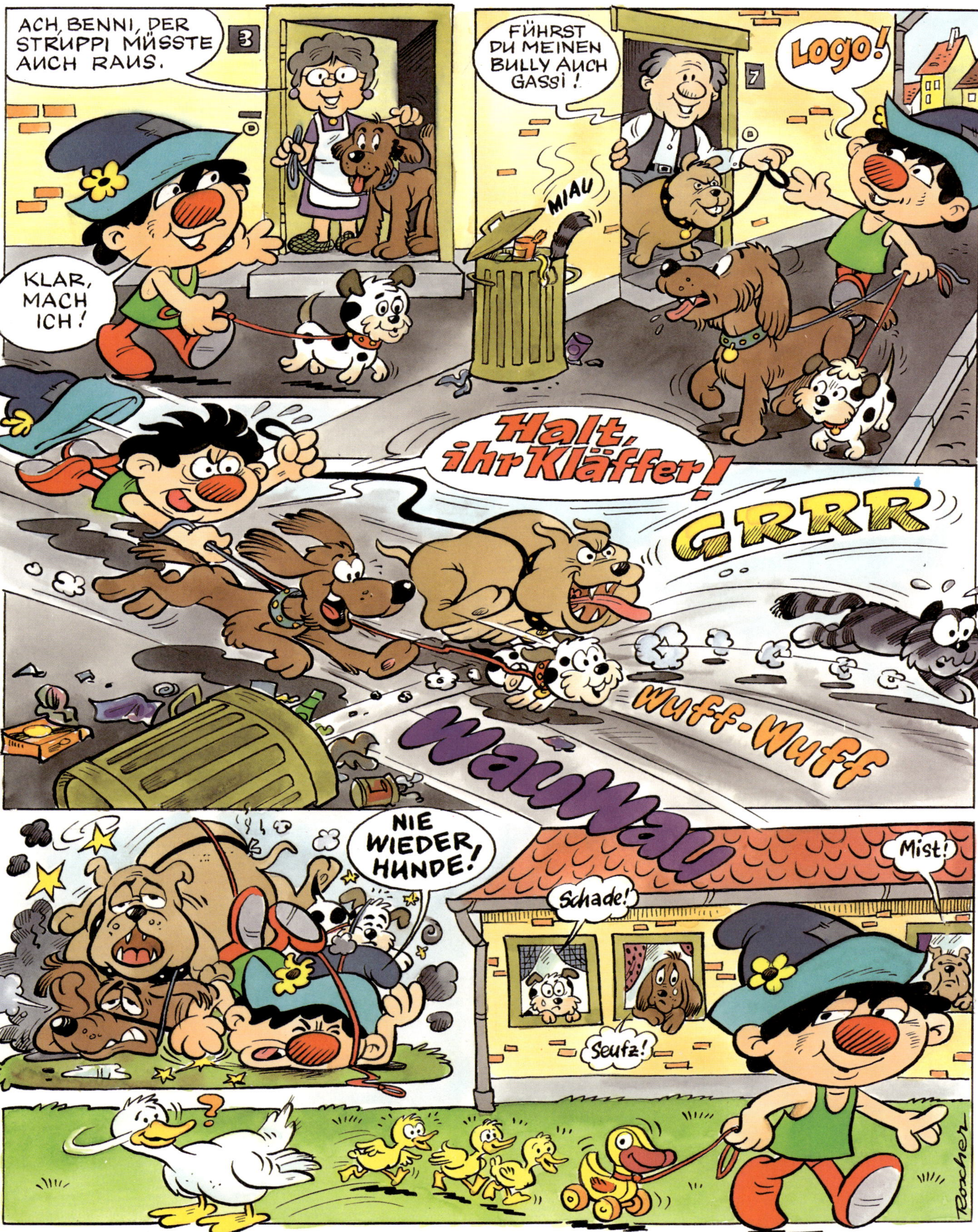

Benni im Juni

JuNi

Hier kannst du deine wichtigsten Termine eintragen!

1
2
3
4
5
6
7
8
9
10
11
12
13
14
15
16
17
18
19
20
21
22
23
24
25
26
27
28
29
30

Benni *im Juni*

Herr Doktor, darf ich...
...nach Kernobst Limonade trinken? (1)
...nach Milch Fruchtsaft? (2)
...nach Fondue Wasser? (3)
...nach Kirschen Wasser? (4)
...nach Eis Wasser? (5)
...nach Steinobst Milch? (6)
Überhaupt: Langsam in kleinen Schlucken trinken, ist gesünder als große Mengen Flüssigkeit in Sekunden herunterzuschütten.

Becher aus Papier
Praktisch für Zuhause und auf Wanderungen:
1. Falte ein quadratisches Stück Papier diagonal.
2. Bei dem Dreieck, das du dann hast, knickst du die Spitze A zu Punkt C.
3. Achte darauf, daß deine Figur so aussieht! Jetzt knickst du die Spitze B zu D.
4. Falte die übrigen oberen Dreiecke: eines nach vorn und eines nach hinten.
5. Wenn du den Becher nun seitlich etwas zusammenschiebst, kannst du den Sprudel einfüllen.

Besuch im Zoo
Wir rüsten uns mit einem Kassettenrecorder und einem Mikrofon aus und ziehen los. Schon auf dem Weg dorthin kannst du die Anfahrt kommentieren. Im Zoo geht es dann richtig los: Wir zeichnen Tiergeräusche auf, lassen alle Familienmitglieder die Tiere beschreiben oder ihre Rufe imitieren. Zum Schluß lassen wir uns geräuschvoll ein Eis schmecken. Wenn das kein lustiges Klangbild von unserem Zoo-Ausflug wird?

Spitze!
Bitte jemanden, die Augen zuzumachen. Öffne eine Schere genau drei Zentimeter weit und berühre mit beiden Spitzen gleichzeitig und ziemlich fest seinen Unterarm. Der "Betroffene" wird auf die Frage, wieviele Spitzen er fühlt, reinfallen. Denn auf dem nicht so empfindlichen Unterarm wird er nur eine Spitze fühlen. Aber: Bitte vorsichtig mit der Schere hantieren!

Benni meint:
Eine Zahnspange hilft leider nicht gegen ein loses Mundwerk!

Wald- und

Benni Spieleseite

Auf dem Waldboden steckt ihr für jede Spielgruppe ein Feld von 1 Meter mal 1 Meter ab. Jetzt versuchen die Feldbesitzer, auf ihrem Feld viele verschiedene Dinge aus dem Wald (Äste, Zapfen, Pflanzen, Pilze, Steine) zusammenzutragen. Sie merken sich, wo die Dinge liegen. Dazu habt ihr insgesamt zehn Minuten Zeit. Dann geht jede Gruppe zu einem anderen Feld und verändert fünf Dinge durch Umstellen. Wer hat als erster auf seinem Feld alle Veränderungen entdeckt?

Guten Tag, lieber Baum! Ein Spieler bekommt die Augen verbunden und wird zu einem Baum geführt. Er soll versuchen, den Baum kennenzulernen. Wie dick ist der Stamm? Was wächst in der Nähe? Wie verlaufen die Wurzeln? Kann ich die Blätter tasten? Wenn der "Blinde" glaubt, den Baum gut zu kennen, wird er an den Ausgangspunkt zurückgeführt. Er nimmt das Tuch ab und versucht, seinen "lieben Baum" wiederzufinden.

Wiesenspiele

Der Waldgeist geht um.
Bei diesem Spiel könnt ihr selbst Waldgeist sein. Steckt auf einer Wiese ein Spielfeld ab. Die Größe richtet sich nach der Zahl der Mitspieler. Ein Spieler ist der Waldgeist. Wer vom Geist berührt wird, ist verzaubert und muß unbeweglich stehenbleiben. Er kann erlöst werden, wenn ihn zwei Mitspieler gleichzeitig umarmen. Nach einer Weile wird der Waldgeist ausgetauscht.

Wurzel- und Rindengeister.
Oft findet ihr im Wald schöne Wurzeln oder Rindenstücke. Daraus lassen sich lustige oder wilde Geister schnitzen. Vorsicht: Von den Erwachsenen helfen lassen.

Benni *Wissen*

LEUCHTTÜRME
helfen den Seeleuten

Habt ihr schon mal einen Leuchtturm gesehen? Überall an der Küste, wo es ganz besonders wichtige Punkte gibt, stehen solche Türme. Sie warnen die Seeleute vor Klippen oder Untiefen — also vor Stellen, in denen das Meer ziemlich flach ist. Außerdem geben sie Schiffen und Flugzeugen die richtige Richtung an. Am Tag könnt ihr sie an der rot-weiß-gestreiften Leuchtfarbe erkennen, bei Nacht — und das ist viel wichtiger — an ihrem starken Licht. Leuchttürme sind eine sehr alte Einrichtung. Immerhin fast 2 000 Jahre alt ist der Leuchtturm vor der spanischen Stadt La Coruña. Und der weist heute noch den Schiffen den Weg.

Im Inneren der Leuchttürme gibt es meist moderne Anlagen, um die Schiffe vor Sturm und Nebel zu warnen. Oder sie melden, wenn ein Dampfer in Seenot geraten ist. Jeder Leuchtturm hat ein eigenes Lichtzeichen, so daß er nicht verwechselt werden kann.

LEUCHTTURM-LAMPE

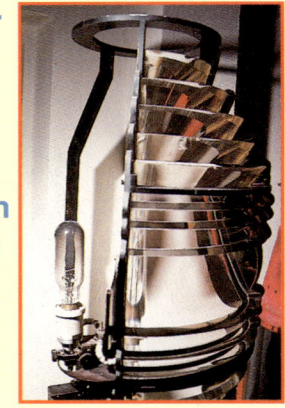

Früher waren viel mehr Leuchttürme bewohnt als heute. Jetzt gibt es nur noch wenige Leuchtturmwärter, die für Ordnung in ihrem ungewöhnlichen Haus sorgen. Natürlich brauchen sie keine Angst zu haben, davonzuschwimmen. Denn so ein Leuchtturm ist zum Glück fest im Boden verankert.

Eltern-Kinder

Ich knabbere an meinen Nägeln

- Das nervt mich so!
- Knack!

- Aber lass doch deine Nägel in Ruhe! Warum machst du das?
- Das weiß ich selbst nicht!
- Knack!

- Hilft dir das, wenn du an den Nägeln knabberst?
- Ja, das Knacken beruhigt mich!

- Schau, das ist wirklich scheußlich und sieht häßlich aus!
- Aber nein, wirklich nicht. Außerdem sind es meine Nägel.

- Hör auf, du nervst mich. Wie sieht denn das aus?
- Warte, ich kenne einen kleinen Trick...
- Knack!

- Vielleicht ist es besser, wenn du ein bißchen Ball spielst und dich ablenkst.
- Hör auf, du nervst mich auch!
- Pfft...

- Ich würde gern Ball spielen, aber mit dir!
- Ach so, du willst also, daß ich mich mit dir beschäftige.

- Heute abend schauen wir beim Abendessen zusammen einen Film im Fernsehen an.
- Super!

- Lukas, deine Nägel!
- GRRRR!
- Knack!
- Oh, ich kann nicht anders, wenn ich Angst habe!

- Knack! Knack!
- Lukas, knabberst du immer noch Nägel?
- Nein, Mama, das ist mein Kotlett.
- Knack!

- Ich habe eine Idee: Du hörst auf zu rauchen und ich knabbere nicht mehr an den Nägeln!

Und du? Knabberst du auch an deinen Nägeln? Immer oder nur, wenn du dich langweilst oder sehr nervös bist? Was sagen deine Eltern dazu? Was machst du dagegen? Schreib an Benni.

Benni Tierwelt

Bambi, das Rehkind

Mucksmäuschen still liegt das Rehkind in seinem Versteck im hohen Gras am Waldrand. Es wartet auf seine Mutter, die bald zum Säugen vorbeikommen wird. Das Kitz, so heißt ein junges Reh in der Sprache der Jäger, bewegt sich nicht. Ganz platt hat es sich an den Boden gedrückt. So ist es gegen seine Feinde gut geschützt.

Von oben aus der Luft sieht sein hübsches braunes Fell mit dem weißen Tupfen für die Greifvögel aus wie Sonnenkringel auf dem Waldboden. Die Natur hat das zum Schutz der Bambis ganz praktisch eingerichtet. Auch die anderen Feinde der kleinen Rehe tun sich schwer. Der Fuchs zum Beispiel. Weil die Kitze in den ersten Wochen nach ihrer Geburt völlig geruchlos

Ganz neugierig auf die Wiese will das Kitz seiner Mutter folgen.

Wie Sonnenkringel auf dem Erdboden sehen die Tupfen auf Bambis Fell aus.

sind, kann sie selbst Reinicke, der schlaue Fuchs, mit seiner feinen Nase nicht wittern.

Das Kitz am Waldrand hat noch einen Zwillingsbruder. Die Mutter hat ihn 100 Meter weiter versteckt. Wenn nämlich eines der beiden Kitze entdeckt wird, hat das andere noch eine Chance zu überleben. Die beiden Bambis sind Ende Mai zur Welt gekommen. Auch der kleine Rehbock hat die ersten Tage ganz reglos im Versteck verbracht. Erst in der dritten Lebenswoche fangen die Kitze an, ihrer Mutter regelmäßig zu folgen und das erste Grünfutter zu probieren. Trotzdem werden sie noch zwei, drei Monate von der Ricke, ihrer Mutter, gesäugt. Bis zum nächsten Frühjahr bleiben die Jungen bei ihrer Mutter.

Im Winter schließen sich die Rehe zu größeren Gruppen zusammen. Dabei bilden die Mütter mit ihren halberwachsenen Kindern ein Rudel. Die Rehböcke gründen zu-

Fotos: Reinhard

Die Zwillingskitze warten. Sie haben Hunger. Wo bleibt die Mutter?

Benni *Tierwelt*

Foto: Reinhard-Bavaria

Am Waldrand: In seinem Versteck bleibt das kleine Reh ganz ruhig liegen.

sammen einen »Junggesellenverein«. Die meiste Zeit des Jahres leben die Rehe aber eher als Einzelgänger. Nur die Ricke führt ihre Jungen ein bis zwei Jahre mit sich.

Im August halten die Rehe Hochzeit. Wenn ein Ricke keinen Partner findet, fiept sie lockend, um auf sich aufmerksam zu machen. Neuneinhalb Monate trägt eine Ricke ihr Kitz aus. Innerhalb weniger Wochen im Mai kommen die meisten Kitze, oft auch Zwillinge, zur Welt.

Wenn du jetzt ein Rehkitz findest, das scheinbar von seiner Mutter verlassen wurde und im Wald liegt, darfst du es auf keinen Fall anfassen. Die Ricke würde dann ihr Junges, das für sie dann nach Menschen riecht, nicht mehr annehmen. Das Rehkind müßte jämmerlich verhungern.

Steckbrief: Das Reh

Länge:	1,40 Meter
Gewicht:	50 Kilo
Gehörnabwurf:	November und Dezember
Kinder:	Von Mai bis Juni bringt die Ricke meist zwei Kitze zur Welt, die 20 Monate bei ihr bleiben und mit zwei Jahren erwachsen sind.
Alter:	Bis 15 Jahre
Feinde:	Wolf, Bär, Luchs, Uhu. Für Kitze: Fuchs, Waschbär, Greifvögel
Anzahl:	Etwa 2,2 Millionen bei uns.

Benni Witzekiste

Lehrer: "Nennt mir fünf Dinge, die Milch enthalten!"
Schüler: "Butter, Käse, Eiskrem und zwei Kühe!"

Doris Keil, Fürth

Wieviele Ostfriesen braucht man, um eine Kuh zu melken? 24! 4 die die Euter halten und 20 die die Kuh hoch und runter heben.

Ina Audick, Ibbenbüren

Trudchen und Mutter gehen in den Zoo. Mutter mahnt: "Geh nicht so nah an die Eisbären ran, du bist schon genug erkältet."

Pia Wilz, Mainaschaff

Wieviele Eier kann Onkel Otto auf nüchternen Magen essen? Eines, weil er dann keinen nüchternen Magen mehr hat.

Jana Sichert, Friedberg

"Hast du dir gerade das Rauchen abgewöhnt?" - "Ja, warum?" - "Weil du immer die Kekse im Aschenbecher ausdrückst."

Christine und Birgit Klimm, Freisenried

"Peter, warum kommst du so spät zur Schule?" Peter: "Weil ich einer alten Dame über die Straße geholfen habe."
Lehrer: "Hat denn das so lange gedauert?"
Peter: "Ja, denn sie wollte nicht hinüber!"

Franziska Auburger, Schwaighausen

"Die ganze Schule ist Schwindel!" "Aber weshalb denn, Peter?" "Da steht auf einer Tür: 1. Klasse. Und was sehe ich? - Lauter Holzbänke!"

Martina Plapperer, Pollenfeld

Klein Erna: "Ich habe die Eisenbahngesellschaft ganz schön reingelegt. Ich habe mir eine Fahrkarte gekauft und bin dann mit dem Rad gefahren."

Martina Sellig, Plettenberg

Michael kommt von der Schule heim. Die Mutter möchte wissen: "Na, warst du heute brav in der Schule?" - "Klar, Mutti, was soll man schon groß anstellen, wenn man den ganzen Tag in der Ecke stehen muß!"

Stephanie Perthen, Bad Hersfeld

Ein Schüler kommt zum Polizisten und ruft: "Kommen sie schnell, mein Lehrer steht im Halteverbot!"

Franziska Auburger, Schwaighausen

Wann hat der Mensch so viele Augen, wie das Jahr Tage hat?
Am 2. Januar!

Carmen, Wöschenbeuren

Mit Benni in der Natur

Küchenschelle

Schwertlilie

Pfingstnelke

Märzbecher

Laßt die Blumen wachsen!

Manche Blumen gibt es in der freien Natur nur noch ganz selten. Sie stehen deshalb unter Naturschutz. Pflückt sie bitte nicht ab, damit sie ungestört wachsen können. Sicherlich haben auch andere Menschen ihre Freude daran.
Ob ihr die Pflanzen wiedererkennt, wenn ihr sie beim Sonntagsspaziergang oder auf dem Ausflug seht?
Vorsicht! Nicht berühren!

Akelei

Silberdistel

Seidelbast

Efeu

Tollkirsche

Stechpalme

Goldregen

Vorsicht Gift! Nicht berühren!

Es gibt Pflanzen und Früchte, die wunderschön aussehen, aber giftig sind. Bitte unbedingt die Finger davon lassen. Keinesfalls die Früchte, Beeren oder Blätter der hier abgebildeten Pflanzen in den Mund stecken. Sonst könnt ihr schwer krank werden.

Schneeball

Barbara Tkotz

Benni Bilder-Kreuzworträtsel

Hallo Rätselfreunde.
Die Buchstaben von 1 bis 12 ergeben das Lösungswort. Wenn ihr sie unten in die kleinen Kästchen eintragt, findet ihr leicht das richtige Wort. Die Lösung steht auf Seite 335.

Zeig der Karies die Zähne:

Glasharter Schmelz schützt die Kauflächen unserer Zähne. Doch selbst dieses Schutzschild ist machtlos gegen die alles zersetzende Säure. Diese fressende Säure entsteht im Mund vor allem nach dem Genuß der geliebten Süßigkeiten. Deshalb: Nach jeder Mahlzeit sofort die Zähne putzen!

Wir schrubben unsere „Beißer" vor dem Schlafengehen und nach dem Aufstehen, das ist strahlendklar! Aber wir putzen sie auch unbedingt nach **jeder** Mahlzeit! Die Zahnbürste bewegen wir dabei waagrecht, senkrecht und kreisend drei bis vier Minuten lang. Danach gut spülen!

Die meisten Kindergetränke sind zuckersüß. Viel zu süüüüß! Sie löschen den Durst nicht – sie machen nur noch durstiger und dick dazu. Vor allem aber folgt nach dem kurzen Gaumenkitzel die lange Kiefer-Reue: Karies, die schlimme Zahnfäule, greift die Zähne an! Also: Klares Wasser trinken!

Jawohl: Zeig der Karies die Zähne, so wie Benni das hier mit Strahlemannlachen tut. Gesunde Zähne ersparen Dir viel Kummer und Schmerzen und Zahnarztlaufereien. Aber auch ohne Zahnschmerzen mußt Du jedes halbe Jahr einmal beim Zahnarzt vorbeischauen. Vorbeugen ist besser als Zahnziehen!

Die Reporterbande

Auf einem Pferd kann man nicht nur reiten, sondern auch turnen: Voltigieren wird das genannt. Richtige Kunststücke wie Handstände und Überschläge machen die jungen Reiter, während ihr Roß ruhig und geduldig im Kreis galoppiert. Carolin, Jennifer und Julian wollten genauer wissen, wie das geht und haben sich bei der Voltigier-Turniergruppe des Reitclubs Augsburg umgesehen.

Neun Mädchen zwischen neun und 22 Jahren üben dort zweimal die Woche ihre Figuren auf dem Pferd. »Wie alt muß man zum Voltigieren denn sein?« will Julian wissen. »Als Mensch oder als Pferd?« fragt Trainerin Sabine Sonnenwald scherzhaft zurück und erklärt, daß ein Voltigierpferd fünf Jahre alt sein soll, bevor es mit der Arbeit an der Longe - so nennt man die lange Leine, an der es im Kreis geführt wird - beginnen kann. Carolin will wissen, wie lange es dauert, bis ein Pferd zum Voltigierpferd wird. Ein Jahr muß es lernen, antwortet Sabine. »Aber nicht jedes ist dazu geeignet,« sagt sie, »es muß ruhig und brav und darf vor allem nicht kitzelig sein. Auch sollte es nicht leicht erschrecken und muß so kräftig gebaut sein, daß drei Turner hintereinander auf seinem Rücken sitzen können.«

Molly, die neunjährige Schimmelstute der Augsburger Gruppe, steht inzwischen schon vorbereitet in der Reithalle. Vor der Stunde ist sie von den Voltigiermädchen geputzt und gestriegelt worden: Das braucht das Pferd zur Pflege seines Felles und zur Massage. Auch Mähne und Schweif sind frisch gekämmt und die Hufe ausgekratzt, das Zaumzeug und der Bauchgurt festgemacht.

»Kinder können mit dem Voltigieren anfangen, wenn sie vier Jahre alt sind«, erklärt

Julian, Carolin und Jennifer sind Bennis Reporterbande

Die Figuren haben lustige Namen wie hier »Schulterstand auf der Bar«

»Fliegender Engel« heißt diese Figur

Der »Tote Mann« ist hier ein Mädchen

beim Voltigieren

Die Mädchen zeigen eine »Schubkarre«

Auf in den »Handstand auf der Gruppe«

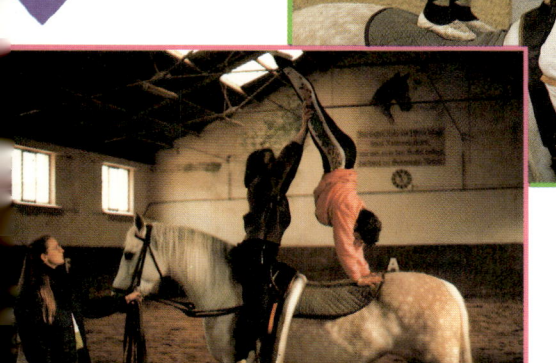

»Handstand auf der Schulter«

»Knien auf der Schulter«

die Trainerin Sabine und erlaubt den drei Reportern, sich einmal probehalber auf Mollys breiten Rücken zu setzen. Ganz schön hoch hier oben finden sie und bewundern die Turniergruppe, die alle ihre Übungen im Galopp machen muß. »Bei den Kleinsten werden allerdings die Figuren alle im Schritt geübt,« beruhigt Sabine, »und vorher sogar erst auf einem Holzbock.« Fahne, Mühle, Schere, Stehen und Flanke nennen sich die Pflichtübungen, die alle Voltiegierer lernen und die auch während eines Turniers benotet werden. Die großen Mädchen zeigen der Reporterbande, daß man auf einem Pferd nicht nur gerade sitzen kann, sondern auch seitwärts, darauf knien oder an der Seite hängen darf. Zwei oder drei Mädchen springen hintereinander auf Molly, sitzen rücklings auf dem Pferdehals, zeigen Pyramiden, machen Handstand, Schubkarre oder Standwaage: Schließlich ist Voltigieren ein Mannschaftssport. Anders als bei Springreiten oder Dressurreiten braucht man dazu gar keine große Ausrüstung: Es reicht ein alter Trainingsanzug. Und Gymnastikschuhe, Turnschuhe mit festen Sohlen könnten das Pferd verletzen. Für ihre Turniere hat die Augsburger Gruppe natürlich einheitliche Gymnastikanzüge und auch Molly ist dann besonders festlich herausgeputzt. Im Training sieht das oft anders aus - schließlich geht die eine oder andere Übung auch manchmal in den Sand! Jennifer ist besonders begeistert über die 'Abgänge', denn selbstverständlich steigen die Voltigiermädchen nicht einfach vom Pferd: Sie machen eine Rolle rückwärts, Schwünge, Sprünge oder sogar einen Salto. Aber bis man das kann, tröstet Sabine, dauert es ein paar Jahre und sehr viel Training.

Fotos: Karl Holzhauser

Sommerlied

Text und Melodie: Elisabeth Unkel

Blau - er Him - mel, Son - nen - schein,
ja, so muß der Som - mer sein -
ja, so muß der Som - mer sein.

Barfuß laufen,
Tau im Gras,
‖: ja, so macht der Sommer Spaß. :‖

Schmetterlinge,
Blumenpracht,
‖: ja, ob das nicht glücklich macht! :‖

Und dann noch die
Ferienzeit!
‖: Sommerglück ist weit und breit. :‖

Wiese, Seen,
Wald und Feld,
Herr, wir hüten deine Welt -
ja, wir hüten deine Welt!

Herr Markus
spielt ein Loblied

Benni Hobby

Blockflöte spielen

Hallo! Ich heiße Mona und bin sieben Jahre alt. Zusammen mit drei anderen Kindern spiele ich seit einem Jahr Blockflöte. Das macht mir richtig Spaß! Wir vier bekommen Gruppenunterricht. Unsere Lehrerin sagt: Wichtig ist, daß wir Freude an der Sache haben (haben wir!) und daß wir ein Gefühl für Rhythmus und Melodik bekommen. So haben wir am Anfang viel getanzt, gesungen und getrommelt und sogar Theater gespielt. Erst allmählich ist dann das Flötenspiel immer wichtiger geworden. Unsere Lehrerin nennt das "Elementare Musik- und Bewegungserziehung".
Es gibt andere Lehrer, bei denen man von Anfang an nur das Flöten lernt, Note für Note und Griff für Griff. Es gibt da eben verschiedene Methoden.

Mona lernt mit drei Kindern zusammen im Gruppenunterricht Flöte spielen.

Gar nicht so einfach, die Blockflöte richtig zu halten und zu spielen.

Wenn man flötet, dann heißt es als erstes: Aufrecht hinsetzen! Die Flöte liegt auf der Unterlippe auf, der rechte Daumen stützt die Flöte. Die anderen Finger müssen beweglich sein. Jetzt lernt man, die verschiedenen Löcher auf dem Flötenrohr mit den jeweils passenden Fingern zuzudecken - so entstehen die verschiedenen Töne.
Am Anfang habe ich da ziemlich große Schwierigkeiten gehabt, besonders mit mei-

Benni Hobby

nem kleinen Finger und dem Ringfinger der rechten Hand. Versucht mal, diese Finger einzeln zu bewegen während die anderen Finger ganz still halten! Inzwischen kann ich schon Noten lesen und soll mindestens zehn Minuten täglich üben. Am liebsten spiele ich dann das Lied: "Der Frosch sitzt in dem Rohre!"

Eine Blockflöte muß regelmäßig gereinigt und gepflegt werden. Denn billig ist das Hobby nicht.

Ganz billig ist mein Hobby leider nicht. Eine Gruppenstunde bei meiner Lehrerin kostet 35 Mark. Außerdem muß man noch die Noten kaufen. Und am Anfang natürlich erst mal eine Flöte anschaffen. Eine Holzflöte gibt es ab etwa 50 Mark, eine Plastikflöte kostet etwa 13 Mark.

Der Frosch sitzt in dem Roh-re, der klei-ne di-cke Mann, er singt sein A-bend-lied-chen, so gut er sin-gen kann: Quak, quak, quak! Quak, quak, quak!

Fotos: Ursula Zeidler

Warum der Hase so lange Ohren hat

Ein Hammel hatte sich mit einem Häslein angefreundet. Er sagte zu ihm:

*Willst du bei mir wohnen bleiben,
dann baun wir uns ein festes Haus,
mit Schornstein, Tür und rotem Dach,
du streckst die Pfoten zum Fenster hinaus.*

Das Häslein war einverstanden. »Wir müssen uns feste Balken aus dem Wald holen!« sagte der Hammel. Als sie vor einem dicken Baum standen, rief er: »Den werfe ich in einem Anlauf um!« — »Das schaffst du nicht!« lachte das Häslein, »ich glaube, du willst nur prahlen!« Aber der Hammel nahm einen tüchtigen Anlauf und warf sich mit seinen Hörnern gegen den Baum. Krachend stürzte der Baum zu Boden. »Aha«, dachte der Hase, »so fällt man Bäume. Das wär ja gelacht, wenn ich nicht auch zum Holzfäller taugen sollte!« — Sie gingen weiter und standen wieder vor einem schönen dicken Baum.

*Diesen Baum such ich mir aus,
daraus wird ein Dach gemacht.
Gleich hab ich ihn umgerissen,
ha, das wäre ja gelacht!*

rief das Häslein und nahm einen tüchtigen Anlauf. Aber o weh, der Baum rührte sich nicht, nur der Kopf des Häsleins saß zwischen seinen Schultern. Der Hammel wollte ihm helfen und rief: »Rühr dich nicht! Ich zieh dir den Kopf an den Ohren wieder hoch!« Er zog und zog. Da fing der Hase an zu jammern.

*O, was reißt du an den Ohren,
weh, o weh, welch große Pein.
O, mein Freund, ich bin verloren,
ich will kein Hase Langohr sein!*

»Halt still«, rief der Hammel, »der Kopf muß doch wieder herausgucken!« — Endlich hatte er genug gezogen. Der Kopf des Hasen saß wieder an seiner richtigen Stelle, aber die Ohren waren ganz lang geworden.

Das könnt ihr heute noch am Waldrand beobachten, wenn ihr ganz leise seid. Da streckt das Häslein lauschend seine langen braunen Ohren hoch, und wenn ihr näher herangeht — wupp — ist es im Unterholz verschwunden.

Barbara Cratzius

Mit Benni durch die Natur

Räuber im Teich

Tips für Naturfreunde von der

Aktion Ameise

An jedem mit Pflanzen bewachsenen Teich oder Tümpel könnt ihr Wassertiere beobachten. Eine einfache Lupe hilft euch dabei. **Wasserläufer** findest du vielleicht schon in der Regentonne eures Gartens. Unermüdlich suchen die langbeinigen Flitzer nach kleinen Insekten auf der Wasseroberfläche. Sie bewegen sich nur mit vier ihrer sechs langen Beine fort, ohne sich mit Wasser zu benetzen. Sie tauchen mit ihrem Körper nie ins Wasser ein und können gut fliegen.

Ein guter Flieger ist auch der **Gelbrandkäfer**, vor allem aber ein gewandter Taucher. Als gefräßiger Beutegreifer bewältigt er Kaulquappen, sogar kleine Fischchen! Etwa sechsmal in der Stunde muß er zum Luftaufnehmen an die Wasseroberfläche steigen.

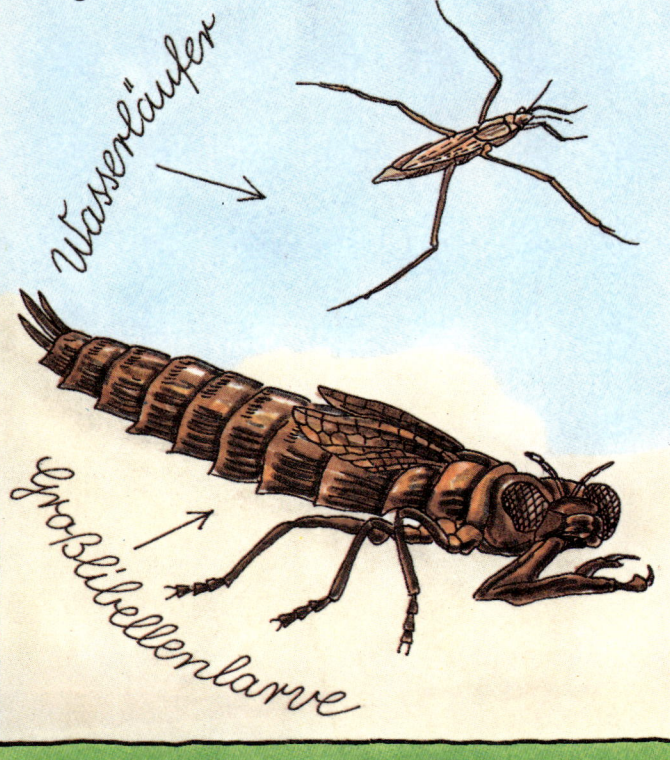

Räuberisch und unter Wasser lebt auch die auffallend große **Larve des Gelbrandkäfers**. Ihr unterscheidet sie leicht an ihren mächtigen Kopfzangen von der ebenfalls stattlichen **Larve der Großlibellen**. Diese zeigt, wie die geflügelten, fertigen Libellen, auffallend große Augen. Sie ergreift Beutetiere mit einer »Fangmaske«, die sie blitzartig nach vorn schnellen kann.

Die hier genannten Wasserinsekten sind häufig und in fast jedem Teich zu finden, der nicht stark verschmutzt ist. Wenn ihr Unrat in einem kleinen Gewässer findet, helft ihr Pflanzen und Tieren, wenn ihr alle Fremdkörper herausfischt und zum Müll bringt.

Benni Wissen

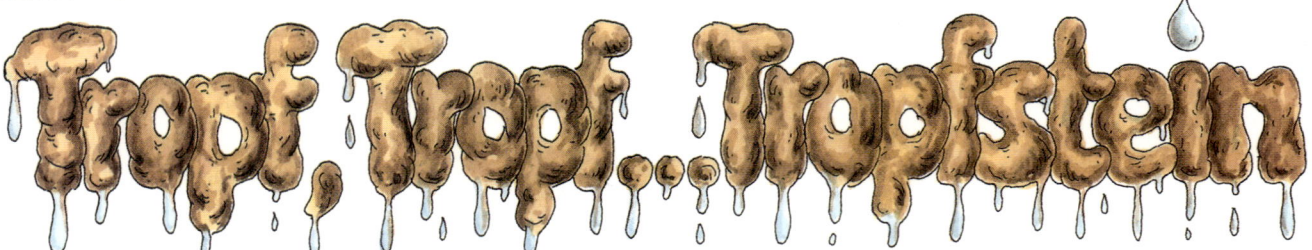

Tropf, Tropf... Tropfstein

Bennis Fotograf hat sich für euch in der Teufelshöhle in der Fränkischen Schweiz bei Pottenstein umgeschaut und dort verschiedene Tropfsteingebilde fotografiert. Diese Wunder der Natur sind in viele Millionen Jahren entstanden. Die Menschen haben ihnen originelle Namen gegeben: Papstkrone, Orgel oder Barbarossadom zum Beispiel.

Dieser Stalaktit hängt in der Drei-Kaiser-Grotte der Teufelshöhle.

Wart ihr schon einmal in einer Tropfsteinhöhle? Dann wißt ihr natürlich, daß es steigende und fallende Tropfsteine gibt, die so schwierige Namen wie »Stalagmiten« und »Stalaktiten« haben. Aber wie merkt man sich den Unterschied?
Die »Stalaktiten« sind nach unten hängende Tropfsteine: »-titen« = Tropfen. Merkt euch das »t« wie »Tropfen«.
»Stalagmiten« sind genau das Gegenteil, das sind von unten nach oben wachsende Tropfsteine.

Kaiser Barbarossa heißt dieser tolle Stalagmit in der Teufelshöhle.

Benni – Koch mit!

Blumenkohl mit Bröseln

Für 4 Personen brauchst du:
- *1 Blumenkohl*
- *1 l Wasser*
- *etwas Salz*
- *2 Eßlöffel Butter*
- *2 Eßlöffel Semmelbrösel*

Außerdem richtest du: Küchenmesser, Kochtopf, kleine Pfanne, Kochlöffel, Schaumkelle, Porzellanschüssel.

Und so wird's gemacht:
1. Vom Blumenkohl entfernst du die grünen Blätter und schneidest mit einem Küchenmesser die Röschen ab.
Vorsicht!

2. Wasche dann die Blumenkohlstücke gründlich im kaltem Wasser. Im Sommer, wenn der Blumenkohl aus dem Garten kommt, mußt du ihn ein wenig in Salzwasser liegen lassen.

3. Bringe dann das Wasser zum Kochen, gib die Blumenkohlröschen und etwas Salz hinein, schalte auf Stufe 1 und laß das Gemüse in 15 bis 20 Minuten weich kochen.

4. Nun bereitest du die Semmelbrösel zu. Erhitze dazu die Butter in der kleinen Pfanne und streue die Semmelbrösel dazu. Auf Stufe 2 bräunst du nun die Semmelbrösel, dabei rührst du mit dem Kochlöffel ab und zu um. Das dauert 2 bis 3 Minuten.

5. Dann holst du den Blumenkohl mit der Schaumkelle aus dem Topf und legst die Röschen in eine Porzellanschüssel. Bestreue den Blumenkohl zuletzt mit den gerösteten Semmelbröseln.

Ein Rezept aus dem Kinderkochbuch »Komm, koch und back mit mir«, Falken-Verlag, Niedernhausen, 19,80 Mark.

Benni Such und Ausmalbild

10 UNTERSCHIEDE

Erst alle Unterschiede suchen, dann ausmalen!

Benni auf dem Flohmarkt

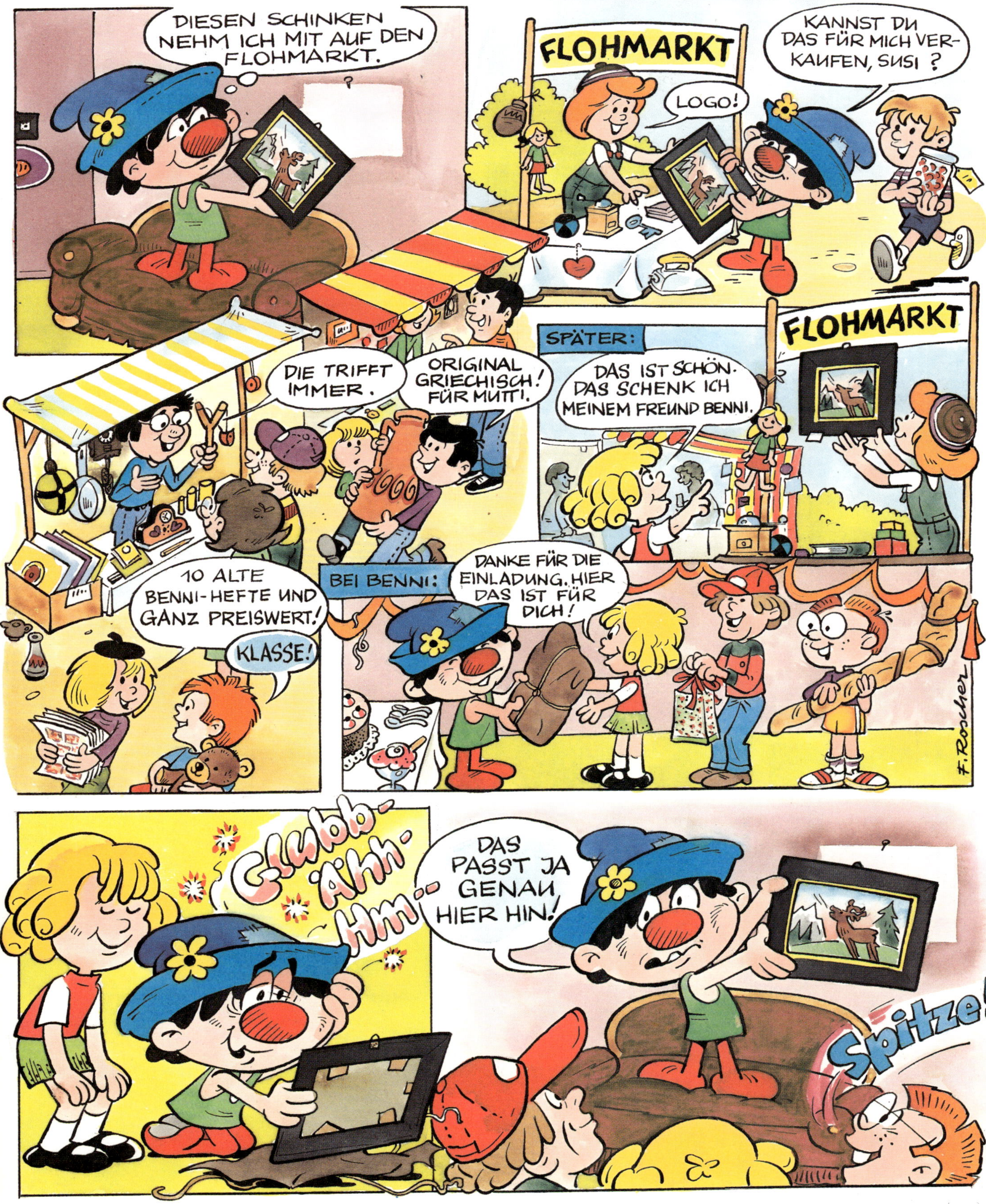

Benni im Juli

JuLi

	1	2	3
4	5	6	7	8	9
10	11	12	13	14	15
16	17	*Hier kannst du deine wichtigsten Termine eintragen!*	18	19	20
21	22	23	24	25	26
27	28	29	30	31	

Benni im Juli

Flaschenpost
Eine gute Idee für Leute, die Urlaub am Meer machen: Verschick eine Flaschenpost mit deinem Namen, deiner Heimatadresse und dem Absendedatum an einen unbekannten Empfänger. Schreib bitte in deutsch, englisch und französisch folgenden Satz auf den Zettel: Bitte schreib mir, wo und wann du die Flasche gefunden hast! ("Please let me know, where and when my bottle arrived" und "S.v.p. ecrivez-moi a quelle date et ou la bouteille est arrivee!") Das Papier in die Flasche und fest zugeschraubt. Zur Sicherheit den Verschluß noch mit Klebeband umwickeln. Und dann ab die Post ins Meer damit.

Nachtwanderung
Kennst du die Sternzeichen am Himmel? Nimmt der Mond zu oder ab? Das kann man sich mit einer kleinen Eselsbrücke gut merken. Bei zunehmendem Mond sieht die Sichel aus wie der Bogen eines altertümlichen "z", bei abnehmendem Mond stellt sie fast den Bogen eines "a" dar. Und nicht vergessen: Im Juli und August unbedingt nach Sternschnuppen und Glühwürmchen Ausschau halten.

Apfeltrick mit Herz
Ein schöner Trick für Leute, die einen Apfelbaum ihr eigen nennen: Wenn die Äpfel noch grün sind, klebst du kleine Schablonen aus Papier (zum Beispiel Herzen, Buchstaben, Sterne) auf die Früchte. Wenn die Äpfel rot und reif sind, pflückst du sie und ziehst die Papierschablonen ab. Die Stellen darunter sind grün geblieben und auf dem roten Apfel deutlich zu sehen. Ein tolles Geschenk!

Insektenstiche
Stiche von Bienen, Wespen und Hornissen tun sehr weh und machen große Quaddeln um die Einstichstelle. Manche Leute reagieren überempfindlich (allergisch) gegen Insektengifte. Sie frösteln und verspüren Übelkeit und Brechreiz. Was tun? Auf keinen Fall kratzen. Den Stachel, wenn möglich, mit einer Pinzette herausziehen. Die Einstichstellen mit Eiswürfeln oder kaltem Umschlag kühlen. Besonders gefährlich sind Stiche in den Mundraum, weil die Schleimhäute schnell anschwellen und man dann ersticken kann. Am besten schnell zum Arzt. Unterwegs ständig Eiswürfel lutschen.

Benni meint:
Hast du Zahnpasta im Ohr, kommt dir alles leiser vor!

Benni Spieleseite

SPIELE FÜR DIE REISE IM AUTO

Was man noch auf Reisen spielen kann:
- Personenraten
- Verkehrszeichen nennen
- farbige Gegenstände nennen
- Kofferpacken

Wieviel Kilometer?
Macht euch zu Beginn der Reise Kärtchen, auf denen ihr 10 oder 20 verschiedene Zahlen (ein-, zwei- und dreistellige) aufschreibt. Wer auf den Kilometerangaben eine seiner Zahlen findet, steckt das Kärtchen weg. Wer zuerst alle Kärtchen weg hat, hat gewonnen.

T wie Thomas:
Jeder Mitspieler sucht sich einen Buchstaben, z.B. den Anfangsbuchstaben seines Namens. Nun sollen aus dem fahrenden Auto heraus fünf Dinge, die mit diesem Buchstaben anfangen, gefunden werden. Wer zuerst seine fünf voll hat, darf bei den anderen helfen.

Kennzeichen-Kolonne:

Das Spiel mit den Anfangsbuchstaben der Autokennzeichen kann man (fast) von Hamburg bis Rom spielen! In der ersten Runde werden Berufe, mit dem ersten Buchstaben der vorbeifahrenden Autos gesucht. z.B. „K" wie Kellner, Kaufmann, ...
2. Runde: Pflanzen, 3. Runde: Städte,
4. Runde: Tiere, 5. Runde: Hobbys,
6. Runde: berühmte Leute.
Die Spielrunden können beliebig fortgesetzt werden.

Kennst du das Land?

Wenn ein Auto mit ausländischem Kennzeichen vorbeifährt, wird reihum genannt, was jedem zu diesem Land einfällt. Bei NL für Niederlande gibt es Tulpen, Windmühlen, Holzschuhe, Käse, Amsterdam, Königin Beatrix, und so weiter. Wem nichts mehr einfällt, scheidet aus. Übrig bleibt, wer das Land am besten kennt.

Alphabet auflesen:

Ein Spieler schaut nach links, einer nach rechts. Jeder sucht auf Schildern, Tafeln und Plakaten nach einem Wort, das mit A beginnt, dann wird ein Wort gesucht, das mit B beginnt, dann C und so weiter. Wer hat zuerst das ganze Alphabet voll? Es darf kein Buchstabe, außer X und Y ausgelassen werden!

Tkotz-Brandt

Bennis Ausmalbild

Benni *zum Basteln*

Muschel-Bastelei

Wer in den Ferien schon mal am Meer war, hat sicher auch das Muschelfieber gehabt und tütenweise Muscheln und kleine Meeresschnecken gesammelt. Damit die Schätze zu Hause nicht in Vergessenheit geraten, zeigt euch Benni hier, was ihr alles daraus machen könnt.

Schmetterlings-Mobile

Dazu braucht ihr: einen Schaschlikstab und Nähfaden, Tonpapier und dünnen weißen Karton, den ihr mit Filzschreibern oder Wachsmalstiften anmalt, Klebstoff, Muscheln und Meeresschnecken. Legt Muscheln und Schnecken in Form eines Schmetterlings auf eurem Karton aus, umfahrt die Umrisse mit Bleistift und schneidet eine Schmetterlingsform aus. Wenn ihr keine passenden Muscheln für Fühler und Körper habt, sieht der bunte Karton auch so hübsch aus. Dann werden nur die Flügel beklebt. Mit einer dünnen Nadel zwischen den Fühlern ein Loch in den Karton stechen und einen Faden durchziehen. Zwei oder drei Schmetterlinge an einem Schaschlikstab befestigen und zum Schluß kleine Schneckenhäuschen auf die Enden des Stabes stecken.

Deckelglas und Vase

Das nächste leere Marmeladen- oder Honigglas wird nicht zum Altglascontainer gebracht, sondern sauber gespült und hübsch mit Muscheln verziert. So entstehen kleine Vasen und Behälter für allen möglichen Krimskrams.

Benni zum Basteln

Muschelbild

Ihr braucht dazu: verschiedene kleine Muscheln und Meeresschnecken, den Deckel einer Keksdose, Spachtelmasse (Moltofill), blaue Kreide oder einen blauen Wachsmalstift.

Etwa zwei Tassen Spachtelmasse nach Vorschrift auf der Packung mit Wasser anrühren, in den Deckel der Keksdose füllen und glattstreichen. Da die Masse nach etwa einer Stunde hart wird, solltet ihr euch vorher schon überlegt haben, wie euer Muschelbild aussehen soll. Drückt die Muscheln und Schnecken leicht in die feuchte Masse. Wer einen blauen Himmel möchte, streut Kreide auf den Untergrund oder malt ihn, wenn das Bild fertig und trocken ist, mit einem Wachsmalstift an.

Bilderrahmen

Dafür braucht ihr: einen halben Block FIMO, verschiedene kleine Meeresschnecken.

Aus der FIMO-Masse eine lange Wurst formen. Auf Aluminium-Folie oder einem Stück Backpapier zu einem Rechteck auslegen. Die Enden zusammendrücken und glattstreichen. Jetzt dicht an dicht kleine Meeresschnecken daraufsetzen und leicht andrücken. Den Rahmen mitsamt den Schnecken ungefähr 15 Minuten bei 130° im Backofen backen.

Idee und Fotos: Ursula Schmidt-Steinbach

Wer will, kann die fertigen Basteleien mit farblosem Lack besprühen, damit sie schön glänzen. Haarspray tut's aber auch. Geklebt wird mit Alleskleber oder UHU-Greenit, das hält garantiert.

Robby, der Seehund

Vielleicht habt ihr im Fernsehen gesehen oder in den Nachrichten gehört, daß wieder einmal Tiere in Gefahr sind? Es handelt sich um die Robben in der Nord- und Ostsee. Noch ist nicht genau bekannt, woran diese ohnehin vom Aussterben bedrohten Tiere elendiglich zugrunde gehen. Wahrscheinlich hängt es mit der Verschmutzung der Meere zusammen.
Damit du aber weißt, von welchen Tieren eigentlich die Rede ist, stellt Benni dieses Mal die Robben am Beispiel von Robby, dem kleinen Heuler vor.
Es gibt viele verschiedene Arten von Robben. Die Seelöwen, Seehunde, Walrösser, See-Elefanten, die Mönchsrobben und Sattelrobben sind nur einige aus ihrer Gattung.
Hier soll die Rede von den Seehunden sein. Robby ist so ein Seehund. Ein Seehundbaby. Vor wenigen Stunden erst ist er auf einer Sandbank der Nordsee zur Welt gekommen. Mit großen runden Augen blickt er erstaunt in eine für ihn noch unbekannte Welt. Noch trägt Robby sein wollig weißes Fell. Aber schon in wenigen Tagen wird er es verlieren. Mit seinen sieben Kilogramm Geburtsgewicht war Robby zunächst noch reichlich dünn und schwach.

Die Mutter hatte ihm zur Begrüßung sein zitterndes Schnäuzchen beschnuppert und ihm liebevoll in die Seite gestupst. Dann aber fand Robby sie von allein, die mütterliche Milchquelle und

Benni Tiere

trank und trank und trank.
Jetzt will das Robbenbaby nur noch schlafen. So müde ist es von den Anstrengungen der Geburt und des Säugens. Seine Mutter nutzt die Zeit zur Futtersuche. Als Robby wach wird, ist er allein. Er bekommt Angst. Wo ist die Mutter? Hat sie ihn verlassen? Und er beginnt zu heulen, laut und jammernd. »Heuler« sagen deshalb die Menschen zu den jungen Robben. Die Mutter ist schnell wieder zur Stelle. Schließlich muß Robby heute noch Schwimmen lernen. Denn bald kommt die Flut und überschwemmt die Sandbank. Mit der Schnauze schubst die Hündin ihren Sohn zum Wasser. Die Mutter paßt auf, daß Robby seine Paddel, die vorderen und hinteren Flossen, richtig einsetzt.
Sie stubst ihn unter Wasser, aber hilft ihm immer auch rechtzeitig zum Luftholen nach oben.
Nach einer kurzen Weile macht Robby das Schwimmen richtig Spaß. Aber er wird schnell müde. Er darf sich ausruhen und auf Mutters Rücken mitschwimmen. Mit seinen winzigen Vorderflossen klammert er sich ganz fest an sie.
Mit der Ebbe steuern Mutter und Sohn wieder eine Sandbank an. Hunger! Robby stärkt sich wieder mit köstlicher fetthaltiger Robbenmilch.

Noch sechs Wochen lang wird der kleine Seehund von seiner Mutter umhegt und gefüttert. Er wächst und gedeiht und hat schließlich ein stolzes Gewicht von 27 Kilogramm. Jetzt beginnt für ihn die Zeit des Erwachsenwerdens. Seine Mutter interessiert sich nicht mehr für ihn. Keine leichte Zeit für Robby. Hungrig macht er sich auf die eigenen Flossen, um seinen knurrenden Magen mit kleinen Fischen und Garnelen zu beruhigen. In der ersten Zeit gelingt ihm das nur mühsam. Robby wird immer dünner. Erst allmählich bekommt er die richtige Übung und weiß, wie er sich auch mit Nahrung gut über Wasser halten kann.
Robby hat's geschafft. Wie früher seine Mutter fischt er jetzt Heringe, Dorsche und Plattfische. Mit denen gab es allerdings erst mal Probleme. Wie paßt denn beispielsweise so eine breite Scholle in das Maul des Seehunds? Den anderen Seehunden hat Robby abgeschaut, wie es gemacht wird: Jetzt packt er Schollen gekonnt mit den Zähnen am Kopf und wirbelt sie dann in schneller Drehung um ihre Längsachse. Dabei brechen die Gräten und der Plattfisch wickelt sich auf wie ein Rollmops. Mit einem Haps wird er verschluckt. An guten Tagen verspeist Robby bis zu fünf Kilogramm Fisch.

Benni Tiere

Foto: Mainbild/Müller

Robby ist jetzt zwei Jahre alt und ein richtig schöner erwachsener Seehund. Fast zwei Meter ist er lang und knapp drei Zentner schwer. Im Tauchen ist er Meister. Bis zu 25 Minuten lang kann er sich unter Wasser halten in 100 Meter Tiefe! Er kann bis zu 30 Jahre alt werden, wenn er nicht in die Hände von Fischern fällt, die ihn als Fischjäger gar nicht mögen, und wenn er nicht an der Verschmutzung des Meeres oder anderen noch unbekannten Gefahren zugrunde geht.

ELTERN - KINDER

Du spielst nicht mehr mit!

Du hast verloren. Du hast nur 8!

Das ist nicht wahr. 10! Du bist eine Lügnerin!

Sag das nicht noch einmal. Überhaupt, du mogelst doch immer!

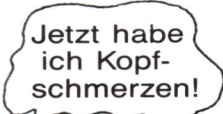

Aha, wenn das so ist, gib mir mein Seil!

Klar, es ist ja keine Leihgabe.

Ach, mit dir gibt es immer Ärger!

VLAN!

Gut, du spielst bei uns nicht mehr mit!

Noch besser!

Jetzt habe ich Kopfschmerzen!

Keiner spielt mehr mit mir!

Pah, in der Gruppe fühlt ihr euch stark!

Vielleicht habe ich übertrieben?

Gehe ich hin? Nein, die machen sich bestimmt über mich lustig!

Immerhin habe ich ja noch mein liebes kleines Seil!

Aber allein macht es keinen Spaß. Ich kann nicht mal schummeln!

78 ... 90, 91, 92, 100!

Und du? Bist du schon mal aus einer Gruppe ausgeschlossen worden? War das schlimm für dich? Und wie hast du dir zu helfen gewußt? Schreib an Benni.

Benni Bilder-Kreuzworträtsel

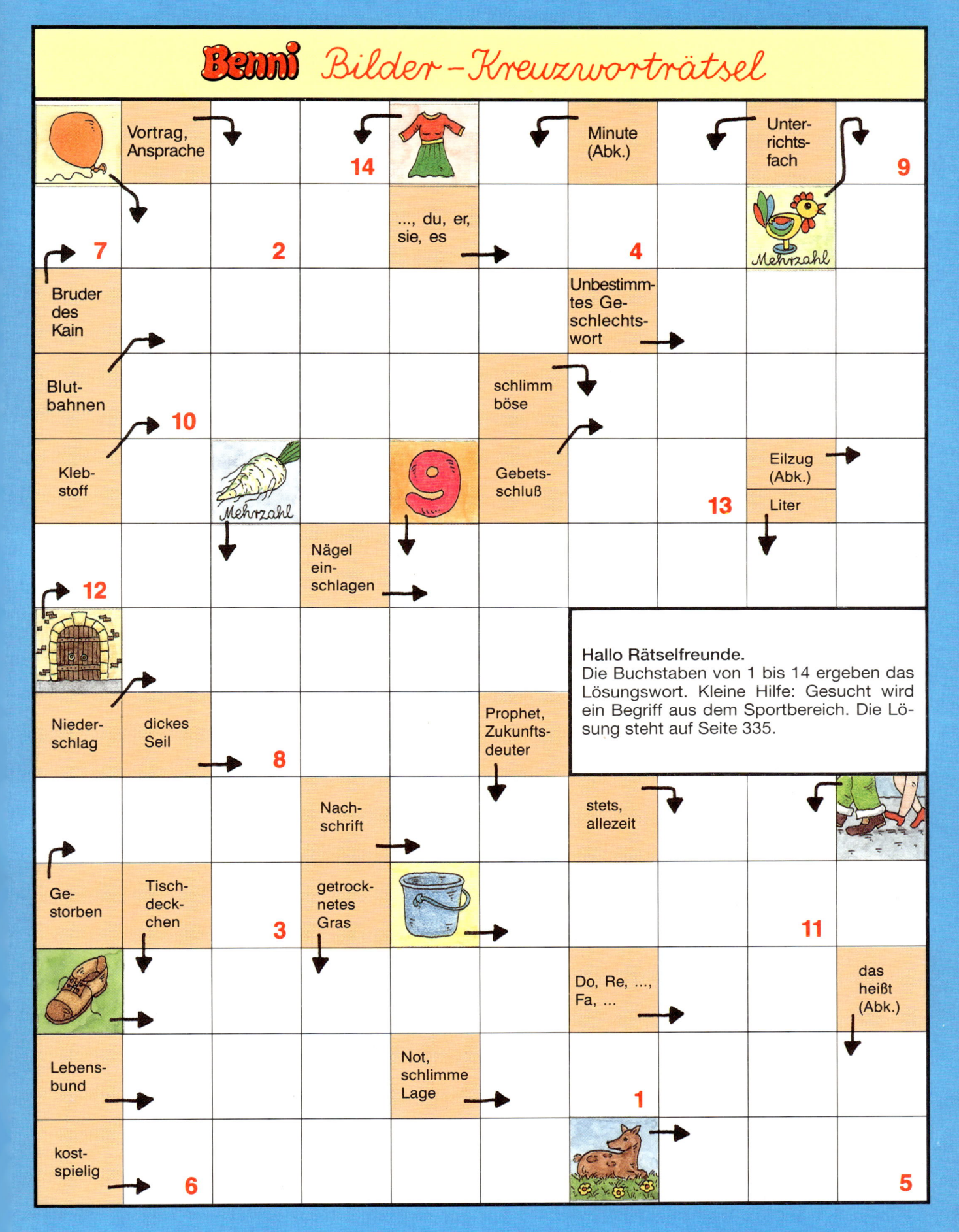

Hallo Rätselfreunde.
Die Buchstaben von 1 bis 14 ergeben das Lösungswort. Kleine Hilfe: Gesucht wird ein Begriff aus dem Sportbereich. Die Lösung steht auf Seite 335.

Die Reporterbande bes

In der Schule des Circus Barum lernen die vier Schüler Erdkunde, Musik, Rechnen und

»Turnunterricht haben wir in der Manege«, erzählt Sarah und läßt beim Flickflack die Sägespäne aufwirbeln. »Und Biologie lernen wir in der Tierschau«, ergänzt Maximilian und wirft dem Nashorn Kraftfutter ins Maul. »Im Winter haben wir ganz lange Ferien«, strahlt Shirley. Fehlt nur noch Karin, dann ist die ganze Klasse vertreten, besser gesagt: die ganze Schule!

Fast unglaublich aber wahr: In diese Schule gehen zur Zeit genau vier Kinder. Grund genug für Bennis Reporterbande, sich in der »Circus Barum Schule« einmal genauer umzusehen.

Ganze 14 Quadratmeter ist das Circus-Klassenzimmer groß. Und es steht auf vier Rädern. Schließlich rollte es in einem Jahr durch rund 75 Städte von Nord nach Süd und von West nach Ost. Während die Eltern der Circus-Schüler morgens dafür sorgen, daß die Kamele, Tiger, Löwen und Eisbären ihr Futter bekommen und während die Artisten noch einmal auf dem Hochseil üben und Saltos auf dem Trampolin springen, sitzen Karin, Maximilian, Shirley und Sarah auf der Schulbank. »Mathematik gefällt mir am besten«, sagt Sarah, die an diesem Morgen um Punkt acht Uhr die Schulglocke geläutet hat. Während die Sechsjährige gerade eine Textaufgabe löst, rechnet die Schulanfängerin Karin mit Spielgeld: Ein Zwei-

Fotos: Ursula Zeidler

Sarah darf mit Kamelhengst Ali sogar schon in der Manege auftreten. In die Schule mu

178

cht die »Circus-Schule«

n. Aber Biologie findet in der Tierschau und Sport in der Manege statt.

Pfennig-Stück und ein Fünfpfennig-Stück - das macht sieben Pfennige...

»Können Sie mal schauen, ob's richtig ist«, ruft Maximilian und zeigt der Lehrerin Frauke Winterfeld sein Rechenheft. Für jeden hat die Lehrerin Zeit, um jeden kann sie sich kümmern. Für die Reporterbande hört sich das toll an.

Aber Sarah klärt sie auf: »Das hat auch Nachteile, denn abschreiben könne wir leider nicht, weil jeder Schüler hier eine andere Aufgabe hat.

Der Kontakt zu den Eltern ihrer Schüler ist für die Lehrerin natürlich sehr eng. Frauke Winterfeld bewundert den Papa von Karin und Sarah, dem die Elefanten aufs Wort gehorchen, und sie bestaunt Shirleys Daddy, der so meisterhaft Trampolin springt.

Ja und Maximilians Vater ist Frauke Winterfelds Chef, Gerd Siemoneit-Barum, der Circus-Direktor, ein ganz berühmter Raubtier-Dresseur.

»Gibt's bei euch auch Zeugnisse?«, wollen die Reporter von den Circus-Kindern wissen. »Aber ja«, versichern die, und ihre Lehrerin bestätigt, daß in der Circus-Schule soviel gelernt wird wie in einer normalen Schule.

»Aber in Sport haben wir alle eine Eins«, lacht Sarah. Sie darf sogar schon in einer richtigen Vorstellung auftreten - mit mutigen Kunststücken auf Kamelhengst Ali.

dem. Und Maximilian übt Rechnen mit seinem Vater, dem Zirkusdirektor.

Benni Lesegeschichte

Der alte

Regina hockt auf einem Stein und starrt mißmutig auf das Meer hinaus. "Hallo!" ruft der Vater und winkt aus dem Wasser. Aber Regina rührt sich nicht. Sie denkt nach.

„Du verdirbst uns die Urlaubsstimmung!" hatte Mutter gesagt. Regina runzelt die Stirn. Können sich die Eltern nicht vorstellen, daß ihr das tiefe Wasser Angst einflößt? Sie sagen: „Hier gibt es keine Haie!" Aber wissen das auch die Haie? Regina seufzt. Unwillkürlich schaut sie zu dem alten Giovanni hin. Tagein, tagaus sitzt er auf dem Felsvorsprung unweit des Campingplatzes und fischt. Von dorther tönt jetzt fröhliches Kinderlachen: Schon wieder hat er Besuch von seinen Enkelkindern.

„Spiel' mit ihnen!" wurde Regina von den Eltern ermuntert. Aber wie sollte sich Regina mit ihnen verständigen? Sie versteht ihre Sprache nicht!

„Du!" hört Regina plötzlich rufen. „Du!" Ein Mädchen und ein Junge kommen gelaufen. Beide sind etwas kleiner als Regina. Das Mädchen deutet auf sich selbst und sagt: „Maria!" Dann zeigt sie auf den Jungen und erklärt: „Roberto!" Sie winkt auffordernd und sagt etwas, das Regina nicht versteht.

„Maria fragt, ob du mit ihnen zur Nachbarinsel fahren willst. Ihr Großvater Giovanni hat dort etwas zu erledigen!" übersetzt Reginas Mutter, die mit Vater gerade aus dem Wasser gestiegen ist.

Regina zögert. Da ergreift Maria ihre Hand. „Du!" sagt sie und zieht Regina mit sich. Die Überfahrt ist sehr lustig. Maria zeigt auf die verschiedenen Gegenstände im Boot und nennt ihre Namen. Regina soll die Worte nachsprechen. Aber aus ihrem Mund klingen sie ganz anders. Deswegen lachen sie alle beide. Roberto hört schweigend zu. Während der alte Giovanni auf der Insel mit einem Mann verhandelt, zeichnet Maria etwas in den Sand. Offensichtlich soll es ein Spiel werden. Doch unerwartet hat es der alte Fischer eilig. Seine Handbewegungen zum Aufbruch sind energisch. Unwillkürlich folgt Regina seinem besorgten Blick zum Himmel: Schiefergraue Wolkenballen wälzen

Benni *Lesegeschichte*

Giovanni

Wie ein Spielzeug wird das Boot hochgehoben, gleich darauf wie mit Klammern in der Tiefe festgehalten.

Maria und Roberto sitzen auf der Ruderbank dem Großvater gegenüber. Sie haben Regina in ihre Mitte genommen. Maria ist still. „O!" stöhnt sie, als jetzt eine Welle über den Bootsrand schwappt und ihre Füße überschwemmt. „O! O!" Es klingt wie das Piepsen eines Vogels.

Mit Schrecken beobachtet Regina das Wasser im Boot, das ein scharfer Wind hineinpeitscht. Jetzt steht es schon über ihren Knöcheln. Wird das Boot untergehen? „Du!" ruft Giovanni. „Du, Regina!" und macht mit dem Kinn eine Bewegung. Regina begreift nicht, was er will. Mit angstvollen Augen starrt sie ihn an. Doch plötzlich vergißt sie die nasse Kälte an den Füßen und das Stoßen und Schwanken: Denn Giovanni zwinkert! Ja, er zwinkert! Vergnügt und belustigt. Da richtet sich Regina aus ihrer verkrampften Haltung auf. Im gleichen Augenblick begreift sie, was seine Kinnbewegung ausdrücken will. Hastig greift sie nach einer leeren Blechdose, die im Boot herumschwimmt und fängt an, das Wasser herauszuschöpfen. „Dein Großvater macht es richtig!" ruft sie der blassen, verängstigten Maria zu. „Der bringt uns heim!" Sie winkt: „Komm! Hilf mit!" Ab und zu schaut Regina zu dem alten Mann auf. Sie weiß, daß sie dort dem aufmunternden Zwinkern begegnen wird: Mach weiter! Fürchte dich nicht!

„Hallo! Hallo!" tönt es von irgendwo her. Ein Ufer zeichnet sich ab, und Leute eilen hin und her. Regina erkennt die winkenden Eltern.

sich heran; mit gierigen Fingern greifen sie nach dem Sonnenlicht, packen es und würgen das leuchtende Strahlen ab. Plötzlich ist das Wasser schwarz. Weiße Schaumkronen tanzen unruhig auf den Wellen, die laut und fordernd gegen die Bootswand schlagen.

Da dreht Regina ihr Gesicht Giovanni zu. Sie möchte ihm etwas sagen. Aber nur ein Wort fällt ihr ein, das sie im Gedächtnis behalten hat: „Domani! Morgen!" sagt sie dankbar. „Domani!"

Anna Elisabeth Marks

Herr Markus
hat ein Rendezvous

Benni Witzekiste

Herr Mayer kommt aufgeregt zum Lehrer und fragt: "Warum haben Sie meinen Jungen nach Hause geschickt?" "Aber er hat mir gesagt, daß seine Schwester Scharlach hat." "Ja, das stimmt. Aber sie wohnt in Amerika."

Julia Sudmann, Bonn

Klaus erzählt seiner Mutter: "Wir haben in der Schule mit Sprengstoff gespielt." Die Mutter: "Und was macht ihr morgen in der Schule?" "In welcher Schule?"

Roland Seidelt, Karlsbad

"Mutti, alle lachen mich aus, weil ich so große Füße habe!" - "Unsinn, mein Junge! Nun stell' deine Schuhe in die Garage und komm essen."

Daniela Medwod, Laupheim

"Fritz will seinem Vater zum Geburtstag ein Oberhemd kaufen. Er geht ins Geschäft und sagt: "Ich möchte ein Oberhemd. Verkäufer: "So eins, wie ich hier trage?" Fritz: "Nein, ein sauberes!"

Ute Verwimp, Nettetal

Scherzfrage: "Was ist gelb und hüpft im Wald herum?" Lösung: "Ein Frosch mit Gelbsucht."

Monika Eichinger, Ipfhofen-Dornheim

Der Lehrer erklärt: "Hitze dehnt aus, Kälte zieht zusammen! Wer kann mir ein Beispiel dafür nennen?" Da meldet sich der Maxl: "Die Ferien, Herr Lehrer! Im Sommer dauern sie sechs Wochen und im Winter nur vierzehn Tage."

Silke und Heike Eschenbeck, Hilgert

"Mami, ich mag keinen Käse mit Löchern!" "Stell dich nicht so an, iß' den Käse und laß' die Löcher liegen!"

Simone Zehetmeier, Rockolding

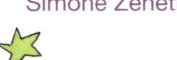

Eine Schlange ging mit einer anderen Schlange spazieren. Unterwegs sagte die eine zur anderen: "Du, bin ich eigentlich giftig?" "Weshalb fragst du", sagte die andere. "Weil ich mir vorher in die Zunge gebissen habe."

Carmen Schwend, Oberstaufen

Die Lehrerin in der Deutschstunde: Ich komme nicht, du kommst nicht, er kommt nicht, sie kommt nicht. Was bedeutet das, Fritz?" "Daß überhaupt niemand kommt."

Andreas Mählmann, Halen/Emstek

Ein Räuber wird bei einem Raub erwischt. Da fragt der Richter ihn: "Wann hast du Geburtstag?" Darauf der Räuber: "Wieso, du schenkst mir ja doch nichts."

Claudia Sappl, Ellbach

Benni hat Post bekommen

Warum wippt die Bachstelze mit ihrem Schwanz?

Das wollte Benni von euch wissen. Hier einige eurer Antworten.

Das Seeungeheuer

Die Bachstelze Eleisa war das beliebteste Tier der ganzen Stadt. Darüber ärgerte sich Quack, der Frosch, denn er wollte das beliebteste Tier sein. Quack dachte sich eine List aus. Er versteckte sich hinter einem Baum. Als Eleisa vorbeihüpfte, sprang er blitzschnell hoch in die Luft. Die arme Eleisa erschrak sich so sehr, daß sie mit ihrem Köpfchen an einen Kirschbaum stieß. Vom Baum löste sich eine Kirsche und fiel in einen See. Tief unten im See schlief das Seeungeheuer Coco. Die Kirsche plumpste direkt auf seine Nase. Coco wurde wach und schnaubte voller Wut aus dem Wasser heraus. Aus den Nasenlöchern kam Feuer. Er schrie: »Wer war das?« Die kleine Bachstelze Eleisa, die noch betäubt unter dem Baum lag, zitterte vor Schreck. Sie rappelte sich auf und wollte weghüpfen. Doch vor Angst war sie wie gelähmt. Nur ihr Schwänzchen wippte aufgeregt auf und ab. Und so ist das bis heute geblieben.

Roland Schwarz, Wiesbaden-Klarenthal

Die Bachstelze

Als ich neulich an einem Bache stand.
Da sah ich mir einen Vogel an.
An dem Wippen kenn' ich ihn gleich.
Benni, das muß eine Bachstelze sein.
Denn dieser Vogel gefällt mir gut,
weil er mit dem Schwänzchen wippen tut.

Antonie Rauch, Pforzen

Das verlassene Nest

Es war einmal ein Bachstelzenweibchen, das wollte so gern Kinder bekommen. Es wippte ganz aufgeregt mit dem Schwanz, fand aber trotzdem kein Männchen. Und weil es schon Ende März war, wurde es ganz traurig. Da fand es auf einem Holzstoß ein verlassenes Nest mit Eiern. Schnell setzte es sich auf das Nest und brütete die Eier aus. Nach zwei Wochen war es soweit. Die Eier platzten auf und drei Bachstelzenkinder lugten neugierig hinaus. Das Bachstelzenweibchen war überglücklich und fütterte die Kleinen bis sie groß waren.

Julia Droblik, Kaufbeuren

Benni hat Post bekommen

Der Bachstelzentanz
Die Bachstelze wippt und wippt mit dem Schwanz, es wirkt geradezu wie ein richtiger Tanz. Dann dreht sie sich ganz schnell im Kreis und sucht sich'ne leckere Waldameis! Jetzt hüpft sie munter auf einem Bein voll Vergnügen in ihren Bach hinein. Trinkt hier ein wenig und da etwas und hüpft gestärkt zurück ins Gras. Dann wippt sie wieder mit ihrem Schwanz, das, liebe Leute, ist der Bachstelzentanz.

Veronika Striegel, Stadtbergen 2

Gedicht
Die Bachstelze ist flink, im Bach gibt's für sie einen Drink. Sie ist immer froh und munter und fällt nicht vom Baum herunter. Im April legt sie ihre Eier, dann hält der Kuckuck seine Feier. Die Bachstelze wippt mit dem Schwänzchen, bei der Braut sieht's aus wie ein Tänzchen.

Carmen Jung, Schwabhausen

Wie das Augenlid
Vielleicht ist das so mit der Bachstelze: Wie wir unser Augenlied bewegen, so bewegt die Bachstelze ihren Schwanz?

Stefanie Pfahler, Weil am Rhein

Die Straßenbauer
Vor vielen vielen Jahren, als es noch keine Menschen gab, da lud der Löwe, der König der Tiere, alle Tiere zu einem Sportfest ein. Da die Straßen damals noch nicht asphaltiert waren, wurde es für viele Tiere ein schwerer und anstrengender Weg. Die Bachstelze, die Maus, die Schildkröte und das Pferd gingen gemeinsam zum Fest hin. Nach einem Stück Weg kamen sie an ein besonders schwieriges Straßenstück. Die Maus sprach: »Wie kommen wir nur da durch?« »Kein Problem«, sagte die Bachstelze »ich gehe voraus!«. So geschah es. Die Bachstelze klopfte mit ihrem Schwänzchen den ganzen Weg platt, so daß die anderen Tiere ohne Mühe folgen konnten. So kamen sie noch rechtzeitig zum Fest des Königs an. Das Pferd berichtete dem Löwen von der beschwerlichen Reise und wie ihnen ausgerechnet die kleine Bachstelze geholfen hatte. Der Löwe war begeistert. Er rief alle Bachstelzen seines Reiches zu sich und versprach ihnen eine hohe Belohnung, wenn sie alle buckeligen Straßen plattklopfen würden. Vielleicht kommt es daher, daß die Bachstelzen heute noch immer mit dem Schwanz auf die Erde klopfen?

Silke Lütz, Königswinter 2

Das Bachstelzenpärlein
An einem schönen Tag hüpfte ein Bachstelzenpärlein durch den Bach. Die Vögel waren beide sehr hungrig. Sie suchten nach kleinen Schnecken, Würmern, Larven und Insekten. Schließlich fanden sie ein paar Larven und verspeisten sie mit großem Genuß. Dabei wippten ihre Schwänzchen vor Vergnügen. Als es nun dämmerig wurde, zog sich das Bachstelzenpärlein wieder zurück in sein Nest.

Monika Glenk, Reckingen

Die Falken hören auf Nickis Kommando

Nicki, hier mit einem Roten Milan, konzentriert sich ganz fest auf seine Arbeit.

Ganze sechs Jahre alt ist Nicki Fischer und damit sicherlich Deutschlands jüngster Falkner. Nicki, der eigentlich Dominik heißt, hat schon mit vier Jahren angefangen, junge Falken abzurichten. Heute besitzt er selbst schon vier von diesen kostbaren Vögeln: Taifun, Susi, Pascha und Tina.

Die Liebe zu den Greifvögeln hat Nicki von seinem Vater geerbt, der als Falkner im Tiergehege Hellenthal in der Eifel mit den Greifvögeln arbeitet. In diesem Tiergehege werden den Gästen nicht nur Falken vorgeführt, sondern der Direktor Horst Niesters hat sich auf die Nachzucht und Ausbildung von Greifvögeln wie Adlern, Geiern, Falken und Milanen spezialisiert.

Nicki war schon von klein an von der Arbeit seines Vaters in diesem Tiergehege begeistert. Und bei seinem Vater hat er auch die Falknerei gelernt. So ist es für ihn selbst ganz normal, daß er mit seinen sechs Jahren so große Vögel wie Adler und Falken im Fluge vorführt.

Japanische Gäste, die ihn bei seiner Arbeit mit den Jungfalken sahen, luden Nicki und seinen Vater spontan zu sich nach Hause ein. So waren die beiden Falkner, Vater und Sohn, mit einigen Tieren für vier Wochen in Japan, um dort die imposanten Flüge dieser Tiere vorzuführen.

Wer Nicki bei seinem Hobby bewundern will, sollte vorher einen Termin ausmachen: Tiergehege Hellenthal, 5374 Hellenthal/Eifel, Telefon: 02482/2292

Ein Lederhandschuh schützt Nickis Hand vor den Greiftierkrallen.

Gespannt wartet der Falke auf seinen Auftritt.

Nicki mit einem Jungfalken.

Vor vielen Zuschauern demonstriert der kleine Falkner hier sein Hobby.

Fotos: Manfred Schäfer

Benni – Koch mit!

Gefüllte Tomaten

Für 4 Personen brauchst du:
- *4 große Tomaten*
- *einige Zweige Schnittlauch und Petersilie*
- *2 Eßlöffel Salatmayonnaise*
- *2 Eßlöffel Sahne*
- *1 Prise Salz*
- *2 Scheiben gekochten Schinken*
- *2 Eßlöffel Mais aus der Dose*
- *2 Eßlöffel Erbsen aus der Dose*

Außerdem richtest du her:
Tomatenmesser, Schneidbrettchen, Teelöffel, Küchenmesser, Rührschüssel, Eßlöffel.

Und so wird's gemacht:

1. Wasche die Tomaten und trockne sie mit Küchenkrepp ab. Dann schneidest du von jeder Tomate mit dem Tomatenmesser einen »Deckel« ab und höhlst die Tomate innen mit einem Teelöffel aus.

2. Wasche die Kräuter und schneide sie auf einem Küchenbrett klein. Mische in der Rührschüssel die Mayonnaise, die Sahne und die Kräuter mit dem Salz.

3. Schneide den gekochten Schinken in feine Streifen oder Würfel. Mische ihn mit dem Mais, den Erbsen und der Mayonnaise.

4. Nun füllst du jede Tomate mit der Gemüse-Schinken-Mischung und schließt sie alle mit dem abgeschnittenen »Deckel«.

Rezept aus »Komm, koch mit mir«, Falken-Verlag, Niederhausen, 19,80 Mark.

Benni und der Eselsausflug

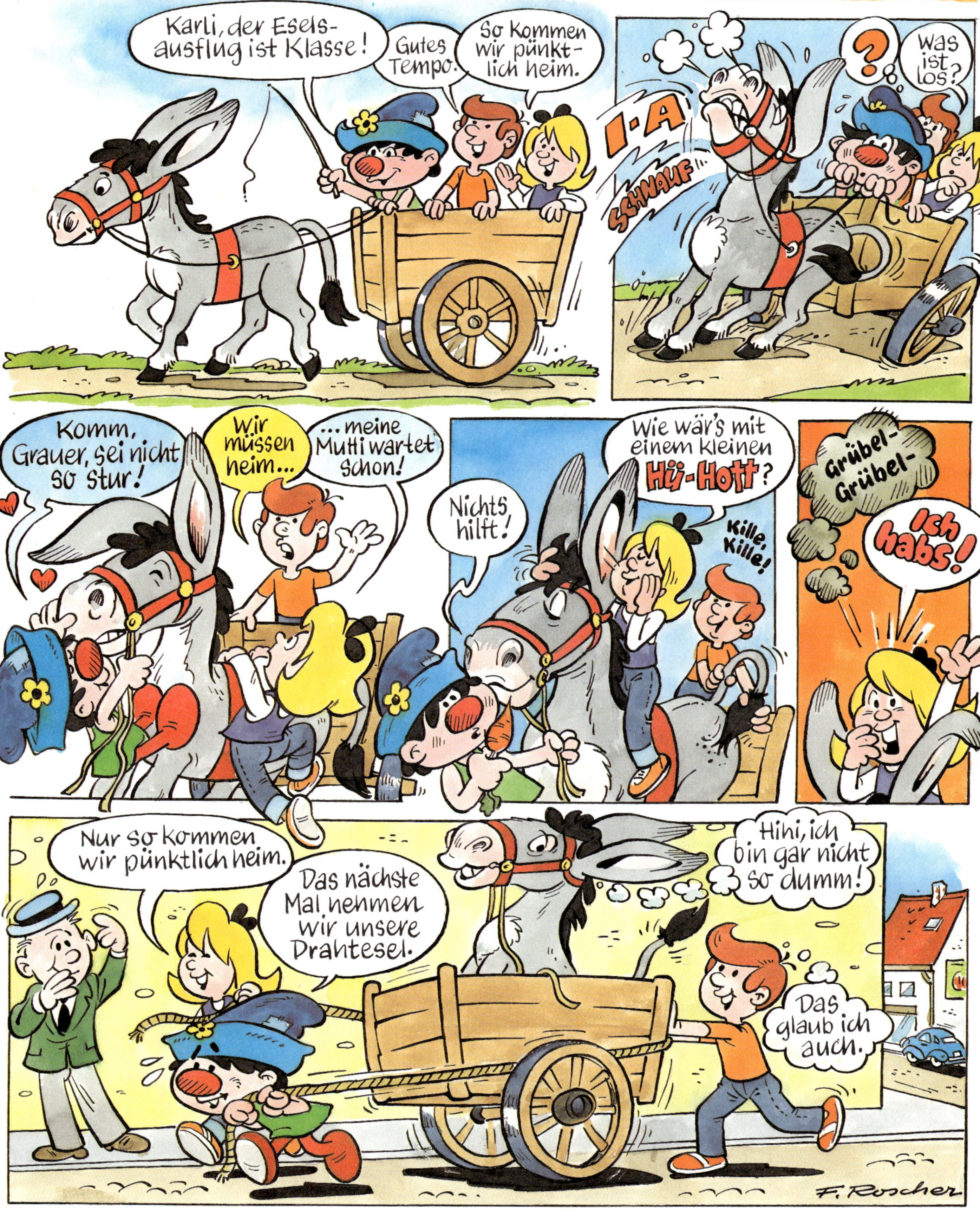

Benni im August

August

		1	2	3
4	5	6	7	8	9
10	11	12	13	14	15
16	17	Hier kannst du deine wichtigsten Termine eintragen!	18	19	20
21	22	23	24	25	26
27	28	29	30	31	32

Benni im August

Beeren schmecken bärig!
500 g Himbeeren zuckern. 2 Becher Joghurt und 3 Eßlöffel Zucker mit dem Schneebesen verrühren und 200 ml geschlagene Sahne darunterziehen. Ein großes Glas oder eine hübsche Glasschüssel mit Zwieback auslegen und mit einer Schicht gezuckerter Himbeeren bedecken. Darüber ein paar Löffel Joghurtcreme geben. Dann wieder mit Zwieback, Himbeeren, Joghurt so fortfahren, bis das Glas gefüllt ist. Mit Himbeeren verzieren und 3 Stunden in den Kühlschrank stellen.

Urlaubskarten-Leporello
Wohin nur mit den schönen Urlaubspostkarten, die Freunde und Verwandte geschickt haben? Klebt sie einfach alle mit Klebestreifen untereinander zu einer langen Kette. Fertig ist ein buntes Leporello, das an der Wand Vorfreude auf die nächsten Ferien weckt.

Zum Schnellsprechen
Wer nichts weiß und weiß, daß er nichts weiß, weiß viel mehr als der, der nichts weiß und nicht weiß, daß er nichts weiß.

Erinnerungen in Gips
Fundstücke aus den Ferien lassen sich in ein Kunstwerk verwandeln. Dazu besorgst du dir in einem Bastelgeschäft Gips. Bereite ihn nach Angaben auf der Packung zu. Gieße die Gipsmasse in einen biegsamen Deckel aus Plastik und drücke deine Fundsachen hinein. Biege dann einen dünnen Draht in Form eines Aufhängers und drücke ihn in die Gipsmasse. Nach zehn bis zwölf Stunden ist der Gips hart. Jetzt kannst du dein Kunstwerk vorsichtig aus der Schale lösen und es aufhängen.

Wurzelgarten
Wenn ihr Karotten, Rüben, Rote Beete, Rettich oder anderes Wurzelgemüse zubereitet, werft nicht alle Abfälle auf den Komposthaufen. Schneidet den oberen Teil der Wurzel ab und legt euch einen kleinen Wurzelgemüsegarten an. Pflanzt die abgeschnittenen Teile entweder in einen Topf mit Blumenerde oder legt sie in eine flache Schale, deren Boden ihr mit Wasser und Kieselsteinen bedeckt. Euer kleiner Garten braucht ausreichend Licht und Feuchtigkeit. Bald beginnen kleine Blätter zu sprießen, und nach einigen Wochen ist ein üppiger Gemüsegarten gewachsen.

Benni meint:
Was macht mehr Spaß? 🍦 laufen oder 🍦 kaufen?

Wasserfest im

MIT VIELEN KLEINEN UND GROSSEN LUFTBALLONS IST DAS WASSERFEST SCHON GERITZT!

Bennis Spieleseite

BALLONTRETEN: Auf der Wiese werden 6 bis 8 mit Wasser gefüllte kleine Ballons in eine Reihe gelegt (3–4 Fußlängen Abstand). Die Spieler versuchen, mit verbundenen Augen über die Ballons zu steigen, ohne sie zu zertreten. Wenn ein Ballon berührt wird, legt ihn der Schiedsrichter weiter vorne noch einmal hin. Wer schafft es, ohne die Ballons zu berühren?

WASSERWERFEN: Stellt euch mit einem Spielpartner in einem Abstand von einem Meter gegenüber. Nun werft ihr euch einen wassergefüllten Ballon vorsichtig zu. Danach geht jeder einen Schritt zurück. Der andere Spieler wirft den Ballon behutsam wieder zurück. Je weiter ihr auseinandergeht, desto größer wird die Gefahr, daß der Wasserballon beim Fangen platzt und ihr eine kleine Dusche abbekommt.

Garten

FLUTSCHBALL:

Ein besonderer Spaß ist der Flutschball! Steckt einen kleinen Luftballon in einen großen, laßt aber das Ende herausschauen. Nun füllt ihr den kleinen Ballon mit Wasser, knotet ihn zu und laßt ihn in den großen Ballon fallen. Diesen blast ihr auf. Dieses Wurfgeschoß erreicht selten das angepeilte Ziel, sondern torkelt unberechenbar durch die Gegend!

WASSERTRÄGER:

Zu diesem Wettspiel braucht ihr pro Gruppe 1 Eimer mit Wasser, 1 leeren Eimer und 1 Schwamm. Zwei Gruppen versuchen um die Wette, das Wasser aus dem 1. Eimer mit Hilfe des Schwamms in den 2. Eimer zu befördern. Die Eimer stehen etwa 10 Meter auseinander. Gewonnen hat die Gruppe, die als erste den Eimer geleert hat.

FLASCHENAUSLEEREN:

Setzt euch zu mehreren in einen großen Kreis. Hinter jedem Spieler steht eine Flasche mit Wasser gefüllt. Ein Spieler wirft einen Ball hoch und sagt den Namen eines anderen Mitspielers. Dieser muß versuchen, den Ball möglichst schnell zu fangen. Denn sobald der erste Spieler den Namen gerufen hat, läuft erlos und schüttet aus der Flasche des anderen Spielers so lange Wasser aus, bis dieser den Ball gefangen hat. Wer kein Wasser mehr in der Flasche hat, scheidet aus.

Benni *Tiere*

Der Waschbär
rückt uns auf den Pelz

Der Waschbär ist ein kleiner Bär, der in Nordamerika heimisch ist. Daß man ihn auch bei uns antrifft, ist eigentlich einer Panne zu verdanken. So sind vor 60 Jahren einige der possierlichen Bärchen aus einer Pelztierfarm in Hessen entwischt. In der Natur haben sie sich dann munter vermehrt. Inzwischen leben viele Hunderttausende in unseren Wäldern. Und es werden immer mehr. Der Waschbär hat nicht nur einen ulkigen Namen, er sieht auch seltsam aus. Fast könnte man ihn für eine Figur aus dem Mickymaus-Heft halten. Mit seinen großen weißen Augenrändern und dem gekrümmten Rücken erinnert das Bärchen an ein Fabelwesen mit Skibrille — kurz vorm Abfahrtslauf.

Benni Tiere

Waschbärenwohnung im hohlen Baum

Seinen Namen verdankt der Waschbär einer seltsamen Angewohnheit: Er taucht seine Nahrung ins Wasser und zerrt sie hin und her. Tierforscher vermuten, daß er das tut, weil er zuwenig Speichel absondert. Am besten schmecken ihm Wassertiere: Krebse, Muscheln, Fische und Frösche. Aber auch Nüsse, Beeren, Früchte und junger Mais stehen auf seiner Speisekarte. Der Waschbär ist gut 70 Zentimeter lang und 5 bis 22 Kilogramm schwer. Sein langhaariger Pelz ist graubraun. Der 25 Zentimeter lange Schwanz ist dunkelbraun und wird von vier bis sechs gelblichen Ringen verziert.

Ganz geschickt versteht es der Mini-Petz, mit seinen Pfoten umzugehen: Leicht klettert er auf Bäume, um Vögel in ihren Nestern aufzuspüren. Er kann fischen und Fliegen fangen. Man hat beobachtet, wie Waschbären verknotete Schnüre lösen oder sogar die Tür eines Hühnerstalls öffnen. Die Indianer in Nordamerika nennen den Waschbär wegen seiner geschickten Pfoten »Kratzhändchen«.

Sein Lager sucht sich der Waschbär in hohlen Bäumen. Dort werden einmal im Jahr vier bis fünf Junge geboren. Wenn die Jungen zur Welt kommen, tragen sie bereits ihre kleinen »Skibrillen-Masken«. Sie wiegen nur 70 Gramm. Schon mit zwei Monaten lernen sie, auf Bäume zu klettern. Die Mutter umsorgt ihre Kinder mindestens vier Monate, oft aber sogar über den ersten Winter hinweg. Den Winter verschlafen die Waschbären. Sie werden aber hin und wieder mal wach.

Fotos: L.L. Rue/BAVARIA

Sechs Wochen alte Mini-Petze

Das Waschfest

(Nach der Melodie: Ein Vogel wollte Hochzeit machen)

Frau Wasch-bär ruft: Her-bei! Her-bei! Kommt her zum Wasch-fest, 1 - 2 - 3! Fi-di ra-la-la, fi-di ra-la-la, fi-di ra-la-la-la-la!

Wer ist von euch wohl wasserscheu,
nun stellt auch an, schön in der Reih!

Das Häschen seift sich rundum ein,
das will als erster sauber sein.

Die Ziege, die steht auch ganz vorn.
Sie wäscht sich Ohren und das Horn.

Der Igel stöhnt: Ich hab es schwer,
mit so viel Stacheln, schaut doch her!

Das dauert lang, stöhnt Frau Tausendfuß,
weil ich so viel Zehen waschen muß.

Herr Enterich taucht schnell hinein,
sein Kopf glänzt immer grün und fein.

Das Schwanenkind, das weint sogar:
ich werd erst weiß im nächsten Jahr!

Der Pfau putzt sich die Federn grad,
dann schlägt er stolz sein buntes Rad.

Nun trippelt auch noch her das Schwein
und wühlt sich in den Schlamm hinein.

Frau Waschbär ruft den Kleinsten her,
du drückst dich gern, mein kleiner Bär.

Komm, schnell, versteck dich nicht im Baum,
hier ist der schönste Seifenschaum.

Der brennt dir in den Äuglein nicht,
gleich bist du sauber, kleiner Wicht!

Und nun kommt noch zu allerletzt
Frau Stinktier japsend angewetzt.

So schrubbt sich jeder, groß und klein,
wir laden euch auch zum Waschfest ein!

Barbara Cratzius

Stadt Land Fluß

Stadt	Land	Fluß	Name	Tier	Pflanze	Punkte	Gesamt

Spielregel: Mindestens 2 Mitspieler. Jeder braucht ein eigenes Blatt. Wer kein eigenes Benni-Heft hat, kann die Seite fotokopieren oder abmalen. Einer sagt das ABC in Gedanken auf, ein anderer bremst ihn mit dem Ruf "STOP". Mit diesem Buchstaben sucht nun jeder ein entsprechendes Wort. Wer zuerst fertig ist ruft "STOP". Haben 2 Spieler dasselbe Wort gibt's 5 Punkte, verschiedene Worte 10 Punkte. Hat nur einer das entsprechende Wort, erhält er 20 Punkte. VIEL SPASS.

© BENNI, FRAUENTORSTR. 5, 8900 AUGSBURG.

Mit Benni kreuz und

Nach dem Motto »Zusammenhalt macht stark« und »Zusammenhalt bringt Sicherheit« haben sich zwölf Länder in Europa zur Europäischen Gemeinschaft (EG) zusammengeschlossen. Diese Gemeinschaft hat eine lange Geschichte . . .

In früheren Zeiten haben die europäischen Länder die Welt beherrscht. Spanien war damals das mächtigste Land der Welt, dann kamen Frankreich, England, das deutsche Reich . . .

Im 20. Jahrhundert erschütterten zwei große Kriege Europa, einer 1914, der andere 1939. Im zweiten Weltkrieg (1939 - 1945) waren die USA und die UDSSR die großen Gewinner in Europa.

Europa ist am Ende. Durch Mauer und Stacheldraht ist es in zwei Teile geteilt. Auf der einen Seite der Westen, der sich mit den USA verbündet hat. Auf der anderen Seite der Osten, verbündet mit der UDSSR.

1951 schließen sich sechs westliche Länder zu einer Macht zusammen. Sie wollen nie wieder Krieg gegeneinander führen. 1957 gründen sie die Europäische Gemeinschaft (EG), um auch den Handel untereinander zu erleichtern.

Heute gehören 12 Länder zur EG. Sie arbeiten bei verschiedenen Projekten zusammen, wie bei der Ariane oder beim Airbus.

Seit 1989 gibt es neue Diskussionen über die Zusammenarbeit mit den Ländern des Ostens. Denn die Mauer zwischen Ost und West wurde abgebaut.

Für den 1. Januar 1993 hat sich Europa ein Ziel gesetzt: Noch stärker zu sein, aber auch bereit, andere Länder in ihre Gemeinschaft aufzunehmen.

quer durch Europa

Grenzenloses Europa: Ab. 1. Januar 1993 können sich alle EG-Bewohner und alle Händler frei innerhalb der 12 Länder bewegen und arbeiten. Es wird zugehen wie auf einem großen Markt. Aber vieles wird sich auch ändern.

Wenn du das kleine Quiz hier löst, kannst du herausfinden, was sich 1993 in Europa ändert.

1 Es wird nur noch einen einzigen Paß für die 12 Länder geben.
richtig ☐   falsch ☐

2 Der Führerschein wird europäisch sein.
richtig ☐   falsch ☐

3 Alle Autos werden links gelenkt werden?
richtig ☐   falsch ☐

4 Alle werden dieselbe Sprache sprechen: europäisch.
richtig ☐   falsch ☐

5 Die Jugend kann in jedem Land Europas studieren.
richtig ☐   falsch ☐

6 Ganz Europa wird den 14. Juli feiern.
richtig ☐   falsch ☐

7 Alle Produkte aus EG-Ländern können frei verkauft werden.
richtig ☐   falsch ☐

8 Der 9. Mai wird der Tag der Europäischen Gemeinschaft.
richtig ☐   falsch ☐

9 Jeder Schüler wird ein Jahr in einem anderen EG-Land leben.
richtig ☐   falsch ☐

Lösung: 1 richtig, 2 richtig, 3 falsch, 4 falsch, 5 richtig, 6 falsch (das ist nur der französische Nationalfeiertag), 7 richtig, 8 richtig, 9 falsch, aber es wird einen stärkeren Klassenaustausch geben.

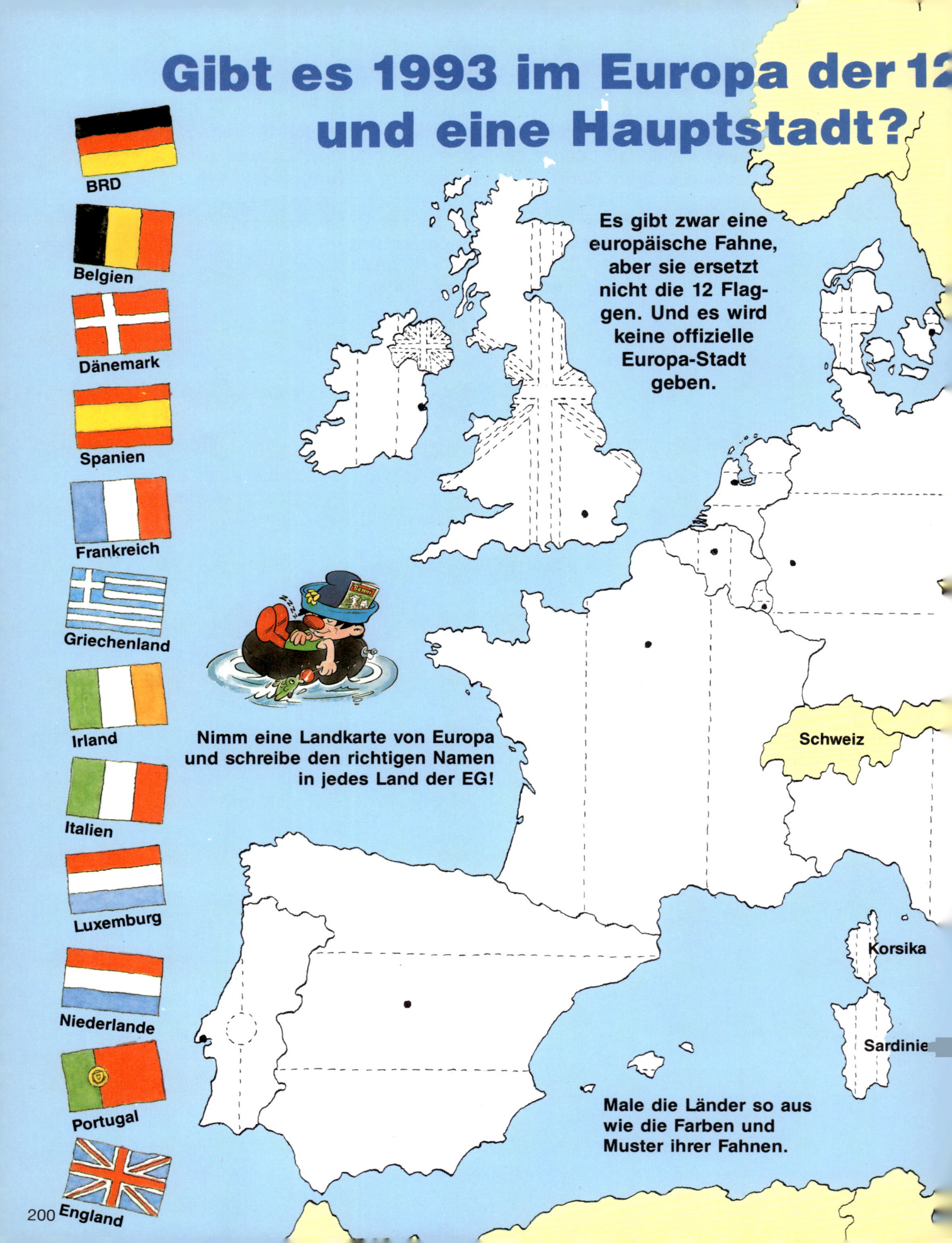

Gibt es 1993 im Europa der 12 und eine Hauptstadt?

BRD
Belgien
Dänemark
Spanien
Frankreich
Griechenland
Irland
Italien
Luxemburg
Niederlande
Portugal
England

Es gibt zwar eine europäische Fahne, aber sie ersetzt nicht die 12 Flaggen. Und es wird keine offizielle Europa-Stadt geben.

Nimm eine Landkarte von Europa und schreibe den richtigen Namen in jedes Land der EG!

Schweiz

Korsika

Sardinien

Male die Länder so aus wie die Farben und Muster ihrer Fahnen.

ur noch eine Flagge

Schreibe den Namen der Hauptstadt neben den schwarzen Punkt in jedem EG-Land. Wenn du dir die Formen in den Kästchen genau anschaust, erkennst du die Länder leicht wieder.

UDSSR

Meine Hauptstadt ist Bonn

Meine Hauptstadt ist Brüssel

Meine Hauptstadt ist Kopenhagen

Meine Hauptstadt ist Madrid

Polen

Meine Hauptstadt ist Paris

Meine Hauptstadt ist Athen

Meine Hauptstadt ist Dublin

Meine Hauptstadt ist Rom

choslowakei

Meine Hauptstadt ist Luxemburg

Meine Hauptstadt ist Amsterdam

Meine Hauptstadt ist Lissabon

Meine Hauptstadt ist London

terreich

Ungarn

Rumänien

Jugoslawien

Bulgarien

Um herauszufinden, wie die Europa-Fahne aussieht, male alle Sterne gelb aus, die eine gerade Zahl (2, 54, 16) tragen. Male den Untergrund blau.

Sizilien

201

Benni – Koch mit!

Salatschüssel

Für 4 Personen brauchst du:
- 1 kleinen Kopfsalat
- 2 Tomaten
- 1/2 Salatgurke
- 4 Radieschen
- 1 Paprikaschote
- 1 kleine Zwiebel
- 3 Eßlöffel Essig
- 3 Eßlöffel Öl
- 1 Becher saure Sahne
- 1 Prise Zucker
- 2 Prisen Salz
- 1 Prise Pfeffer
- 1 Sträußchen Kräuter (Petersilie, Schnittlauch)

Außerdem richtest du:
große Schüssel, Salatsieb, Küchenmesser, Schneidbrettchen, Tomatenmesser, Gurkenhobel, Salatschüssel, kleine Rührschüssel, Schneebesen.

Und so wird's gemacht:
1. Putze und wasche den Kopfsalat so, daß es zwischen den Zähnen nicht knirscht.
2. Wasche die Tomaten, die Salatgurke und die Radieschen und schneide die Gemüse in Scheiben. Die Tomaten schneidest du mit dem Tomatenmesser, den grünen Stielansatz schneidest du dabei heraus. Salatgurke und Radieschen kannst du mit dem Gurkenhobel schneiden. 
3. Die Paprikaschoten halbierst du und entfernst im Inneren die Samen und die Samenwände. Wasche dann die Schoten und schneide sie in dünne Streifen.
4. Schäle die Zwiebel und schneide sie in dünne Scheiben. Du kannst dafür den Gurkenhobel verwenden.
5. Mische alle Gemüsezutaten in der Salatschüssel.
6. Verrühre in der kleinen Rührschüssel Essig, Öl, saure Sahne, Salz, Zucker und Pfeffer mit dem Schneebesen gleichmäßig.
7. Dann wäschst du das Kräutersträußchen gründlich in kaltem Wasser. Entferne welke Stellen und dickere Stiele. Schneide jetzt die Kräuter auf einem Brettchen in kleine Stückchen und mische sie mit der Salatsoße.
8. Erst kurz vor dem Verzehr gießt du die Soße über das Gemüse, damit der zarte Salat nicht zusammenfällt.

Rezept aus dem Kinderkochbuch »Komm, koch und back mit mir«, Falken-Verlag, Niedernhausen, 19,80 Mark.

Herr Markus
fühlt sich wie ein Fisch im Wasser

"Na, sehr erfrischt schaut er aber nicht aus"

"Kommt, Freunde, da wartet eine Arbeit auf uns"

Die Reporterbande

Martina

Der Reporter schreibt seinen Bericht gleich an einem Computer.

Jeden Morgen holt Benni seine Zeitung aus dem Briefkasten. Was da alles drinsteht! Sachen, die in Afrika oder Amerika passiert sind, genauso wie Dinge, die sich fast vor Bennis Haustür abgespielt haben. Wie schaffen die Leute das bloß, daß alles am nächsten Tag schon in der Zeitung steht? Benni schickt seine Reporterbande los. Martina, Julia und Philipp sollen sich einmal in einer Tageszeitung umschauen. Als die drei gerade in der Redaktion sind (so nennt man das Büro der Leute, die für die Zeitung schreiben), kommt ein Anruf. Ein Haus am Rande der Stadt brennt. Fix machen sich die Reporter und ein Fotograf auf den Weg dorthin.

Die Feuerwehr ist schon da. Es dauert nicht lange, und die Männer mit den Spritzen haben den Brand unter Kontrolle. Der Reporter unterhält sich mit dem Chef der Feuerwehr. Von ihm erfährt er, wie der Brand wahrscheinlich entstanden ist, wer die Feuerwehr alarmiert hat, wie hoch der Schaden wohl sein wird. Auch die Polizei gibt ihm Auskunft. Dann entdeckt der Reporter eine Familie, die in dem Haus

Der Fotograf sucht aus seinen vielen Bildern das beste aus.

wohnt. Er läßt sich von den Leuten schildern, wie sie den Ausbruch des Brandes erlebt haben und was sie jetzt machen werden. Als soweit alles klar ist, fährt er schnell zurück in die Redaktion.
Inzwischen ist der Fotograf schon im Fotolabor. Einen ganzen Film hat er verknipst. Der wird jetzt entwickelt. Ein paar Minuten später liegen die Fotos fertig auf seinem Tisch. Die besten wählt er aus.
Der Reporter arbeitet währenddessen an seinem Artikel. Statt an der Schreibmaschine schreibt er gleich alles am Computer. Wenn er auf einen Knopf drückt, wird der Bericht in einer anderen Abteilung auf ein Papier gebracht. Allerdings erscheint er

Im Fernschreiber-Raum treffen Nachrichten aus aller Welt ein.

bei der Zeitung

und Julia

Der Zeitungstext wird auf eine Pappe geklebt, die so groß wie eine Seite ist.

an einem langen Stück. Das würde in der Zeitung ja schön langweilig aussehen. Also wird der Text zerschnitten und auf ein Stück Pappe geklebt, das exakt so groß ist wie eine Zeitungsseite. »Das sieht schon besser aus!« lobt Martina, als auch die Bilder dazugeklebt sind. Wenn eine ganze Seite voll ist, wird sie mit einem speziellen Verfahren fotografiert. »Autsch, das blendet!« ruft Julia, als grelle Lichtblitze aufzucken. Aus diesem Bild wird dann eine Druckplatte hergestellt. Die ist ebenfalls ganz genau so groß wie eine Zeitungsseite. Diese Platte befestigt ein Mann auf einer dicken Rolle, gegen die erst Farbe und dann eine lange Papierbahn gepreßt wird. Im Prinzip funktioniert das ähnlich wie beim Kartoffeldruck: Farbe wird von einer Form aufs Papier übertragen — nur natürlich viel komplizierter. So genau können die drei das auch gar nicht sehen, denn die Papierbahnen rasen mit hoher Geschwindigkeit durch die Maschinen. Und

Fotos: Silvio Wyszengrad

Große Rollen drucken dann Texte und Bilder auf die Zeitungsseiten.

Fertig gefaltete Zeitungen wandern an Transportbändern durch den Raum.

schwupp, kommen oben fertig gefaltete Zeitungen raus. »Das sieht ja witzig aus!« lacht Philipp. Die drei Reporter folgen den langen Bändern bis in den großen Raum, in dem die Zeitungen gebündelt und verpackt werden. Jetzt bekommt sie die Zeitungsträgerin — und sie steckt dann am Morgen ein Exemplar davon in Bennis Briefkasten. So kann Benni beim Frühstück lesen, was es mit dem Brand gestern nachmittag auf sich hatte.

205

Die Forelle Friedrich

Anna kann nicht einschlafen; unruhig wirft sie sich im Bett herum. Schließlich steht Anna auf. Traurig starrt sie zum Fenster hinaus. Wie schön waren die ersten Ferientage gewesen. Jede Minute hatte sie mit Christian am Bach verbracht. Sie hatten Steine gesammelt, Übergänge gebaut und das Wasser an der Absperrung gestaut. Bis Friedrich plötzlich aufgetaucht war. Nein, nicht aufgetaucht, vorbeigeflitzt war er; grünlich-braun, mit gelben, roten und schwarzen Tupfen. Er hatte eilig das Wasser durchpflügt. Ein leichtes Wedeln mit der Schwanzflosse - und schon war er ihren überraschten Blicken entschwunden.
"Das war Friedrich!" hatte Christian ausgerufen.
"Wenn du einer fremden Forelle einen Namen geben willst, warum nicht Friederike?" hatte Anna gelacht. "Es heißt: die Forelle!"
"Aber es heißt auch: der Fisch!" hatte Christian auf dem Namen bestanden. "Also Friedrich!"
"Meinetwegen!" hatte Anna eingelenkt. "Wir sehen diese Forelle nie wieder!" Aber da hatte sich Anna getäuscht. Jeden Tag kam Friedrich vorbei. Und jeden Tag schien er ein wenig länger zu verweilen. Er begutachtete die alte Absperrung, die aus der Zeit stammte, als der Förster noch mit Hilfe einer Wasserturbine Strom erzeugt hatte, er umkurvte neugierig die aufgeschichteten Steine und hüpfte hoch, daß die bunten Punkte schimmernd aufleuchteten. "Friedrich sollte immer bei uns bleiben!" hatte Christian eines Tages gesagt.
"Das wäre schön!" hatte ihm Anna sofort zugestimmt. Und da kam Christian eine Idee:
"Wenn ich die große Öffnung in der Absperrung mit Maschendraht abdichte, kann zwar das Wasser durch, aber nicht Friedrich! Er muß nicht jeden Tag bachabwärts schwimmen!" Heute, am frühen Morgen, hatten sie an der Öffnung gebastelt, bis Friedrich dahergeschwommen kam.

Benni Lesegeschichte

Seltsam - heute hatte er keine Steine umkurvt, heute war er nicht hochgehüpft. Er war sofort zu dem Draht geflitzt! Er hatte gegen das Geflecht gestoßen, hatte es beäugt. Und dann war Friedrich bewegungslos davor stehengeblieben.

"He! Friedrich!" hatte Christian versucht, die Forelle aufzuscheuchen. "Schwimm doch herum!" Aber die Forelle war nicht von dem versperrten Durchgang wegzubringen.

"Vielleicht hat Friedrich irgendwo eine Familie oder Freunde?" hatte Anna zu bedenken gegeben. Aber da war Christian böse geworden.

"Du gönnst ihn mir nicht! Weil er nicht Friederike heißt!" hatte er geschimpft. Und dann hatten sie nicht mehr miteinander gesprochen.

Anna seufzt unglücklich. "Warum will Christian nicht einsehen, daß Friedrich leidet?" murmelt sie und beugt sich noch weiter zum Fenster hinaus. Ihre Augen versuchen, die Dunkelheit zu durchdringen. Wird sie Friedrich erkennen können? Da - was ist das? Ist das nicht ein Schatten? Vielleicht ein heimlicher Fischer? Und Friedrich? Wenn Friedrich ahnungslos anbeißt? Anna vergißt ihre sonstige Angst vor der Finsternis. Ohne zu überlegen, läuft sie die Treppe hinunter - vorbei an der Wohnzimmertür, hinter der die Stimmen ihrer und Christians Eltern zu hören sind. Leise öffnet Anna die Haustür. Ihr Herz schlägt schnell. Ob der Räuber noch da ist? Vorsichtig schleicht sich Anna um die Hausecke und duckt sich hinter ein Gebüsch. Jetzt - jetzt kann sie eine Gestalt direkt vor der Absperrung erkennen; sie steht gebückt im Wasser. "Friedrich!" möchte Anna schreien. "Sei vorsichtig, Friedrich!" Anna weiß, sie muß den Räuber vertreiben. Sie öffnet den Mund. Da schiebt sich der Mond hinter einer Wolke hervor. Sein fahles Licht fällt auf die Gestalt: Es ist Christian! Gerade hebt der Freund eine Hand mit dem Maschendraht hoch und winkt bachabwärts. "Auf Wiedersehen, Friedrich!" ruft er halblaut. Und dann leiser: "Komm wieder, Friedrich!"

Anna Elisabeth Marks

Benni *zum Suchen und Ausmalen*

Wer findet alle 12 Fehler und malt anschließend die Bilder aus?

ELTERN - KINDER

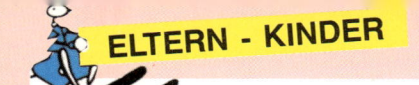

Frank will in seiner Hütte schlafen

- Wir könnten auch ein Lagerfeuer machen!
- Oh ja, das wäre super!
- Später könnten wir draußen schlafen!
- Wir wären ganz unter uns.
- Meine Eltern erlauben das sicher nicht.
- Einfach mal sehen!

- Was machst du denn mit den Sachen?
- Ähm, wir wollen sozusagen ein kleines Fest feiern ..
- Ja, und außerdem in unserer neuen Hütte schlafen!
- Das kommt nicht in Frage!
- Das wird doch alles dreckig!
- Wir passen schon auf!

- Eure Hütte ist doch noch gar nicht fertig!
- Ach was, sie hat sogar schon ein Dach!
- Und in der Nacht werdet ihr vor Angst sterben!
- Ich habe nicht mal Angst vor Wölfen!
- Bitte, bitte, Mama, nur ein einziges Mal!

- Ich kann mir das gut vorstellen, in der Nacht um eins kommt ihr zurück - total ausgefroren!
- AGLA GLA GLA!
- Also gibt es nur eine Lösung!
- Am besten schläfst du mit uns im Freien!
- Oh nein. Bloß nicht!
- Und du? Hast du schon mal draußen geschlafen? Oder in einer Hütte? Hättest du Lust dazu? Würden deine Eltern es dir erlauben? Schreib an Benni.
- RRRRRRRR RRon....

Benni – Mach mit!

Das Schönste an der Schule sind die Ferien. Richtig? Doch meist sind sie viel zu schnell vorbei. Und das neue Schuljahr bringt dann gleich soviel Neues, daß sie auch schnell vergessen sind. Eigentlich schade, findet ihr nicht auch? Schließlich hat man eine Menge erlebt, gehört und gesehen. Benni hat hier ein paar Vorschläge, wie ihr eure Ferien — egal wo und mit wem ihr sie verbringt — zu einem unvergeßlichen Erlebnis machen könnt.

DIESE FERIEN VERGESS I...

Mein Ferientagebuch 1987

Besorgt euch gleich zu Anfang der Ferien ein großes liniertes Heft. Das wird euer Ferientagebuch, und da hinein kommt alles Wichtige und Witzige, alles Aufregende, Interessante, Komische, Seltsame . . . eben alles, was die Ferien schön macht.

Natürlich braucht ihr nicht jeden Tag haarklein aufzuschreiben, wann ihr zu Mittag gegessen und wieviele Portionen Eis ihr geschleckt habt. Aber wenn ihr eine besonders schöne Muschel am Strand findet oder ihr euch endlich traut, den Jungen vom Strandkorb nebenan zum Strandburgenbauen einzuladen, dann wäre das einen Eintrag wert.

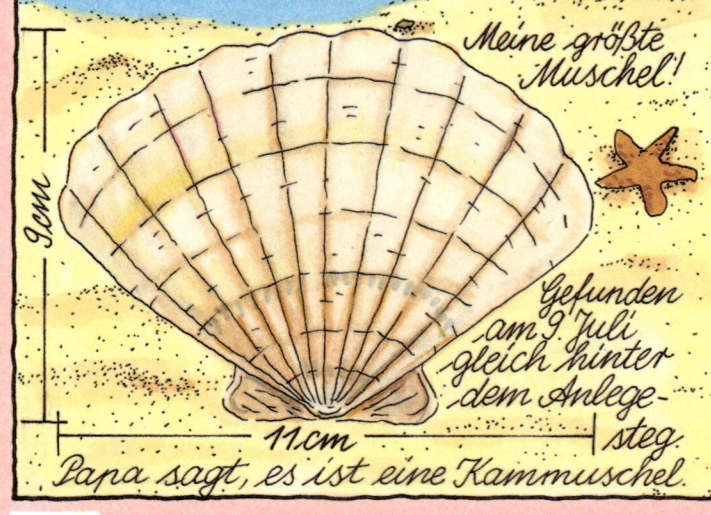

Macht ihr einen Ausflug und besichtigt eine Burg, ein Schloß oder ein Museum, kommt natürlich die Eintrittskarte mit ins Tagebuch. Fragt an der Kasse auch immer nach kostenlosen Broschüren und besorgt euch bei der Touristeninformation Prospektmaterial über euren Ferienort.

Sammelt Blüten und Blätter von Bäumen, die bei euch zu Hause nicht wachsen, preßt sie und klebt sie in euer Heft. Wenn ihr nicht wißt, wie die Pflanzen heißen, fragt im neuen Schuljahr die Naturkundelehrerin oder den Lehrer danach. Von Pflanzen, die unter Naturschutz stehen, laßt ihr natürlich die Finger. Enzian und Edelweiß haben im Ferientagebuch nichts verloren!

Meine größte Muschel! 9cm 11cm Gefunden am 9. Juli gleich hinter dem Anlegesteg. Papa sagt, es ist eine Kammuschel.

Benni – Leser sind keine Miesepeter

Logisch, daß diejenigen unter euch, die die Ferien zu Hause verbringen, ebenfalls ein Tagebuch führen. Auch daheim passieren aufregende Sachen. Ihr könnt ja ein bißchen nachhelfen und mit den anderen Daheimgebliebenen eine Fahrradrallye oder eine Sommerolympiade organisieren, Laubhütten bauen, im Garten zelten und so weiter. Und die Parole für alle diese Unternehmungen lautet: Benni-Leser sind keine Miesepeter!

Benni – Mach mit!

FERIEN WIE NIE!

Andenken sammeln und: Was tun mit den gesammelten Schätzen?

Natürlich gibt es überall Ferienandenken zu kaufen. Die Kioske sind voll davon. Aber am Strand, im Park und in den Wäldern rund um euren Ferienort lassen sich ebenfalls jede Menge Andenken finden — und dazu noch kostenlos.

Wer die Ferien am Meer verbringt, nimmt als Andenken ein Glas voll Sand mit nach Hause. Das Etikett wird mit dem Ort und der Jahreszahl beschriftet.
In einem Schuhkartondeckel stellt ihr eure Muschel- und Schneckensammlung aus. Den Deckel innen mit Buntpapier auslegen, die Muscheln reinkleben und den Namen dazuschreiben. Das sieht als Wandbild und im Regal hübsch aus und erinnert euch immer an die Ferien.
Ähnlich wie die Muschelsammlung könnt ihr auch eine Steinchensammlung oder eine Blätter- und Zapfensammlung anlegen.

Aus den Postkarten, die ihr unterwegs gekauft habt (oder auch aus denen, die Freunde und Verwandte geschickt haben), macht ihr ein Leporello.

Dazu werden die Postkarten mit breitem, durchsichtigem Klebeband aneinandergeklebt. Zwischen den einzelnen Karten immer etwa zwei Millimeter Abstand lassen, damit sich die Kette wie eine Zieharmonika falten läßt. Andenken, die nicht ins Ferientagebuch passen und auch nicht gleich »verbastelt« werden sollen, kommen in die

Ferien-Schatzkiste

Das ist ein Schuhkarton, den ihr mit Buntpapier oder mit Bildern aus einem Reiseprospekt beklebt. Malt ein hübsches Etikett dafür und schreibt darauf, wo und wann ihr die Schätze gesammelt habt.
Und wenn euch irgendwann an einem Regentag im Herbst einmal alles stinkt und ihr euch am liebsten den ganzen Tag im Bett verkriechen würdet, braucht ihr bloß den Deckel eurer Schatzkiste zu öffnen, und schon weht euch Ferienluft entgegen. Wetten, daß eure Laune gleich hundertprozentig besser wird?!

— Ursula Schmidt-Steinbach

Benni Bilder-Kreuzworträtsel

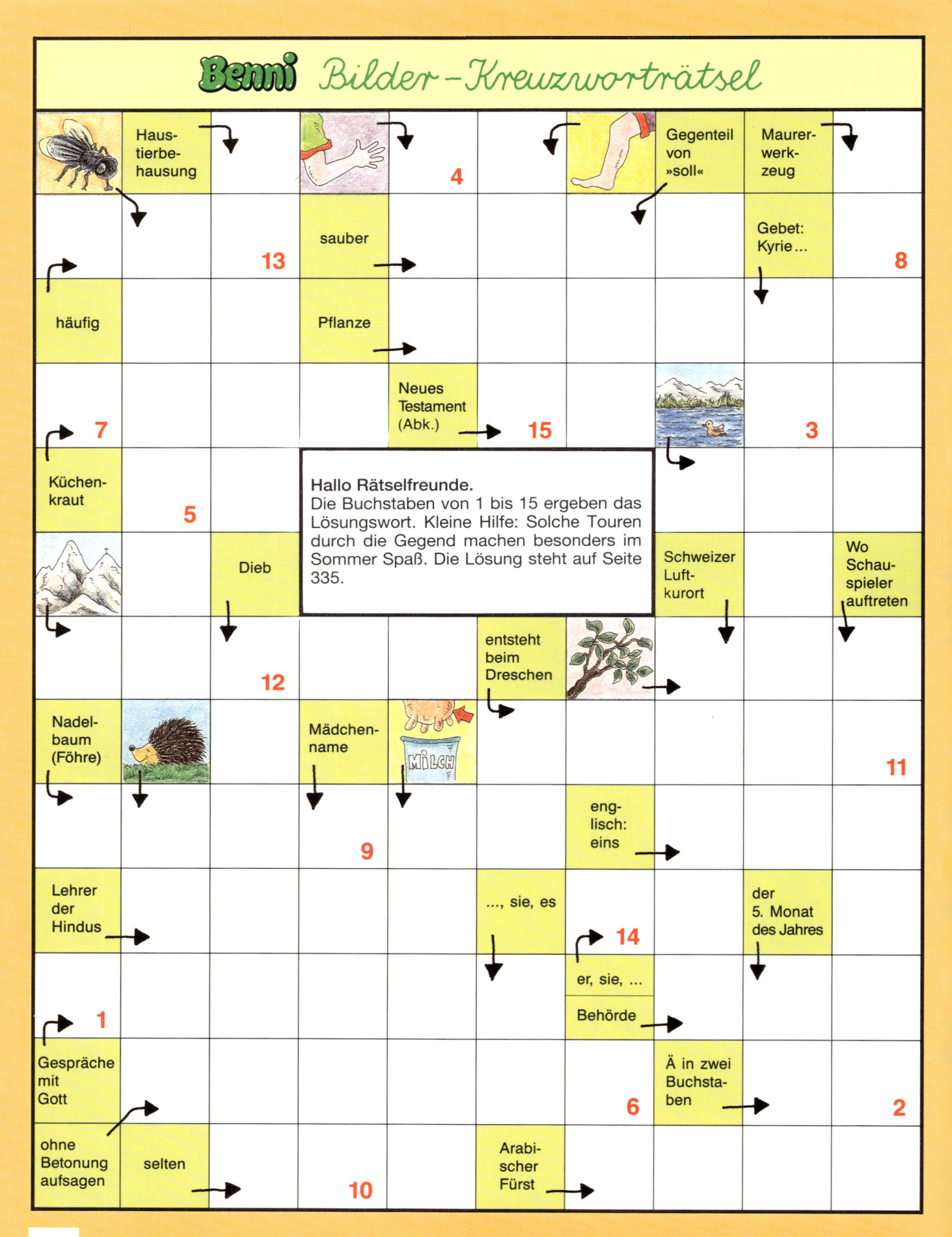

Hallo Rätselfreunde.
Die Buchstaben von 1 bis 15 ergeben das Lösungswort. Kleine Hilfe: Solche Touren durch die Gegend machen besonders im Sommer Spaß. Die Lösung steht auf Seite 335.

Hinweise im Rätsel:
- Haustierbehausung
- Gegenteil von »soll«
- Maurerwerkzeug
- sauber
- Gebet: Kyrie...
- häufig
- Pflanze
- Neues Testament (Abk.)
- Küchenkraut
- Dieb
- Schweizer Luftkurort
- Wo Schauspieler auftreten
- entsteht beim Dreschen
- Nadelbaum (Föhre)
- Mädchenname
- englisch: eins
- Lehrer der Hindus
- ..., sie, es
- der 5. Monat des Jahres
- er, sie, ...
- Behörde
- Gespräche mit Gott
- Ä in zwei Buchstaben
- ohne Betonung aufsagen
- selten
- Arabischer Fürst

212

Benni Hobby

Mein Hobby
Fußball

Hallo, ich bin Johannes und 8 Jahre alt. Fußballspielen geht mir über alles. Deshalb kicke ich nicht nur mit meinen Freunden bei uns zuhause im Hof. Nein, seit ich sechs Jahre alt bin, spiele ich auch im Verein. Einmal in der Woche ist Training, und am Wochenende haben wir dann ein Spiel. Da geht es dann um die Stadtmeisterschaft oder um einen Pokal. Am tollsten finden wir es aber, wenn es für alle Spieler eine Medaille gibt.
Klar, blaue Flecken holt man sich bei dieser Sportart ständig, aber so richtig verletzt war ich noch nie. Dabei spiele ich in unserer Mannschaft im Angriff: Ich bin Mittelstürmer. Da wird man schon ab und zu mal »gefoult« — so heißt das, wenn ein Spieler unfair spielt, einem am Hemd festhält oder dem Gegner ein Bein stellt. Das beste am Fußballspielen ist das Toreschießen. Ich habe schon ungefähr 40 Treffer geschafft.
Allzu teuer ist der ganze Spaß nicht: Unser Mitgliedsbeitrag im Verein beträgt im Jahr knapp 70 Mark. Dazu kommen die Anschaffungskosten für die Stollenschuhe (rund 40 Mark), die Schienbeinschoner (etwa 20 Mark) und die »Stutzen«, das sind die dicken Kniestrümpfe (rund 7 Mark). Die Trikots bekommen wir vom Verein, die müssen allerdings unsere Mütter abwechselnd waschen. Übrigens: Fußball ist keineswegs ein reiner Jungensport. Bis zu 12 Jahren spielen in unseren Mannschaften auch Mädchen mit, danach treten sie dann in Mädchenmannschaften ein.

Johannes (im roten Trikot) kämpft mit einem Gegenspieler um den Ball.

Fotos: Wolfgang Diekamp

Rund um den Fußball
Fußballspielen ist toll. Aber die Regeln muß man kennen. Hier sind sie!

Spielfeld — Elfmeterpunkt, Elfmeterpunkt, Strafraum, Strafraum, Außenlinien

Zwei Mannschaften mit je elf Spielern stehen sich gegenüber. Wer die meisten Tore schießt, gewinnt.

Die beiden Linienrichter: Die Helfer des Schiedsrichters, die bei einem Fehler ihre Fahne heben.

Der Schiedsrichter: Er leitet das Spiel. Ganz allein seine Entscheidungen gelten.

ZUSPIEL
Die Spieler einer Mannschaft spielen einander den Ball mit Fuß, Körper...

...oder Kopf zu. Nur die Hand darf außer dem Torwart niemand zu Hilfe nehmen.

DRIBBLING
Um den Gegner auszutricksen, macht man mit dem Ball am Fuß ein paar Körpertäuschungen.

TORSCHUSS
Den Ball am Torwart vorbei ins Tor zu schießen, ist das höchste Ziel beim Fußball.

EINWURF
Fehler: Schießt oder köpft ein Spieler den Ball über die Außenlinie, bekommt der Gegner einen Einwurf.

Ausführung: Der Ball muß mit beiden Händen über den Kopf ins Feld geworfen werden.

ECKBALL

Fehler: Von einem aus der verteidigenden Elf berührt, geht der Ball über die Torauslinie.

Ausführung: Ein Spieler der angreifenden Mannschaft schießt von der Eckfahne aus aufs Tor.

DIREKTER FREISTOSS

Fehler: Bei einem absichtlichen Foul oder bei Handspiel gibt es einen direkten Freistoß.

Ausführung: In diesem Fall darf man direkt aufs gegnerische Tor schießen.

INDIREKTER FREISTOSS

Fehler: Bei leichteren Regelverstößen entscheidet der Schiedsrichter auf indirekten Freistoß.

Ausführung: Mindestens zwei Spieler müssen den Ball berühren, ehe er ins Tor gehen darf.

ELFMETER

Fehler: Bei einem schwereren Foul oder Handspiel innerhalb des Strafraums erfolgt der Elfmeterpfiff.

Ausführung: Ein angreifender Spieler darf vom Elfmeterpunkt aus direkt aufs Tor schießen.

Benni *Tierwelt*

Das Rotkehlchen

Das Rotkehlchen fühlt sich am wohlsten in dichten Hecken und Gestrüpp.

Das Rotkehlchen gehört zu unseren häufigsten Singvögeln und ist in Parks, Gärten und Wäldern zuhause. Du kannst es leicht an seiner orangefarbenen Färbung von Gesicht, Kehle und Brust erkennen. Nur die Jungvögel haben noch keine rote Kehle. Bei ihnen ist die Brust beige und gefleckt, erst mit sechs Monaten sehen die Jungen aus wie ihre Eltern.

Das Rotkehlchen ist ein Teilzieher. So nennt man Vögel, von denen uns manche im Herbst verlassen und im Süden überwintern, andere aber die kalte Jahreszeit hier verbringen. Die Überwinterer bei uns werden manchmal besonders zutraulich und erscheinen sogar am Futterplatz, obwohl die Rotkehlchen mit ihren schlanken Schnäbeln keine größeren Samenkörner verzehren können. Am liebsten leben die Vögel da, wo es dichte Hecken, Gestrüpp und Unterholz gibt. Dort verstecken sie auch gut ihr Nest zwischen Gestrüpp und dichtem Wurzelwerk am Boden. Hast du schon mal ein Rotkehlchen singen hören? Sein Gesang in der Abenddämmerung ist äußerst melodiös.

Steckbrief

Länge: 14 cm

Flügelspannweite: 22 cm

Gewicht: 18 g

Lebenszeit: 2 bis 3 Jahre

Das Rotkehlchen hat viel zu tun, um seine hungrigen Jungen satt zu bekommen.

Fotos: Reinhard

Benni Witzekiste

Abends zeigt der Vater seinem Sohn den Sternenhimmel. "Und das da drüben, mein Sohn, das ist der große Wagen." "Toll", meint der Kleine: "Und wieviel PS hat er?"

Renate Hartung, München

Der Lehrer erklärt den Schülern, daß Reibung Wärme erzeugt. "So", sagt er, "nun probieren wir das gleich mal aus. Reibt jetzt eure Hände ganz fest gegeneinander". Die Kinder sind eifrig dabei. Da fragt der Lehrer: "Sebastian, was fällt dir auf?" "Daß ich lauter kleine schwarze Kügelchen an meinen Händen habe", sagt der Bub.

Wolfgang Kohl, Abtsteinach

Warum macht der Hahn, wenn er kräht die Augen zu?
Weil er den Text auswendig kann.

Julia Bruns, Lüdenscheid

Charly wird von seiner Lehrerin gefragt: "Wie hoch ist unsere Schule?" Charly antwortet: "Unsere Schule ist 1,20 m hoch". Die Lehrerin runzelt die Stirn. "Kann das sein? Nur 1,20 m hoch?" Antwortet Charly: "Klar, 1,20 Meter ist die Schule hoch, ich bin 1,40 groß und die Schule steht mir bis zum Hals."

Timo Bürk, Memmingen

Warum hängen die Ostfriesen, wenn sie sich waschen, die Tür aus? Damit niemand durch das Schlüsselloch guckt.

Katja Röckl, Gaiberg

Scherzfrage: Welche Frage kann man nie mit "Ja" beantworten?
Lösung: Die Frage "Schläfst du schon?"

Martina Bocker, St. Augustin 1, Buisdorf

Ein Bewohner des Dschungels merkt bei einem Streifzug plötzlich, daß ein Löwe hinter ihm her ist. Da läuft er immer im Kreis um einen Baum herum. Ein anderer Dschungelbewohner ruft: "Paß auf, er hat dich gleich!" "Kann nicht sein, ich habe noch zwei Runden Vorsprung!"

Inge Kreutz, Oberkail

Ein Mann geht zum Arzt. Der fragt: "Name?" "Karl!" kommt die Antwort. "Zuname?" "Jede Woche ein Kilo!"

Johannes Kneißl, Parkstein

Eine Fischfamilie begegnet einem U-Boot unterm Wasser. Das Baby hat Angst und versteckt sich hinter der Mutter. Aber die sagt: "Du brauchst keine Angst haben. Das sind doch nur Menschen in Dosen!"

Dorthe Johannsen, Leuchringen II

"Da bleibt kein Auge trocken", sagte der Kapitän als er mit seinem Schiff versank.

Monika Weber, Gusterath

Fragt Ute die Mutter: "Mutti, was werden die Leute, wenn sie sterben?" Die Mutter sagt: "Staub". Ute: "Oje, da müssen unter meinem Bett ja schon viele gestorben sein!"

Sonja Rüthel, Fulda

Völlig zusammengekrümmt kommt der zerstreute Professor nach Hause. Er stöhnt: "Sofort einen Arzt, Brigitte, ich kann nicht mehr gerade gehen". Als der Arzt kommt, meint er sofort: "Zuerst verschreibe ich ihnen, den Hosenknopf aus dem obersten Loch Ihres Hemdes zu lösen und dann Stretching."

Julia und Rebekka Bruns, Lüdenscheid

Verrücktes Schwimmbad

Das sieht jed

A B C D

1 2 3 4

J K L M

10 11 12 13

diesen Tieren stimmt was nicht. Welcher Buchstabe gehört zu welcher Zahl?

Rätsel-Spiel

Mit Benni durch die Natur

Wildtiere in Dorf und Stadt

Tips für Naturfreunde von der Aktion Ameise

Augen auf! Inmitten unserer Dörfer und Städte leben Wildtiere. Zum Beispiel **Kaninchen** auf den Rasenflächen des Hofgartens im Herzen Münchens oder **Turmfalken** am Kölner Dom.
In manchen Stadtparks führen **Fledermäuse** und **Waldkäuze** ihr heimliches Nachtleben, **Steinmarder** drangen in den letzten Jahren von den Ortsrändern bis in die Großstädte vor. Sie finden in Gärten, Grünanlagen und Ödflächen ergiebige Jagdreviere.
Auch **Amseln,** ursprünglich scheue Waldvögel, wurden zu sogenannten Siedlungsfolgern. Die Stadtamseln verzichten sogar darauf, im Winter in den Süden zu fliegen wie ihre Artgenossen des Waldes.

Zu den erfolgreichsten Siedlungsfolgern zählen einige Taubenarten und natürlich die Spatzen. Freuen wir uns darüber, daß nicht nur Tiere aussterben, sondern einige Arten auch die Nähe des Menschen und seiner Siedlungen suchen. Sie bringen uns ein wenig Natur in die Stadt. Denke an die morgendlichen Amselkonzerte im Häuser- und Straßengewirr, wenn nur ein paar Gärten und Bäume bescheidenen Lebensraum bieten. Überlege und beobachte einmal, wieviel Wildtierarten du in deiner Umgebung aufzählen kannst! Oder hast du darauf noch gar nicht geachtet?

Mehr über die Naturschutz-Aktion Ameise erfährst du bei Gunter Steinbach, Irsengund, 899 Oberreute

Benni
Bennis Reiterschule
1. Das Pferd muß passen
HUCH, IST DAS HOCH!
2. Täglich putzen
ÄCHZ STÖHN
THUUUT DHAAS GHUUT
3. Für Bewegung sorgen
JIPPIJAA
EINEN LÖFFEL FÜR BENNI – EINEN LÖFFEL FÜR...
4. Gut füttern
5. Sein Pferd liebhaben
6. Ein behagliches Nachtlager bieten
Z-Z-Z
R-R-R-R
Roscher
Benni

Benni im September

September

Hier kannst du deine wichtigsten TERMINE eintragen!

1	16
2	17
3	18
4	19
5	20
6	21
7	22
8	23
9	24
10	25
11	26
12	27
13	28
14	29
15	30

Benni im September

Mini-Galerie
Dia-Rahmen eignen sich bestens als Rahmen für kleine Bilder. Den Bindfaden zum Aufhängen brauchst du nur zwischen die beiden Teile des Rahmens zu klemmen. So kannst du kleine Geschenke produzieren oder eine kleine Galerie zusammenstellen.

Das umgedrehte Glas
Kannst du ein Glas, das bis an den Rand mit Wasser gefüllt ist, umgekehrt tragen, ohne das Wasser zu verschütten? Bestimmt. Du legst einfach eine Postkarte fest auf den Glasrand, hältst sie mit einer Hand fest und stülpst das Glas um. Keine große Kunst. Doch jetzt nimmst du die Hand unter der Postkarte weg - und sie bleibt trotzdem am Glasrand kleben. Kein Tropfen Wasser fließt heraus. Doch bitte: Bevor du deine Freunde verblüffst, probier den Trick erst mal im Badezimmer aus.

Vorräte hamstern
Im September kannst du es den Hamstern nachmachen und Wintervorräte zum Basteln hamstern. Jetzt findest du Kastanien, Eicheln, Bucheckern, Nüsse, Kapseln, Federn, Borken, verschiedene Tannenzapfen, hübsche trockene Zweige, Hagebutten, Samen. Sogar die langen Nadeln der Kiefer lassen sich gut gebrauchen. Deiner Phantasie sind dann keine Grenzen mehr gesetzt.

Nasenflügel
Die Früchte des Ahorn sehen aus wie Propeller. Sie eignen sich gut als Nasenflügel. Man reißt die zweigeteilte Frucht in der Mitte leicht ein und befeuchtet die Stelle mit Spucke. Jetzt kann man den Nasenflügel auf die Nase kleben.

Benni meint:
Trimm dich, spring mal über deinen Schatten!

SPIELE auf

Benni SPIELE SEITE

Manche Kinderspiele sind zwar schon recht alt, sie werden aber noch immer gern gespielt. Kinder in der Ruhrgebietsstadt Herten haben ihre "Alltagsspiele" für draußen zusammengetragen. Schreibt mal an Benni, welche Spiele ihr am liebsten spielt.

Schlappy hat seinen Hut verloren:

Es müssen mindestens 10 Spieler sein. 9 von ihnen bekommen die Zahlen 1 bis 9 zugeteilt. Der 10. Spieler ist Schlappy. Schlappy sagt: "Schlappy hat seinen Hut verloren, 3 hat ihn!" Danach sagt der Spieler Nr. 3: "3 hat ihn nicht, 6 hat ihn." Dann ist der Spieler Nr. 6 an der Reihe ..... Vergißt ein Spieler seine Zahl oder merkt nicht, wann er gemeint ist, muß er ein Pfand abgeben. Zum Schluß werden die Pfänder von Schlappy eingelöst. Er hebt einen Pfand hoch und sagt dazu: "Wem dieses Pfand gehört, der muß auf einem Bein hüpfen." Schlappy denkt sich für jedes Pfand eine neue Aufgabe aus.

Ein Haufen Schuhe:

Alle Kinder ziehen ihre Schuhe aus, die dann jemand ziemlich wild durcheinander auf einen Haufen wirft. Von der Startlinie aus laufen die Kinder a Kommando schnell zum Schuhhaufen und suchen darin ih Schuhe. Wer zuerst seine Schuhe, gut zugebunden, wieder an den Füßen hat, wird zum Sieger gekürt.

STRASSEN und PLÄTZEN

Fischer, Fischer, welche Fahne weht heute?

Einer ist der Fischer, die anderen Spieler fragen: "Fischer, Fischer, welche Fahne weht heute?" Dann sagt der Fischer zum Beispiel: "Gelb" oder "Rot". Hat ein Spieler diese Farbe an seiner Kleidung, darf er rüber. Die anderen, die diese Farbe nicht haben, müssen rüberlaufen. Die darf der Fischer fangen. Die Spieler, die er gefangen hat, müssen ihm beim nächsten Mal helfen.

Bäumchen, Bäumchen, wechsel dich:
Man braucht vier Bäume oder Pfähle und fünf Mitspieler. An jedem Baum steht ein Spieler, und einer steht in der Mitte. Dieser ruft: "Bäumchen, Bäumchen, wechsel dich." Jetzt müssen alle Spieler versuchen, an einen anderen Baum zu kommen.
Der Spieler, der keinen erwischt, geht in die Mitte.

Benni – Koch mit!

Rezepte mit tollen Knollen

Leider kennen viele Kinder Kartoffeln nur in Form von Kartoffelchips und Pommes frites. Doch mit Kartoffeln lassen sich noch mehr leckere Gerichte bereiten. Kartoffelarten gibt es sehr viele. Es ist wichtig, daß du weißt, wie sich die Kartoffel beim Kochen verhält. Festkochende Sorten nimmst du für Salzkartoffeln, Pellkartoffeln, Salat oder Bratkartoffeln. Mehlig kochende Sorten eignen sich für Kartoffelpüree, Kartoffelpuffer und Suppen.

Wenn du eine Kartoffelknolle ansiehst, bemerkst du mehrere Vertiefungen, die man Augen nennt. Aus ihnen wachsen die Triebe für die neue Kartoffelpflanze. Bei Kartoffeln, die im Dunkeln lang liegen bleiben, kannst du sehen, wie die Knolle an diesen Stellen austreibt. Wenn du Kartoffeln schälst, schneide alle grünen Stellen gründlich weg.
Verwende immer gleichgroße Kartoffeln, damit sie gleichzeitig gar werden.

Pellkartoffeln

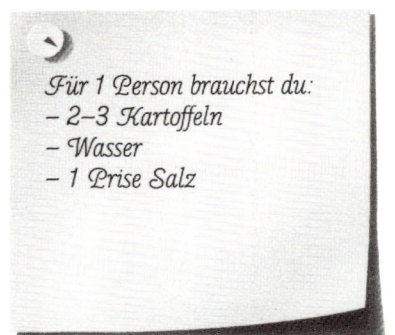

Für 1 Person brauchst du:
- *2–3 Kartoffeln*
- *Wasser*
- *1 Prise Salz*

Außerdem richtest du her:
Kochtopf mit Deckel, Küchenmesser

Und so wird's gemacht:
1. Wasche die Kartoffeln sorgfältig. Am besten ist es, du bürstest sie mit einer Gemüsebürste ab.

2. Lege die Kartoffeln in den Kochtopf. Fülle so viel Wasser hinein, bis die Kartoffeln gerade bedeckt sind, und streue etwas Salz darüber. Dann legst du den Deckel auf und bringst das Wasser bei Stufe 3 zum Kochen. Schalte nun auf Stufe 1 und koche die Kartoffeln in 20 bis 30 Minuten gar.

3. Die Pellkartoffeln sind fertig, wenn du mit einem kleinen Küchenmesser gut durch die Kartoffeln stechen kannst. Die Kartoffeln werden in einer Schüssel auf den Tisch gebracht und erst dort gepellt, das heißt geschält.

Benni – Koch mit!

Kartoffel-auflauf

Für 3 Personen brauchst du:
- 600 g Kartoffeln
- 1 Teelöffel Butter
- 3 Eier
- 1 Becher Sahne
- 1 Prise Salz
- 1 Prise Pfeffer
- 100 g Emmentaler Käse
- 2–3 Zweige Petersilie
- 100 g Schinken

Außerdem richtest du her:
Kochtopf, Küchenmesser, Auflaufform, Kuchenpinsel, Schneebesen, Rührschüssel, Küchenreibe, Schneidbrettchen

Und so wird's gemacht:

1. Zuerst kochst du die Kartoffeln, wie im Rezept »Pellkartoffeln« angegeben. Das kannst du auch schon einen Tag vorher machen.

2. Dann schälst du die Kartoffeln und schneidest sie in gleichmäßig dicke Scheiben.

3. Fette eine Auflaufform mit der Butter gut aus und lege die Kartoffelscheiben auf den Boden der Form.

4. Dann verrührst du in einer Rührschüssel die Eier, die Sahne, Salz und Pfeffer mit einem Schneebesen.

5. Reibe dann den Käse auf der Küchenreibe und mische ihn mit der Sahne-Ei-Masse.

6. Wasche die Petersilie in kaltem Wasser ab. Dann schneidest du die Blätter mit einem Küchenmesser in kleine Stückchen. Gib die Petersilie zur Ei-Sahne-Soße.

7. Schneide den Schinken auf einem Küchenbrettchen in kleine Würfel und gib ihn ebenfalls zur Soße.

8. Gieße die Soße über die Kartoffelscheiben und backe den Auflauf im Backofen bei 175 Grad C in 30 Minuten hellbraun.

Ein Rezept aus dem Kinderkochbuch »Komm, koch und back mit mir«, Falken-Verlag, Niederhausen, 19,80 Mark.

Benni Witzekiste

Es geht ein Mann zum Wirt und bestellt ein Hähnchen. "Die sind ausgegangen", entgegnet der Wirt. "Wohin denn?"
Claudia Sappl, Ellbach

Oma singt ihrem Enkel ein Schlaflied vor. Nach einer Weile sagt der Enkel. "Omi, kannst Du nicht draußen weitersingen, ich möchte gerne schlafen."
Katja Höhl, Ennepetal

"Manche der Gebote Gottes gelten für bestimmte Personenkreise", sagt der Religionslehrer. "Wer kann da ein Beispiel nennen?" Sepp: "Das achte Gebot ist hauptsächlich für den Lehrer da!" "Wie meinst du das?" "Es heißt: Du sollst kein falsches Zeugnis geben!"
Susanne Stier, Bubsheim

"Karli, wenn ich sage: Das Lernen macht mir Freude, welcher Fall ist das?" - "Ein seltener Fall, Herr Lehrer."
Christina Durant, Egenstedt

Klaus besucht seinen Freund Fritz auf dem Bauernhof. Klaus fragt ihn: "Wie geht es deiner Mutter?" darauf Fritz: "Die ist von einem Traktor überfahren worden." "Und wie geht es deinem Vater?" "Ebenfalls von einem Traktor überfahren worden." "Und wie geht es dir so?" Darauf Fritz, "Nun ja, ich fahre Traktor."
Patrick Ollig, Saarwellingen

"He, Sie da", ruft der Polizist streng. "Hier dürfen Sie nur mit Angelschein angeln." - "Danke für den Tip! Ich habe es die ganze Zeit mit Regenwürmern versucht."
Miriam Paulick, Verl

Warum kaufen sich die Kinder eigentlich Eis?
Weil sie es nicht geschenkt bekommen!
Renate Hartung, München

Was ist links und rechts von der Discothek? Antwort: Der Ohrenarzt
Martina Zellner, Abensberg

Franz sagt zu seiner Mutter: "Du, der Mann im Radio hat gesagt, daß die Brasilianer im Zimmer Fußball spielen." Mutter: "Ach, das gibt's doch nicht. Was hat er denn gesprochen?" Franz: "Die Brasilianer spielen auf engem Raum."
Joachim Rupprecht, Günzburg

Treffen sich zwei Fische. Der eine: "Hei." Der andere: "Wo?"
Regine Steiner, München

"Wie kommt es, Peter, daß deine Hausaufgaben plötzlich immer richtig sind?" "Mein Vater ist verreist, Herr Lehrer!"
Katja Röckl, Gaiberg

Fritzchen tut Senf aufs Fernsehgerät. Mutter fragt: "Junge, warum tust du das?" Fritzchen antwortet: "Damit das Bild schärfer wird!"
Martina Bocker, St. Augustin 1, Buisdorf

Mit Benni durch die Natur

Ab in den Süden

Tips für Naturfreunde von der Aktion Ameise

Jetzt könnt ihr lange Reihen von Schwalben auf den Strommasten sitzen sehen. Und die Stare üben scharenweise kunstvolle Flugmanöver aus. Was geht da vor? Die Zugvögel werden unruhig und gesellig. Sie bereiten sich auf ihre große Reise in den Süden vor. Ein altes Sprichwort sagt: »Zu Mariä Geburt (8. September) ziehen die Vögel furt.« Die insektenfressenden Vögel ziehen in südlichere Länder, weil sie bei uns während der kalten Jahreszeit verhungern müßten. Einige, die besonders weit in den Süden reisen, verlassen uns schon im August, etwa der Kuckuck. Diese Vögel fliegen zweimal jährlich — hin und zurück — mehrere tausend Kilometer bis nach Afrika zum Überwintern.

Feldlerche

Kuckuck

Nur ein Vogel bleibt im Winter bei uns. Welcher?

Andere, wie die kleine Feldlerche, ziehen dagegen nur bis ins Mittelmeergebiet. Sie bleiben deshalb oft bis in den November hinein und kehren auch schon im Februar zurück.
Woher wissen die Zugvögel, wann sie fliegen müssen? Wissenschaftler haben herausgefunden, daß sie sich nach einer »inneren Uhr« richten. Dadurch finden auch die Jungvögel im nächsten Frühjahr genau an den Platz zurück, wo sie im Nest ihrer Eltern heranwuchsen. Das ist ganz schön erstaunlich. Denn die Jungvögel fliegen nicht immer zusammen mit den Altvögeln in ihr Winterquartier oder zurück.
Niemand zeigt ihnen den Weg. Viele kleine Vögel ziehen nachts, manche sogar in mondlosen stockdunklen Nächten. Dann halten die ziehenden Vögel durch leise Rufe untereinander Verbindung.

Weißstorch

Rauchschwalbe

Haussperling

Gunter Steinbach, Irsengrund, 8999 Oberreute.

Wird in Europa nach 1993 d

Nein! Jedes Land wird seine Sitten, seine Traditionen und seine Eigenheiten bewahren. Denn das macht ja den Reichtum Europas aus.

BEI UNS IN BELGIEN

Unsere bekannteste Statur ist das Männeken Piss in Brüssel.

Im Winter essen wir am liebsten »waterzooi«, eine Gemüsesuppe mit großen Stücken Hühnerfleisch darin.

Und wir haben einen großen Helden: Tintin. Sein belgischer Zeichner nannte sich Hergé.

Unser Karneval ist berühmt: Die Clowns tragen Federhüte und phantasievolle Kostüme.

Am liebsten essen wir Kartoffeln. Beliebt sind auch Pommes frites mit Muscheln. Dieses Gericht findet man bei uns überall.

Lösung: Belgien = B

BEI UNS IN DÄNEMARK

Berühmt ist unsere Kleine Meerjungfrau. Kennst du das Märchen von Andersen, das ihre Geschichte erzählt?

Die Schule beginnt um 8 Uhr und endet um 14 Uhr. Zu Mittag essen wir in der Schule unsere mitgebrachten Brötchen.

Sport lieben wir über alles: Federball, Handball und ganz besonders Fahrradfahren!

Um den Sommer zu begrüßen, zünden wir überall große Feuer an und feiern tolle Feste!

»Smorrebröd«, mhh, das schmeckt! Das sind verschiedene kleine Brote und Kuchen mit Fisch und Fleisch und Gemüse. Um so ein Essen zu machen, muß man mindestens drei Jahre lernen!

Lösung: Dänemark = DK

Leben überall gleich sein?

Trage das Kennzeichen eines jeden Landes in das kleine Auto unten ein! (z. B. D = Deutschland)

BEI UNS IN SPANIEN

Kleinigkeiten zum Knabbern mögen wir schrecklich gern. Vor dem Essen sind das die »Tapas«: Kleine Vorspeisen aus Gemüse, Fisch oder Fleisch ...

Wenn es im Sommer sehr heiß ist, trinken wir gern ein Getränk aus Mandeln. Es heißt »horchata de chufa«.

Vor dem Essen gehen wir gern spazieren. Das nennt man bei uns »paseo«. Wir essen ziemlich spät, so gegen 21 oder 22 Uhr.

Unser Nationalgericht ist die »Paella«. Das ist Reis gemischt mit Gemüse, Muscheln, Fisch, Gewürzen ... Sonntags ißt man gern mit der ganzen Familie.

Kennst du Picasso, den weltberühmten spanischen Maler?

Lösung: Spanien = E

BEI UNS IN FRANKREICH

Oh, der Eiffelturm, die meistbesuchte Sehenswürdigkeit Europas!

Wir haben drei Spezialitäten: Baguette, Champagner und Camenbert.

Ein- oder zweimal in der Woche gibt es bei uns in den Straßen Wochenmarkt, wo man alle frischen Sachen kaufen kann: Salat, Fleisch, Gemüse, Fisch ...

Spitze sind wir in Europa im Ferien-Machen. 163 Tage im Jahr gehen wir nicht zur Schule!

Boules-Spielen ist bei uns ein beliebter Volkssport.

Lösung: Frankreich = F

231

Wird in Europa nach 1993 d

BEI UNS IN GRIECHENLAND

Unser berühmtestes Bauwerk ist die Akropolis in Athen.

Die Touristen lieben unsere vielen Inseln. Sie sonnenbaden an den Stränden und schwimmen in unserem unvergleichlich blauen Meer . . .

In den »Kafenéia«, den traditionellen Cafés, sitzen nur Männer. Sie spielen Karten, reden und trinken griechischen Kaffee oder Ouzo, einen starken Alkohol.

Ostern ist unser größtes Fest. Karsamstag ißt man traditionell eine Suppe aus Schaffleisch. Am Nachmittag trifft sich die ganze Großfamilie und grillt zusammen ein Lamm. Dann beschenkt man sich mit rot bemalten Eiern.

Schule ist bei uns mal morgens, mal am Nachmittag. Zusätzlich kann man noch in Privatschulen gehen, um beispielsweise Sprachen zu lernen.

Lösung: Griechenland = GR

BEI UNS IN IRLAND

Man nennt uns »die grüne Insel«, denn es gibt Wiesen und Weideland so weit das Auge sehen kann.

Das »Irish Stew« ist ein Lamm-Ragout mit Kartoffeln. Es ist gut und billig, denn Schafe gibt's genug bei uns.

Es gibt viele »pubs«, Kneipen, wo man sich zum Trinken, Singen, Reden und Pfeilwerfen trifft...

Und erst unsere Lieder! Sie erzählen Geschichten unserer Helden, von Aufständen und Hoffnung. Man singt sie in Kneipen und erfindet oft auch neue hinzu.

Lösung: Irland = IRL

Leben überall gleich sein?

BEI UNS IN ITALIEN

Rom, Florenz, Venedig: Nur drei von den schönsten Städten Italiens. In Venedig fahren Schiffe statt Busse. Denn die ganze Stadt liegt im Wasser.

Die Jugend schließt sich in Banden zusammen und mischt mit ihren kleinen Rollern im Verkehr mit. Da heißt es aufpassen, denn Disziplin ist nicht gerade unsere starke Seite.

Es lebe die »Pasta«. Bei uns gibt's hunderte verschiedener Nudelsorten. Sie sind unser Nationalgericht. Außerdem lieben wir »gelati«, cremiges Eis, das wir sogar im Winter draußen essen.

Und eitel sind wir alle: Italien ist die Königin der Mode!

Im Sommer leben wir fast nur draußen. Die Jugend trifft sich in den Straßencafés und unterhält sich über Gott und die Welt.

Lösung: Italien = I

BEI UNS IN LUXEMBURG

Bei uns liebt man ganz besonders unsere großherzogliche Familie... Man kann über ihr Leben sogar eine Video-Kassette kaufen!

Die kleinen weißen Weintrauben von der Mosel sind sehr, sehr gut und sehr berühmt!

Zwei Spezialitäten: »Judd mat Gardebohnen«, Räucherfleisch mit Großen Bohnen, Speck und Kartoffeln und Restekuchen!

Fernsehen ist eine Qual, denn bei uns gibt es alle europäischen Programme.

In der Schule lernen wir Deutsch ab 6 Jahre, und dann Französisch. Zusammen mit Luxemburgisch macht das drei Sprachen.

Lösung: Luxemburg = L

233

Wird in Europa nach 1993 d

BEI UNS IN DEN NIEDERLANDEN

Amsterdam ist die Stadt der Grachten. Die Häuser sind auf Pfeilern gebaut und manche Leute leben in Hausbooten.

Das Rijksmuseum ist berühmt für die Werke seiner berühmten holländischen Maler wie zum Beispiel Rembrandt.

»Erwtensoep« ist eine gute Suppe für kalte Tage. Sie besteht aus pürrierten Erbsen, Speck; Würstchen und Gemüse...

Tulpen aus Holland werden überall in Europa verkauft. Aber wir mögen sie selbst auch ganz gern bei uns zu Hause.

Die Familie schätzen wir sehr. Aber »gezellig« sein heißt auch, sich mit Freunden zu treffen und gemeinsam etwas zu unternehmen.

Nationalsport und Verkehrsmittel: Das Fahrrad

Lösung: Niederlande = NL

BEI UNS IN PORTUGAL

Poesie ist bei uns ganz populär. Man trifft bei uns viele moderne Dichter.

Unser Nationalgericht ist der »Bacalhau«: Das ist Kabeljau mit Kichererbsen und Kartoffeln. Aber Kabeljau ist so teuer geworden, daß man jetzt lieber gegrillte Ziege ißt!

Portugal ist Champion beim Rollschuh-Hockey!

Wir gehen nur morgens zur Schule!

Fado heißen die berühmten Lieder, die man besonders in Lissabon singt. Anderswo singt man die traditionellen Lieder im Chor.

Es leben die Leckermäuler. Überall gibt es »Pastelarias«, Cafés, in denen man köstlichen Kuchen und feines Gebäck kaufen kann!

Lösung: Portugal = P

234

Leben überall gleich sein?

BEI UNS IN DER BUNDESREPUBLIK DEUTSCHLAND (BRD)

Man hält uns für besonders diszipliniert. Das ist wahr! Zum Beispiel gehen wir nur bei grün über die Straße und denken an die Verkehrsregeln.

Wir gehen nur vormittags zur Schule. Der Unterricht ist gegen 13 Uhr zu Ende. Nachmittags machen wir Hausaufgaben und gehen unseren Hobbys nach.

Wir mögen gern Wurst und essen dazu verschiedene Brotsorten: mit Kümmel, Sonnenblumenkernen oder Nüssen. Das schmeckt super!

Wir lieben Bier. Bei uns gibt es Bierfeste, bei denen die ganze Nacht getrunken und gesungen wird.

Viele Kinder spielen ein Musikinstrument: Geige, Klavier, Flöte. Wußtest du, daß die großen Komponisten Bach und Beethoven Deutsche waren?

Lösung: BRD = D

BEI UNS IM VEREINIGTEN KÖNIGREICH (ENGLAND)

Unser Superstar ist unsere Königin.

Wir lieben unser Frühstück, vor allem am Sonntag: Da gibt es Toast, Spiegeleier mit Speck, Marmelade, Würstchen, Kuchen... Und jeder ißt soviel er will!

Fremde sagen, daß wir sehr zurückhaltend sind und unsere Gefühle nicht zeigen. Das ist wahr, das ist ein bißchen unsere Natur, aber wir haben einen ganz eigenen Humor!

Tee ist unser Nationalgetränk. Darum sagt man: Abwarten und Tee trinken!

Die englischen Gärten sind einzigartig. Viele Engländer lieben ihre kleinen Gärten, und einige verbringen ihr ganzes Leben damit, einen Garten ihrer Träume anzupflanzen.

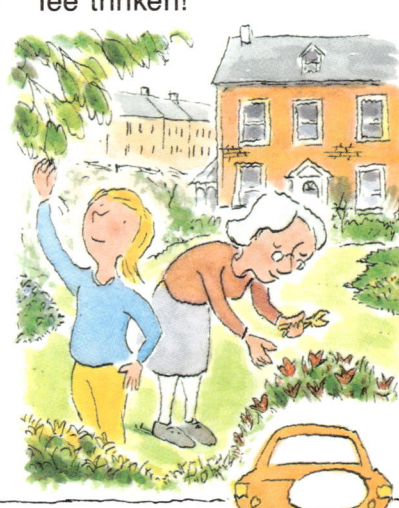

Lösung: Vereinigtes Königreich England = GB

Benni Tierwelt

Vom Aussterben bedroht: Fischotter

Ein bezauberndes Schauspiel: Fischotter spielen gern Balgen und Schmusen.

Welches ist das seltenste Tier in Europa? Hättest du es gewußt? Es ist der Fischotter. Bei uns in der Bundesrepublik gibt es nur noch 150 bis 200 von diesen Tieren. Ein ziemlich trauriges Ergebnis, wenn man bedenkt, daß Anfang unseres Jahrhunderts noch einige hunderttausend Fischotter bei uns heimisch waren.

Was also ist passiert, daß diese Tiere bei uns fast ausgestorben sind? Dafür gibt es mehrere Gründe, aber fast alle führen auf uns Menschen zurück. Wir Menschen sind nämlich zu einem großen Teil dafür verantwortlich, daß die Natur immer unbewohnbarer für Tiere wird. Fischotter, die auch Wassermarder genannt werden, sind eigentlich ganz anpassungsfähige Tiere. Sie fühlen sich im Mittelgebirge genauso wohl wie im Flachland und am Meer. Unter einer Bedingung: Die Wassermarder brauchen zum Überleben saubere, fischreiche Bäche, Seen und Flüsse mit ruhigen Ufern, an denen Bäume, Büsche und Schilfrohr wachsen. Aber wo findet man noch solche Plätze?

Denn auch wir Menschen lieben stille Plätze in der Natur. Haben wir zum Beispiel irgendwo einen stillen, sauberen Waldsee entdeckt, machen wir daraus schnell ein Ausflugsziel mit Parkplatz, Lärm und Müll. Und was soll da dann noch der Fischotter?

Er zieht weiter, um vielleicht anderswo noch einen leckeren Krebs oder eine Bachforelle zu finden. Doch die Wahrscheinlichkeit, auf solche Leckerbissen zu

In seinem Element: An sauberen Flüs

Benni Tierwelt

stoßen, ist kleiner als die Gefahr bei so einem Streifzug vom Auto überfahren zu werden.

Auch, wenn der Name Fischotter so klingt, ernähren sich die seltenen Tiere längst nicht nur von Fischen. Der Wassermarder ist ein Raubtier, dem Ratten und Mäuse, Schnecken, Insekten, Frösche, Krebse, Vögel und Vogeleier genauso schmecken wie Fische.

Dieses Mißverständnis hat auch dazu beigetragen, daß die Menschen den Fischotter zu Beginn unseres Jahrhunderts systematisch ausgerottet haben. »Sie stehlen uns die Fische!« behaupteten die Menschen und dachten überhaupt nicht darüber nach, ob die Fische überhaupt uns Menschen gehören.

Schwer zu entdecken, denn der Otter paßt sich gut der Umwelt an.

Otterpelze waren außerdem sehr begehrt und niemand überlegte, ob nicht ein lebendiger Fischotter nützlicher sein könnte als ein Otterpelz. Die Fischotter fressen nämlich mit Vorliebe kranke Fische und sorgen so dafür, daß die Fischbestände in den Seen und Flüssen gesund bleiben und sich die Krankheiten nicht ausbreiten.

Schade, daß der Wassermarder aus unserer Umwelt beinahe vollständig verschwunden ist. Denn wer einmal das Verhalten dieser lustigen und intelligenten Tiere beobachtet hat, wird dieses zauberhafte Schauspiel bestimmt nie vergessen. Obwohl die kleinen Fischotter zu Beginn ihres Lebens schrecklich wasserscheu sind, schwimmen sie später äußerst elegant und können als wahre Atemkünstler bei Gefahr bis zu acht Minuten unter Wasser bleiben. Fischotter sind ziemlich verspielt. Sie toben im Wasser herum, liefern sich Verfolgungsjagden und spielen mit Stöckchen

Seen fühlt sich der Fischotter wohl.

Benni Tierwelt

und Tannenzapfen. Am meisten Spaß scheint ihnen aber das Rutschen zu machen. Wenn es nach einem Regenguß irgendwo schön glitschig ist oder es im Winter geschneit hat, schlittern die Fischotter bäuchlings kleine Hänge hinunter.

Mindestens genauso sehr lieben die Fischotter den Körperkontakt. Sie schlafen eng aneinandergekuschelt in ihren Wohnhöhlen und die Kleinen lassen sich genüßlich von ihrer Mutter streicheln und putzen.

Denn ein gepflegtes Fell ist sehr wichtig. Das glatte, glänzende Fell ist wasserundurchlässig und schützt vor Kälte. Doch auch hier leidet der Fischotter unter unseren Umweltproblemen. Rückstände von Wasch- und Putzmitteln in den Gewässern zerstören die Schutzschicht des Fischotterfells. Die Folge: Das Fell wird naß und kalt, das Tier stirbt an Unterkühlung und Erschöpfung.

Seit 1968 steht der Fischotter unter Naturschutz. Doch das genügt nicht, wenn wir alle weiterhin kräftig dazu beitragen, diesen liebenswerten Tieren das Überleben unmöglich zu machen. Deshalb meint Benni: Naturschutz ist Tierschutz ist Menschenschutz. Fangen wir damit an, am besten sofort.

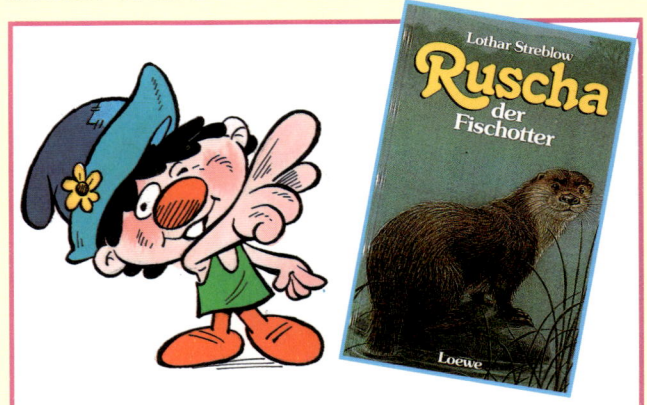

Ein stolzer Kerl von 1,35 Meter: Fischotter macht Männchen!

Benni hat sich vorgenommen, mehr für Fischotter zu tun. Aber zuerst wollte er mehr über die Tiere wissen und hat fleißig gelesen. Nachdem er das Buch »Ruscha, der Fischotter« von Lothar Streblow (Loewes Verlag) verschlungen hat, ist er jetzt fast ein Fischotter-Fachmann. Er weiß jetzt, daß Fischotter
● zur Familie der Marder gehören und mit Dachsen, Wieseln, Iltissen und Skunks verwandt sind,
● mit Schwanz bis zu 135 Zentimeter groß werden und zwischen sieben und 15 Kilogramm wiegen,
● zwei bis vier Junge zur Welt bringen, die zunächst blind sind und erst nach etwa dreißig Tagen die Augen öffnen.
● eine Wohnhöhle in Böschungen bauen, die einen Zugang unter der Wasseroberfläche und einen Luftschacht nach oben im Erdreich hat.

Fotos: Reinhard, Kinkelin

Meine Schulklasse

Hier dürfen alle aus deiner Klasse unterschreiben.
Vielleicht auch dein Lehrer oder deine Lehrerin?
Wenn du die Seite aufhebst,
hast du eine schöne Erinnerung an deine Schulzeit.

Wer war der Aller-aller-allererste?

Überrascht hüpft der Spatz ein paarmal in die Höhe. „Ein Abschiedsgeschenk?" piepst er. Fragend betrachtet er zuerst den sich windenden Wurm und dann seinen Freund, den Star.
„Ja, ich muß fort!" gibt der Star verlegen zu.
„Es zwingt dich doch niemand!" ruft der kleine Spatz ärgerlich. „Du bist schließlich ein freier Vogel!"
„Mein Instinkt sagt mir, daß ich jetzt in wärmere Länder fliegen muß!" erwidert der Star geduldig.
„Dein In-? Was stinkt?" fragt verwundert der Spatz und reckt seinen Schnabel prüfend hoch.
„Wie ungebildet!" zetert der Star und trippelt ein paar Schritte zur Seite. „Instinkt – das ist ein inneres Gefühl!"
„Ungebildet?" Der Spatz plustert sich auf, daß er wie eine Kugel auf seinen dünnen Beinen steht. Den Schnabel hat er tief in das Gefieder gesteckt.

„Entschuldige!" bittet der Star und kommt wieder näher. „Ich wollte dich nicht kränken! Meine Mutter hat mir geraten, daß ich sofort nach dem Süden fliegen soll, wenn ich dieses Gefühl verspüre."
„Woher weiß es deine Mutter?" tönt es undeutlich unter dem Gefieder hervor.
„Von ihrer Mutter!" erklärt der Star bereitwillig.
„Aber dem allerallerallerersten Star – wer hat es dem gesagt?" piepst der Spatz schon etwas deutlicher.
„Wer?" meint der Star zögernd. „Wer hat es ihm gesagt?" wiederholt er nachdenklich. Schließlich breitet er die langen Flügel aus und fliegt auf den nächsten Baum.
Der Spatz vergißt sofort das Abschiedsgeschenk und folgt dem Freund. „Warum weichst du aus?" empört er sich. Aber der Star antwortet nicht.
Da raschelt es leise über ihnen. Wie ein Lispeln dringt es an die Ohren der beiden. „Ich werde auch verreisen – für immer!"

Benni Lesegeschichte

„O, nein, liebe Freundin!" rufen die zwei Lauscher erschrocken. „Du hast uns so oft Kühlung gefächert! Du hast uns vor den Regentropfen geschützt! Bleibe hier!"
„Meine Zeit ist vorbei!" flüstert das großflächige Blatt und rollt seinen zackigen Rand eng zusammen.
„Bist du krank? Du bist so gelb? So welk?" fragt der Spatz mit behutsamer Stimme. „Wohin willst du verreisen?"
„Zu Boden!" haucht es von oben. „Der Baum hat einen dicken Knorpel um meinen Stiel gebildet; der schnürt mir den Lebenssaft ab!"
„Bist du traurig?" fragt der Star leise.
„Nein! Bestimmt nicht!" versichert das Blatt und wiegt sich leicht hin und her. „Der Baum hat mir im Frühjahr Kraft gegeben. Ich habe eine wunderschöne Zeit erlebt. Wenn ich jetzt auf dem Boden ankomme, werde ich zu Erde zerfallen. Damit gebe ich dem Baum die Kraft wieder zurück!"
„Woher weiß der Baum, daß er jetzt den Knorpel bilden soll?" kann der Spatz diese wichtige Veränderung nicht vergessen. Ohne die Antwort abzuwarten, fährt er hastig fort: „Sag' ja nicht, daß es der Mutter-Baum war! Ich will wissen, wer es dem allerallerersten Baum gesagt hat!" Beinahe hätte sich der Spatz bei dem langen Satz verschluckt.
„Nun?" keucht er.

Aber es bleibt still über ihnen. Gerade bläst der Wind seine Backen auf und pustet kräftig zwischen die Zweige; zärtlich streicht das Blatt an dem Gefieder der Freunde vorbei und segelt langsam zu Boden.
Lange bleiben die Vögel stumm. Sie rühren sich nicht. Betrübt haben sie die Augenlider gesenkt. Doch plötzlich streckt sich der Star. „Sie sind da!" murmelt er und verfolgt den Riesenschwarm kreisender Vögel mit den Blicken.
Auch der Spatz blickt hoch. „Leb wohl, Freund!" meint er wehmütig.
„Wir sehen uns im nächsten Frühjahr wieder!" tröstet der Star und hebt prüfend die Flügel.
Da wird der Spatz munter. „Du hast dort, wo du hinfliegst, viel Zeit! Denke nach!" drängt er. Als der Star schon einige Flügelschläge weit entfernt ist, schreit er ihm aus Leibeskräften nach: „Wer hat es dem allerallerallererstengesagt?"

Anna E. Marks

Könnt ihr mir sagen, wer es dem Allerersten gesagt hat?

Benni Bilder-Kreuzworträtsel

Hallo Rätselfreunde.
Dieses Sprichwort kennt ihr alle! Wie ihr es findet? Ganz einfach die Buchstaben von 1 bis 19 aneinanderreihen. Die richtige Lösung steht auf Seite 335.

Herr Markus
feiert ein Erntefest

Das ist eine schöne Ernte

DANKE für Ihre Hilfe!

Ein Einser ist's geworden! DANKE fürs Üben mit mir!

DANKE für den Apfelstrudel

Das ist auch eine schöne Ernte

Die Reporter

Die Reporterbande vor dem Zoo: Tina, Simone und Steffen.

Habt ihr nicht auch schon mal gedacht: „Ich möchte gern Tierpfleger werden, dann kann ich täglich mit vielen Tieren zusammensein."? Der Reporterbande Tina, Simone und Steffen ging das auch so. Deshalb haben sie sich im Augsburger Zoo für euch umgesehen.

Die Frau vom Zoodirektor, Brigitte Gorgas, zeigt den Reportern die Bären.

„Die Tierpfleger haben aber gar keine Zeit, sich ständig mit ihren Lieblingen zu beschäftigen," berichtet Tina hinterher ein bißchen erstaunt, „sie müssen die Stallungen und Gehege saubermachen, weil im Zoo natürlich alles viel schneller schmutzig wird als in der freien Wildbahn."

Jeden Tag muß der Tierpfleger sorgfältig das Fressen zubereiten.

Wenn es im Zoo trotzdem immer ein wenig „stinkt", so liegt das am Eigengeruch der Tiere: Sie können sich daran gegenseitig erkennen. „Nach dem Saubermachen müssen sich die Tierpfleger ums Fressen kümmern," hat Tina erfahren. „Die Tiere brauchen frisches und gutes Futter, damit sie sich nicht den Magen verderben und krank werden."

...bande im Zoo

Die exotischen Vögel brauchen Wärme und Feuchtigkeit sowie Spezialfutter.

Deshalb, weil eben nur die Leute vom Zoo wissen, was ihren Schützlingen wirklich guttut, sollen die Zoobesucher auch keine Tiere füttern. „Es kostet ganz schön viel Geld, was unsere Tiere so verfressen" hat der Tierpfleger Steffen verraten. „Ein Schimpanse bekommt zum Beispiel am Tag ein Ei, ein Kilo Obst, ein Pfund Gemüse, Brot, Quark, Nüsse, Milch und Fruchttee." Ein Tiger vertilgt täglich etwa sieben Kilogramm Fleisch.

Ausgewachsene Tiger fressen am Tag etwa 7 Kilogramm frisches Fleisch.

Und habt ihr gewußt, daß die Elefanten gar nicht so „dickhäutig" sind? Sie haben sogar eine besonders empfindliche Haut, die mit dem Wasserschlauch abgespritzt werden muß. In der Natur baden die Tiere täglich in großen Seen oder suhlen sich im Schlamm.

Fotos: Müller

Die Reporterbande bei den Elefanten: Das sind kluge, aber gefährliche Tiere.

„Weil sie im Zoo viel weniger laufen als in der Wildnis," berichtet Simone „wächst ihnen eine Hornhaut an den Füßen, die ihnen die Tierwärter regelmäßig entfernen müssen." Das ist, ebenso wie das Fußnägelschneiden, keine ungefährliche Arbeit. Der Betreuer muß dabei ganz nah an den grauen Koloß herangehen. Und wenn das Tier kein Vertrauen zu seinem Pfleger hat, kann es ihn schwer verletzen oder sogar töten. „Also," hat Simone festgestellt, „Tierwärter müssen mutig, aber vor allem einfühlsam gegenüber ihren Tieren sein."

Benni Such- und Ausmalbild

Benni ist müde vom Picknick. Wo schläft er? Wo ist sein Hut? Wo ist die Blume vom Hut? Erst suchen, dann ausmalen!

Meine Kleider such' ich selbst aus!

Die Pullis von deinen Kusinen sind wirklich hübsch
Immer muß ich die Sachen von anderen nachtragen!

Jedenfalls brauchst du einen neuen Mantel!
Juppi! Wir gehen einkaufen!

Probier den mal an. Der ist hübsch!
Der ist viel zu lang. Damit kann man nicht spielen. Ich will lieber einen Anorak!

Auch gut! Dieser ist hübsch!
Nein, grauenhaft. So was trägt keine von uns!

Du mußt doch nicht wie alle aussehen!
Doch, sonst lachen die anderen über mich!

Dieser Anorak gefällt mir gut!
Okay. Einverstanden!

Schau mal das Kleid. Das ist einfach super!
Laura, jetzt reicht's!

Bitte kauf' mir das Kleid!
Das gefällt dir? So ein Rüschenkleid? Überhaupt ist es viel zu teuer!

Aber nein, das ist ein Sonderangebot!
Auch das noch...

Danke Mama. Ich fühle mich damit super!
Ja, aber ist das neue Kleid warm genug?

Na, klar. Sonst ziehe ich einen Pulli von meinen Kusinen drunter!

Und du? Suchst du dir deine Kleidung selbst aus? Hast du den selben Geschmack wie deine Eltern?
Toll, das Kleid!
Oh, der Anorak da, kommt mir bekannt vor!

Benni Hobby

Töpfern

»Hallo! Ich heiße Ruth. Mein Hobby ist Töpfern - seit einem Jahr, genau gesagt. Da war ich fünf und die jüngste in unserer Gruppe. Wir sind neun Kinder und treffen uns einmal jede Woche zu unserem Kurs. Besonders freue ich mich, wenn wir Tiere formen. Vor allem einen selbstgemachten

Ganz vorsichtig bearbeiten Ruth hier ihr neues Werk - einen Frosch aus Ton.

Die Kursleiterin hilft Ruth, den Frosch von innen auszuhöhlen.

Hasen habe ich lieb. Jetzt mache ich gerade einen Frosch. Ich nehme einen feuchten Tonballen und knalle ihn ordentlich auf den Tisch. Patsch! So geht die Luft raus. Dann forme ich und probiere, bis ich zufrieden bin. Jetzt muß der Frosch noch von unten ausgehöhlt werden, sonst klappt das

Wie beim Kuchenbacken: Mit dem Nudelholz rollt Ruth den Ton aus.

Brennen nicht. Wer will, kann nun noch eine Art Unterlage herstellen - mit einem Nudelholz. Man rollte den Ton damit aus - wie einen Plätzchenteig. Zum Schluß wird alles im Brennofen von der Kursleiterin gebrannt. Allmählich könnte ich ein eigenes Regal für alle meine Sachen brauchen. Einen ganzen Zoo könnte ich da aufstellen!

Fotos: Ursula Zeidler

Benni schwänzt die Schule

Morgen schreiben wir eine Mathe-Arbeit!

URPS! WÜRG

Ist mir schlecht!

Am nächsten Morgen: Gehts dir heute besser? — Nei-ein, ich bin krank!

Juchhu! Der 6 in Mathe entgangen!

Na, gehts dir wieder gut? — **SPITZE!** Stell dir vor, der Lehrer war heute auch krank. Die Mathe-Arbeit machen wir erst morgen.

$4 \times 4 =$ $26 - 33 =$ $284 + 699 =$

GRRR — Jetzt ist mir wirklich übel.

Benni im Oktober

OKToBEr

			1	2	3
4	5	6	7	8	9
10	11	12	13	14	15
16	17	*Hier kannst du deine wichtigsten Termine eintragen!*	18	19	20
21	22	23	24	25	26
27	28	29	30	31	

Benni im Oktober

Hallo Benni, komm morgen mit in den Wald. Wir wollen für die Tiere Eicheln sammeln. Dein Dominik

Herbst-Gruß mal anders
Ein getrocknetes und gepreßtes Herbstblatt läßt sich gut zum Schreiben verwenden. Benutze einen Filzschreiber für deinen Gruß.

Pflegeleichte Topfpflanze
Fülle einen Blumentopf mit Sand. In den Sand steckst du viele bunte Herbstblätter in allen Farben und Formen. Besonders hübsch sehen die riesigen Blätter der Kastanie aus. Du mußt sie aber vorher bündeln und zum Trocknen aufhängen. Sie rollen sich dann zwar ein bißchen, aber das sieht ganz bizarr aus.

Tim hat sich verbrannt
Was tun, wenn Tim, der Hobbykoch, sich an der Elektroplatte verbrannt oder sich beim Abschütten des Kochwassers verbrüht hat? Mindestens 10 Minuten lang kaltes Wasser über die verbrannte Stelle fließen lassen. Brandblasen niemals aufstechen. Niemals Öl, Mehl oder andere Hausmittel verwenden.

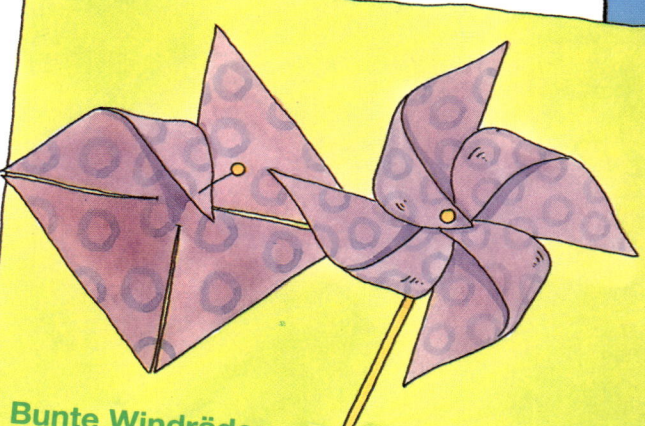

Bunte Windräder
Jetzt, wo die Blumenkästen leer werden, sind bunte Windräder ein hübscher Ersatz. Du brauchst ein Blatt buntes festes Papier (22 x 22 cm groß). Schneide es von den Ecken her bis etwa 2 cm vor der Mitte ein. Nimm jeden zweiten Zipfel, lege ihn zur Mitte und befestige diese Flügelteile mit einer Stecknadel mit Kopf oder mit einem dünnen Nagel durch die Mitte. Damit wird das Windrad an einem Holzstab befestigt. Damit es sich gut dreht, stecke eine Glasperle auf die Nadel oder den Nagel zwischen Holzstab und Papier.

Postkarten-Trick
Kannst du durch eine Postkarte kriechen? Aber ja doch. Dazu muß man kein Schlangenmensch sein. Falte einfach die Karte in der Mitte zusammen. Dann schneidest du sie ein und machst immer abwechselnd einen Schnitt vom Kniff zum Rand und umgekehrt (Zeichnung!). Aber vorsichtig, nicht durchschneiden. Zuletzt den Knick in der Kartenmitte vom ersten zum letzten Einschnitt aufschneiden. Durch den dadurch entstandenen Papierring kannst du ohne Probleme durchsteigen.

Benni meint:
Will der Mensch die Eier eckig, geht's den Hühnern ganz schön dreckig!

Mauer-Ball

Benni Spieleseite

Sicher kennt ihr eine Mauer oder Hauswand, gegen die ihr Mauer-Ball spielen könnt. Hier einige Vorschläge für Anfänger und Fortgeschrittene:

1. Werft den Ball mit der rechten Hand gegen die Mauer und fangt ihn mit beiden Händen auf.

2. Werft den Ball mit der rechten Hand und fangt ihn auch mit dieser wieder auf.

3. Werft den Ball mit der linken Hand und fangt ihn auch mit dieser wieder auf.

4. Jetzt wird's schwieriger: Werft den Ball mit der rechten Hand, klatscht einmal in die Hände und fangt den Ball mit beiden Händen.

5. Werft den Ball mit der rechten Hand, klatscht einmal vor, einmal hinter dem Körper in die Hände und fangt den Ball mit beiden Händen.

6. Werft den Ball mit der rechten Hand, geht in die Hocke, berührt mit den Fingern den Boden, erhebt euch und fangt den Ball mit beiden Händen.

7. Werft den Ball mit der rechten Hand, dreht euch einmal um euch selbst und fangt den Ball mit beiden Händen.

8. Werft den Ball unter dem rechten Knie hindurch und fangt ihn mit der linken Hand.

9. Genau so mit dem linken Knie und der linken Hand.

Meisterschaft

10. Werft den Ball rücklings über den Kopf, dreht euch um und fangt ihn mit beiden Händen.

Spielregel:
Jeder Wurf wird nur einmal durchgeführt. Ist der Versuch geglückt, könnt ihr gleich die nächste Übung ausprobieren. So geht es weiter, bis ihr einen Fehler macht. Dann muß der Ball an einen Mitspieler abgegeben werden. Wer zuerst bei Nummer 10 angelangt ist, hat gewonnen. Man darf immer bei der Übung wieder einsetzen, die einem mißglückt war.
Übrigens: Das Üben macht auch allein Spaß. Wer wird Mauerball-Meister?

Die Reporterbande

Julia, Philipp und Michaela besuchen für Benni einen Schuhmacher.

»Hier sind wir richtig!« Michaela entdeckt als erste das alte Blechschild, auf dem eine gelbe Hand den Weg weist »Zur »Schuhmacherei«. Julias Lackschuhe sind an den Absätzen schon ziemlich abgetreten. Sie ist mit ihren Freunden Michaela und Philipp unterwegs, um sie reparieren zu lassen.

»Hallo, grüß Gott!« Walter Mayr, der Schuhmachermeister lädt die drei Reporter in seine Werkstatt ein. »Ihr könnt gleich zuschauen, wie ich Julias Schuhe wieder herrichte!« meint er. Zunächst müssen die schiefgetretenen Absätze runter. Schwupp macht es, und Walter Mayr hat einen Absatz in der Hand. Dann schneidet er von einem breiten, dicken Gummistreifen ein ungefähr passendes Stück ab. Nun wird die Sohle der Schuhe abgeschliffen, damit sie ganz gleichmäßig ist und der Gummikeil später schön gerade sitzt.

Kleber wird auf die Sohle gestrichen. Dann heißt es: Abwarten.

Ein Griff zum Pinsel: jetzt wird der Kleber auf die Sohlen gestrichen. »Der Pinsel ist ganz elastisch und dehnt sich beim Biegen. Das ist wichtig, denn sonst würde der Absatz schnell wieder abbrechen.« erklärt der Schuster. Auch auf das Gummiteil kommt Kleber.

Bis der ein bißchen angetrocknet ist, hat Walter Mayr Zeit für die Reporterbande. »Machen Sie denn Ihre Schuhe auch selbst?« fragt Philipp neugierig. »Nein, dazu habe ich leider keine Zeit.« bedauert Walter Mayr. »Außerdem wäre das unheimlich teuer, denn ich muß ja das Material

Aus diesem Gummistreifen macht der Schuster einen neuen Absatz.

beim Schuhmacher

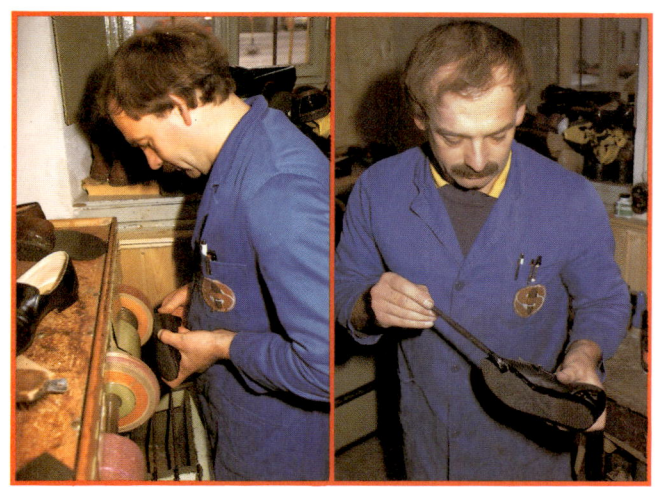

Der Schuster schleift den Absatz in Form und malt ihn dann schwarz an.

auch selbst kaufen. Dazu noch die Arbeitszeit — so ein Paar Schuhe würde dann schon etwa 1200 Mark kosten.« Aber Walter Mayr hat ein Paar handgearbeitete Schuhe in seiner Werkstatt stehen. Die holt er her und zeigt sie den drei Freunden. »Was ist denn das für Holz in dem Schuh?« will Julia wissen. »Das ist der Leisten. Ihr kennt doch bestimmt das Lied ''Suse, liebe Suse, was raschelt im Stroh''. Da heißt es doch auch: ''Der Schuster hat's Leder, kein Leisten dazu ...''« antwortet Walter Mayr. Leisten haben genau die Form des Fußes, der später in dem Schuh stecken soll. »Aber dann muß ja ein Schuhmacher ganz, ganz viele Leisten haben!« ruft Philipp. Hatte er früher auch, als die Leute sich noch Schuhe machen ließen. Aber heutzutage kann sich das kaum noch jemand leisten. Also beschränkt sich Walter Mayr aufs Reparieren.

An Julias Schuhen ist der Kleber inzwischen getrocknet. Die Absätze werden auf-

Walter Mayr zeigt den Reportern, wie Leisten aus Holz aussehen.

Die Schuhe sind fertig. Julia kann sie gleich mit nach Hause nehmen.

geklebt und an einer Maschine der Form der Schuhe entsprechend zurechtgeschliffen. Schließlich malt Walter Mayr die Gummikanten noch mit schwarzer Farbe nach. Ganz zum Schluß kommt schwarze Schuhcreme auf eine der dicken Bürsten. Die beginnt sich zu drehen und der Schuh wird schön glänzend poliert. Einen Tip gibt Walter Mayr den drei Freunden noch dazu: niemals die Schuhe mit wachshaltiger Schuhcreme putzen! Das Wachs verstopft nämlich die Poren des Leders. Und das wird dann brüchig, weil es nicht mehr atmen kann. »So, fertig, das macht 9,60 Mark!« Julia nimmt ihre Schuhe entgegen. »Tschüß, bis zum nächsten Mal!«

Fotos: S. Wyszengrad

Benni – Koch mit!

Apfelküchlein

Für 4 Personen brauchst du:
- 2 große Äpfel
- 1 Eßlöffel Zucker
- Saft von 1 Zitrone
- 150 g Mehl
- 3 Eier
- 1 Teelöffel Salz
- 2 Tassen Milch
- 5 Eßlöffel Öl
- Zimt
- Zucker

Außerdem richtest du:
Schälmesser, Küchenmesser, Schneidbrettchen, 2 Schüsseln, Schneebesen, Eßlöffel, große Bratpfanne, Pfannenwender

Und so wird's gemacht:

1. Wasche die Äpfel und schäle sie, schneide jeden Apfel in vier Teile und schneide das Kerngehäuse aus jedem Stück heraus.

2. Dann schneidest du die Äpfel in dünne Scheiben, legst sie in eine Schüssel, streust 1 Eßlöffel Zucker darauf und verteilst den Zitronensaft darüber.

3. Jetzt bereitest du den Teig zu. Gib das Mehl, die Eier, das Salz und die Milch in eine Schüssel und verrühre alles mit dem Schneebesen.

4. Mische dann mit einem Löffel die Äpfel vorsichtig unter den Teig.

5. In einer großen Bratpfanne läßt du 2 Eßlöffel Öl auf Stufe 2 heiß werden.

6. Gib dann jeweils 1 Eßlöffel Apfelteig in die Pfanne und drücke ihn etwas breit und rund.

7. Wenn eine Seite braun ist, wendest du die Küchlein mit dem Pfannenwender um.

8. Brate alle Apfelküchlein auf beiden Seiten schön hellbraun, lege sie auf eine Platte und bestreue sie mit Zimt und Zucker.

Tip: Wenn im Frühling die Holundersträucher blühen, kannst du auch die Blüten in diesem Teig ausbacken. Halte die Blütendolde dazu am Stiel fest, tauche sie in den Teig und brate sie dann in der Pfanne aus.

Ein Rezept aus dem Kinderkochbuch »Komm, koch mit mir«, Falken-Verlag, Niedernhausen, 19,80 Mark.

Benni – Fehler suchen und ausmalen

Benni ist Spitze

10 Fehler
In dieses Bild haben sich zehn Fehler eingeschlichen.
Findest du sie? Dann darfst du das Bild ausmalen.

Benni – Mach mit!
Auf dem Jahrmarkt

Die beiden „Bellos" gleichen sich auf den ersten Blick wie ein Ei dem anderen, aber wenn du scharf schaust, fallen dir **vier** Unterschiede auf!

Kunterbuntes Durcheinander: Entdeckst du in sieben Sekunden **eine** Sache, die **zwei** Mal abgebildet ist?

Scherzfrage: Wie weit geht Förster **in den Wald hinein?** (Die Frage laut vorlesen, und entdeckst die Falle!)

Für Fingerfertige: Zeichne diesen fliegenden Fisch in einem Federzug nach ... ohne abzusetzen! (Aber beim Versuch bitte die Lösung im Ballon rechts zudecken!)

Hier löst sich alles auf! Hundezwillinge: Zunge, Halsband, Ohr, der kleine Fleck – Durcheinander: Den Tennisball gibt es doppelt! – Der Musikus spielt 6 Musikinstrumente! (Wobei die Hupen großzügig mitgezählt

Benni – Mach mit!

Hokuspokusfidibus! Gut aufpassen: Ich zeige hier einen verblüffenden Zaubertrick, der kinderleicht zu lernen ist!

Wir brauchen: eine alte Zeitschrift, einen Plastikbeutel und ... etwas Übung!

Der Plastikbeutel wird mit Alleskleber in der Zeitschrift festgeklebt. Und jetzt führe ich den Trick vor. Aber so, daß **du** genau siehst, wie er funktioniert!

Ich rolle die Zeitschrift und öffne mit dem Zauberstab den Plastikbeutel!

„Herschauen, Herrschaften! Ich schütte Wasser in die Zeitschrift, und jeder Tropfen verschwindet spurlos!"

Ich halte den Plastikbeutel fest zu (was die Zuschauer natürlich nicht sehen dürfen!), und nun kann ich die Zeitschrift auf den Kopf stellen, ohne daß etwas passiert!

Der muntere Musikus ist eine komplette Ein-Mann-Kapelle! Man hört seine lustigen Weisen über den ganzen Jahrmarkt. Erkennst du, **wie viele** Instrumente er spielt?

Benni Tierwelt

»Meine drei Knuddel-Löwen«

Christel Nadermann (9) aus Paderborn erzählt von ihren drei ganz ungewöhnlichen Spielgefährten.

»Zur Zeit geht es bei uns zuhause ganz schön turbulent zu. Da kann es schon mal vorkommen, daß ich mit meinen Hausaufgaben nicht ganz fertig werde. Und wer ist schuld? Natürlich unsere drei Löwenbabies. Bis jetzt hat meine Lehrerin glücklicherweise Verständnis, wenn ich mich mal wieder entschuldigen muß. Gestern zum Beispiel hat sie gelacht und gemeint: »Ich weiß, deine neuen Spielkameraden nehmen im Moment deine ganze Freizeit in Anspruch.« So ist es tatsächlich. Seit ein

Benni Tierwelt

paar Wochen sorgen unsere Löwenbabies dafür, daß es niemandem langweilig wird. Eigentlich verdanken wir unsere kleinen Spielkameraden unserem Opa. Der war nämlich während des Krieges in russischer Gefangenschaft. Das hat er uns ziemlich oft erzählt. Damals, in Sibirien, hat er Bekanntschaft mit Wölfen und Tigern gemacht. Unser Opa war begeistert von diesen kraftstrotzenden Tieren. Nachts hat er oft stundenlang dem Geheul der Wolfsrudel zugehört. Als er dann nach dem Krieg nach Hause kam, hat er sich einen Traum erfüllt und hier bei uns in Paderborn seinen eigenen Tierpark eröffnet. Erst hat er den vielen Besuchern nur Wölfe und Tiger gezeigt. Inzwischen aber gibt es bei uns 500 Tiere, insgesamt 50 verschiedene Arten:

Schwarze Panther, Pumas, Leoparden, Jaguars und Bären zum Beispiel. Und natürlich unsere Löwen Christa und Pascha! Christa ist übrigens die Mutter meiner drei Knuddel-Löwenbabies. Sie hatte aber nach der Geburt nicht genug Milch für ihre Drillinge. Deshalb durfte das putzmuntere Trio bei uns ins Haus umziehen. Seitdem haben wir jede Menge zu tun. Die drei bekommen nämlich regelmäßig das Fläschchen, wie kleine Menschenbabies auch. Täglich werden sie gewogen, gemessen, gebadet und gebürstet. Anschließend ist dann Turnstunde. Da toben wir uns zusammen ordentlich aus. Das macht richtig Spaß, mir und den kleinen Löwen. Klar, daß meine Schwestern Marlies (5) und Pia (13) und ich die Löwenbabies am liebsten für immer behalten würden. Nur geht das natürlich nicht. Denn, wenn die Drillinge erst mal etwas größer sind, bekommen sie ihr eigenes Löwenreich im Tierpark — gleich nebenan bei Mama Christa und Papa Pascha. Aber besuchen können wir sie dort natürlich täglich.«

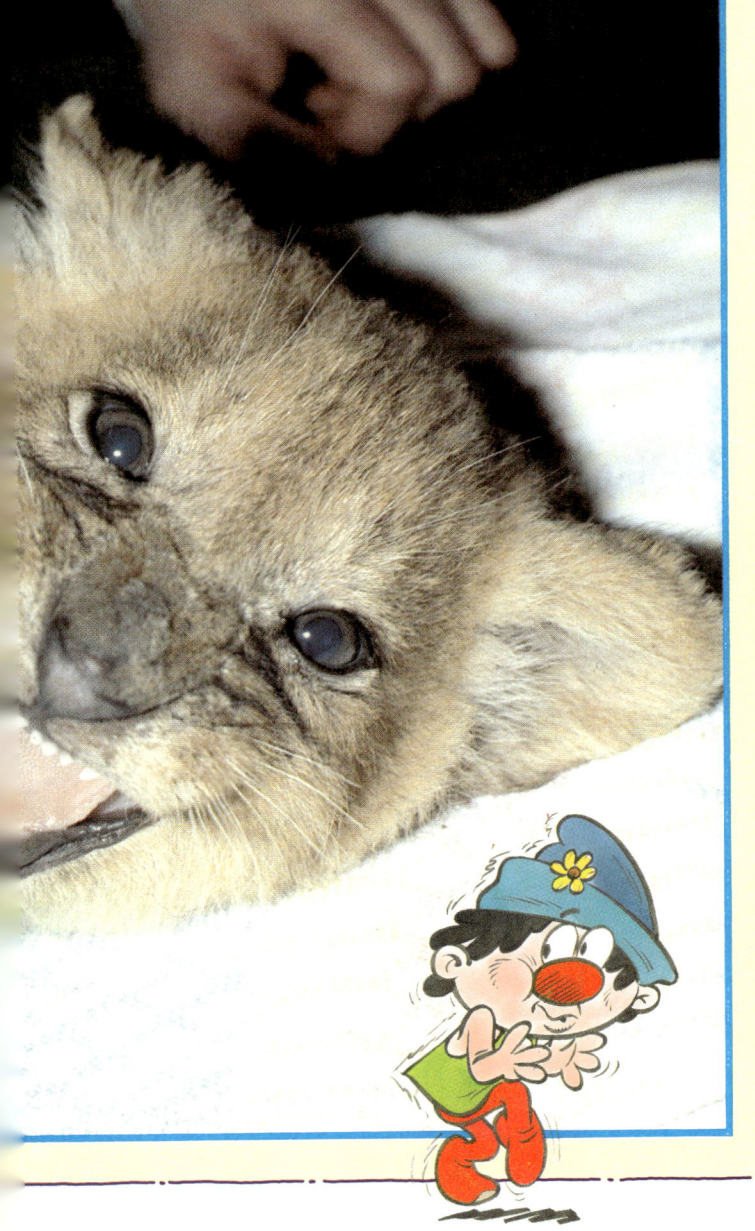

Benni Bilder-Kreuzworträtsel

Hallo Rätselfreunde.
Mit solchen Sachen schmücken sich die Frauen. Erraten? Einfach die Buchstaben von 1 bis 14 aneinanderreihen. Die richtige Lösung steht auf Seite 335.

Bildhinweise und Fragen:
- mehrmals
- unter Umständen (Abk.)
- 6. Buchstabe
- Gewässerrand
- Gegenteil von "geschlossen"
- Fest der Auferstehung Jesu
- Schauspielhaus
- Kurzer Augenblick
- Mittelalter (Abk.)
- Schutzheiliger
- ungekocht, grob
- aus gegerbter Tierhaut
- Kopfschutz des Motorradfahrers
- zusammenbringen, eins werden lassen
- Mädchenname
- Papagei
- Überbringer einer Meldung
- ..., du, er, sie, es
- Märchenwesen
- schwarze Vögel
- Inschrift auf Christi Kreuz
- viele singen zusammen
- Ausdruck beim Skat
- sich fortbewegen mit den Beinen
- Nebenfluß der Donau

Kinder — Eltern

Meine Eltern streiten sich

- Du hast schon wieder eine Macke in den Wagen gefahren.
- Dich interessiert ja nur das Auto! Aber für das Haus machst du gar nichts!
- Natürlich, für dich bin ich ja schwachsinnig!
- Spiel dich nicht immer so auf. Davon habe ich die Nase voll!
- Oh, fängt das schon wieder an?
- Ja, sieht so aus!

- Schluchz! Schnief!
- Komm schon, wein doch nicht! Es liegt doch nicht an uns!
- Mama, das stimmt nicht, daß du alles falsch machst!
- Raus hier. Ab in euer Zimmer!
- NEIN! Wir mögen es nicht, wenn ihr euch streitet!
- Ja, es tut uns weh!

- Schließlich mögen wir euch beide und wollen euch nicht unglücklich sehen!
- Und dann haben wir Angst, daß ihr euch trennt..., daß ihr euch scheiden laßt... und wir dann ganz allein sind!
- Verstehe! Aber es ist besser, über Probleme zu reden als sie unter den Teppich zu kehren.
- Ja, das stimmt!

Wenig später
- Tina und Sandra, alles in Ordnung. Wir machen einen Spaziergang!
- Seid artig, ja!
- Ihr allein?
- Wie gemein! Da gehen sie und lassen uns allein zurück!
- Ja, aber Hauptsache, sie lieben sich wieder!
- Warum haben sie uns nicht mitgenommen?
- Laß sie nur mit ihren Problemen!
- Krasch!

Und bei euch? Was machst du, wenn sich die Eltern mal streiten? Stört es dich? Sprichst du mit ihnen darüber? Schreib an Benni!

Im Tanzkurs

Zwischen den Tänzerinnen auf der linken Seite und ihrem Spiegelbild auf der rechten Seite gibt es 19 Unterschiede. Findest du sie?

Lösung: 1 Muster des Tutu (Ballettröckchens), das linke Bein, 2 der linke Arm, 3 die Haare, 4 die Knöpfe, die Hände, 5 der Ohrring, der linke Fuß, 6 die Haare, 7 das linke Bein, das Lachen, 8 Tutu, 9 die Haare, das Auge, 10 die Haare, der rechte Arm, die Schuhe, 11 die Haare, die Strümpfe.

Das 3717. Schäfchen

Heute abend kann Jan einfach nicht einschlafen. Er hat schon alles probiert: einen Kopfstand auf dem Bett gemacht, das Einmaleins von vorn und hinten aufgesagt, sich Hexengeschichten ausgedacht. Nichts hat funktioniert! Jan wälzt sich im Bett. Seine Mutter bringt ihm warme Milch und rät ihm:
»Zähle Schäfchen! Bevor du bei hundert bist, schläfst du schon.«
Jan macht das Licht aus, schaut an die Decke und fängt an zu zählen: eins, zwei, drei... hundert Schafe...
Bald sind überall Schafe! Sie zwängen und drängeln sich ins Zimmer, sie machen sich klein, um Platz für Neuankömmlinge zu schaffen. 2517, 2518 ...

schon 2600 Schafe! Noch nie hat Jan so viele Schafe gesehen.

Aber er schläft immer noch nicht. 3714, 3715, 3716... und dann, so was! Kein Schaf mehr! Wo ist das dreitausendsiebenhundertsiebzehnte Schaf geblieben? Als Jan merkt, daß ihm schon die Augen zufallen, da läßt ihn dieses dumme dreitausendsiebenhundertsiebzehnte Schaf im Stich! Das nächste Schaf blökt schon an der Tür: »Ich bin das dreitausendsiebenhundertachtzehnte Schaf, aber ich darf nicht vor dem dreitausendsiebenhundertsiebzehnten Schaf rein!«

Da schaltet sich der Radiowecker ein und alle Schafe der Nacht flüchten aus dem Zimmer. Jan streckt sich. Seine Mutter rüttelt ihn: »Steh auf, du kommst zu spät zur Schule!«

Jan steht auf und schaut überall nach. Das regt seine Mutter auf: »Was suchst du denn?«

»Das dreitausendsiebenhundertsiebzehnte Schäfchen, es muß da sein!«

»Aber es hat noch nie jemand 3717 Schäfchen gezählt«, sagen die Eltern. »Man schläft immer vorher ein!«

»Ich nicht«, sagt Jan und setzt sich an den Tisch. Gerade in dem Moment stellt sich ein dickes Schaf vor ihm auf: »Entschuldige, ich komme zu spät. Ich bin das dreitausendsiebenhundertsiebzehnte Schaf. Weil die Leute meistens ▶

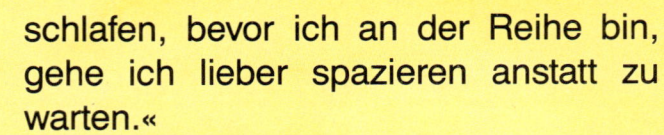

schlafen, bevor ich an der Reihe bin, gehe ich lieber spazieren anstatt zu warten.«

Jan merkt, daß ihm die Augen zufallen. Seine Eltern müssen ihn ins Bett tragen... und er schläft bis Mittag!

Wenn Jan jetzt einmal nicht einschlafen kann, regt er sich nicht mehr auf. Er macht die Augen zu und denkt ganz fest an seinen Freund, das dreitausendsiebenhundertsiebzehnte Schaf. Dann nimmt er es bei der Hand und erlebt mit ihm spannende Abenteuer in fernen Ländern...

Benni Witzekiste

Zwei Männer begegnen sich im Fahrstuhl. Sagt der eine: "Grüß Gott." Meint der andere: "So weit hoch fahre ich nicht."

Stephanie Perthen, Bad Hersfeld

Warum dürfen Ostfriesen nicht mehr auf den Fernsehturm? – Weil sie immer wieder versucht haben, Hubschrauber zu füttern.

Christina Menzel, Stuttgart

Die Oma kommt ins Zimmer und fragt entsetzt: "Was macht ihr denn da?" "Wir spielen Doktor!" "Und warum sitzt Else oben auf dem Schrank?" "Die haben wir zur Erholung ins Gebirge geschickt!"

Ulrike und Constanze Störk, Unlingen

Der kleine Fritz kommt vom Spielen nach Hause. "Mutti", ruft er, "ist es Zeit zum Abendessen?" "Nein, noch lange nicht." "Dann geht mein Appetit etwas vor!"

Karin Pilz, Weidenberg

Susi bittet ihren Bruder um ein Foto. "Wozu brauchst du das denn?" Susi: "Wir sollen morgen Bilder von Naturkatastrophen in die Schule mitbringen."

Karin Briel, Hausen im Tal

Fritzchen ist krank. Er geht zum Arzt und sagt: "Ich habe drei Krankheiten, hab' Hunger wie ein Wolf, hab' Durst wie ein Fisch und bin brummelig wie ein Bär." Da sagt der Arzt: "Leg dich mal hin, ich untersuche dich." Danach sagt er: "Du hast vier Krankheiten: Hast Hunger wie ein Wolf, Durst wie ein Fisch, bist brummelig wie ein Bär und schmutzig wie ein Schwein."

Kerstin Hollerbach, Sasbach

Wenn ich sage: "Das Lernen macht mir Spaß! Welcher Fall ist das?" fragt der Lehrer. Grinst Markus: "Der Ausnahmefall!"

Rupert Schmid, Edling

Haben Sie zufällig hier in der Nähe einen Polizisten gesehen?" "Nein!" "Dann mal her mit der Brieftasche."

Vera Kostetzko, Nordhorn

Drei Fledermäuse hängen im Dachboden, die Köpfe nach unten, wie es sich für Fledermäuse gehört. Nur die vierte Fledermaus steht aufrecht. "Was ist denn mit der los?" erkundigt sich eine. "Ach die", sagt die andere, "die ist verrückt, die macht Yoga!"

Marita Peis, Finsing

Sebastian war bei seinem Schulfreund zum Essen eingeladen. Er erzählt seiner Mutter: "Das Essen schmolz mir förmlich auf der Zunge!" "War es so gut?" "Nein, so tiefgefroren!"

Daniela Imholt, Cloppenburg

Treffen sich zwei Glühbirnen. Fragt die eine: "Wie geht es denn deiner Freundin?" Erwidert die andere: "Pech gehabt, durchgebrannt!"

Michaela Möllerfeld, Horstmar-Leer

Benni Wissen

Unser Geld

Am 30. Oktober ist Weltspartag. Hast du dir eigentlich schon mal Gedanken gemacht, wie das Geld, das du an diesem Tag auf die Bank oder Sparkasse trägst, entstanden ist?

Angefangen hat alles mit dem Tauschhandel. Das war ungefähr so, wie du heute vielleicht drei Benni-Hefte gegen ein Spielzeugauto tauschst. So hat früher jeder mit jedem alles getauscht: ein Schwert gegen einen Sack Getreide, eine Kuh gegen einen Klumpen Gold, Felle gegen Hirse. Im Laufe der Zeit hatten alle möglichen Gegenstände als Zahlungsmittel einen bestimmten Wert bekommen: Angelhaken, Tierzähne, Feuersteine, Nüsse, Rinder, Waffen. In Afrika und Asien benutzten die Menschen Muscheln, auf Schnüre gereiht, als Geld, in anderen Ländern auch bunte Glasperlen.

So etwa 700 Jahre vor Christus entstand das erste Münzgeld. Zuerst waren diese Münzen aus Metallmischungen wie Gold mit Silber hergestellt. Später dann gab's Goldmünzen, Silbermünzen, Kupfer- und Eisenmünzen. Die Münzen wurden kunstvoll geprägt, mit Bildern von Göttern, Königen, Kaisern und großen Schlachten. Aber im Mittelalter hatten die Kaufleute auch keine Lust mehr, ganze Säcke und Truhen mit den schweren Münzen durch die Lande zu schleppen. Also hinterlegten sie ihr Geld beim Geldwechsler und bekamen von ihm eine Bestätigung dafür. Aus den Häusern der Wechsler waren die ersten Banken geworden. Die Bestätigungsscheine, die die Banken für das hinterlegte Geld ausgaben, waren Noten der Bank, also die Banknoten.

Heute kann natürlich nicht mehr jede Bank ihre eigenen Noten herausgeben. Das wäre ja ein schönes Durcheinander. Das macht in jedem Land eine Staatsbank. Bei uns ist das die Deutsche Bundesbank. Die Deutsche Bundesbank druckt neue Geldscheine und bringt sie in Umlauf. Sie nimmt aber auch alte, schmutzige Scheine zurück und verbrennt jedes Jahr viele Millionen Mark in riesigen Öfen.

Benni Wissen

Tricks mit Münzen

Lock die Münze raus!
Breite auf dem Tisch ein sauberes Taschentuch aus. Lege darauf drei Markstücke. Auf den inneren Rand der Münzen stellst du ein umgestülptes Trinkglas. Hebe das Glas noch einmal hoch und lege einen Groschen in die Mitte. Stelle das Glas dann wieder an seinen Platz.
Jetzt soll einer der Zuschauer den Groschen aus dem Glashaus holen, ohne das Glas oder eines der Geldstücke zu berühren.
Des Rätsels Lösung: Du kratzt zwischen zwei Markstücken mit dem Fingernagel außen auf dem Taschentuch. Die Zauberei beginnt. Der Groschen hört auf dich und kommt langsam, aber sicher aus dem Glashaus gerutscht.

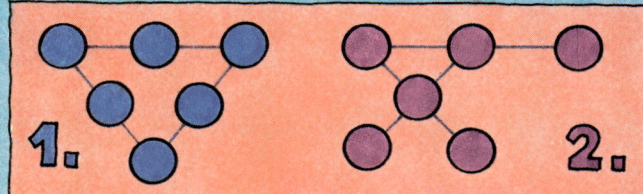

Aus Sechs mach Neun
Lege sechs Münzen so ab, daß in drei Reihen je drei Münzen liegen. 3 x 3 = 9! Du hast aber nur sechs Münzen. Wie soll das gehen? Es gibt zwei Möglichkeiten!

Glückspfennig
Du brauchst 10 Pfennigstücke. Lege sie so auf den Tisch, daß ihre Form ein Dreieck bildet. Gezogen werden darf mit jeder Münze, die man, ohne andere Münzen zur Seite legen zu müssen, aus dem Dreieck herausschieben kann, also Randstücke. Dieser Pfennig wird umgedreht und anders wieder angelegt, wobei er an zwei oder mehr andere Münzen stoßen muß. Umgedrehte, also bereits gezogene Geldstücke dürfen nicht noch einmal bewegt werden. Es gewinnt der Spieler, der den letzten möglichen Zug ausführt.

Hochstapeleien
Wieviel Geld ist hier gestapelt? Erst schätzen, dann zählen. Laß auch andere raten!

Lösung: 1. 7,– DM, 2. 0,25 DM, 3. 1,80 DM, 4. 0,50 + 1,40 DM, 5. 0,17 + 0,20 DM.

Benni Tierwelt

Wale – die geheimnisvollen Sänger der Meere

Anfangs hält sich das Grauwal-"Baby" noch ganz dicht an der Seite seiner Mutter.

Benni hat neulich ein Kreuzworträtsel gelöst. Da wurde nach dem größten Tier der Erde gefragt. Sieben Buchstaben. Und stellt euch vor: Benni hat da "Elefant" reingeschrieben. Dabei weiß doch jedes Kind - aber halt, wißt ihr es tatsächlich? Das größte Tier der Erde ist der Blauwal. Er wird bis zu 33 Meter lang und kann 150 Tonnen wiegen. Ein Elefant ist dagegen ein richtiges Leichtgewicht mit vier Tonnen! An Land könnte der Blauwal gar nicht überleben. Das Riesentier würde erdrückt von seinem eigenen Gewicht. Aber im Wasser ist so ein Gewicht erträglich.
"So ein riesengroßer Fisch...". Reingefallen! Obwohl manche Menschen fälschlich vom Walfisch sprechen, ist nicht alles, was Flossen hat tatsächlich ein Fisch. Wale sind nämlich Säugetiere, wie wir Menschen. Sie haben Lungen zum Atmen und bringen lebende Junge zur Welt, die die Wal-Mütter mit Milch säugen.

Wale leben im Sommer in den nahrungsreichen Polarmeeren, im Winter ziehen sie dann in die wärmeren Meeresregionen. Dort bringen sie ihre Babys zur Welt. Baby ist gut - ein neugeborener Blauwal ist sieben Meter lang und 2000 Kilo schwer.

Längst nicht alle Wale sind so groß wie der Blauwal. Insgesamt gibt es achtzig verschiedene Walarten. Es befinden sich auch kleinere darunter, die nur eineinhalb bis zwei Meter lang werden: Delphine zum Beispiel oder Schweinswale, die es auch bei uns in der Nordsee gibt.

Es gibt zweierlei Gruppen von Walen: die Bartenwale und die Zahnwale, zu denen auch die Delphine gehören. Zahnwale ernähren sich von Fischen, Tintenfischen oder Vögeln. Was Zähne sind, weiß jeder - aber "Barten"?

Barten sind bis zu vier Meter lange Stäbe aus Horn, die von den Oberkiefern der Wale herabhängen. Diese Barten arbeiten wie ein riesiger Filter. Der Wal schlürft riesige Mengen Wasser in sich hinein und preßt es durch die Barten wieder aus dem Mund. Was in den Barten hängenbleibt, wird runtergeschluckt. Das sind Plankton, Meeresalgen und winzigkleine Krebse. Kaum zu glauben, daß so ein Gigant wie der Blauwal von solchem Kleinzeug satt wird. Immerhin verschlingt ein Wal bis zu 1000 Kilogramm Plankton pro Mahlzeit.

Wie lange könnt ihr unter Wasser die Luft anhalten? Eine Minute, zwei oder gar drei? Der Pottwal schafft es länger als eine Stunde und taucht dabei bis zu tausend Meter hinunter in die Tiefsee. Dann aber muß auch er wieder an die Oberfläche und durchatmen. Wale und Delphine haben in der Schädeldecke eine Öffnung, durch die sie die verbrauchte Luft ausstoßen. Dabei entsteht eine kleine Wasserfontäne, die man weithin sehen kann. Sie wird "der Blas" genannt. Es ist überwältigend, einen der großen Wale auftauchen zu sehen und zu beobachten, wie er Purzelbäume schlägt. In früheren Zeiten aber erschraken die Menschen fast zu Tode. Grausliche Geschichten wurden herumerzählt und die Leute glaubten, daß Wale Menschen und ganze Schiffe verschlucken. Sicherlich kennt ihr auch die biblische Geschichte von Jonas, der von einem Wal verschluckt wurde und später wieder ausgespuckt worden ist. (Seite 28!)

Schlimm wurde es für die Wale, als die Menschen entdeckten, daß diese Meeressäuger vieles an und in sich hatten, was sie gut gebrauchen konnten. Die Barten eigneten sich hervorragend, um daraus Stäbe für Schirme und Korsettstangen herzustellen. Das geschmolzene Walfett, der Tran, diente als Lampenöl. Walrat, eine Art Wachs, wurde zum Grundstoff für Seifen, Margarine und Schmierstoffe. Ambra, eine Substanz aus dem Darm des Wals, wird zur Parfümherstellung verwendet. Und in manchen Ländern essen die Menschen auch das Fleisch der Wale.

Von da an begann eine gnadenlose Jagd

Zum Luftholen muß ein Wal hin und wieder an die Wasseroberfläche kommen.

Viele Wale haben Barten, durch die sie die Nahrung aus dem Wasser filtern.

Beeindruckend: Die mächtige Schwanzflosse und die waltypischen Wasserfontänen.

auf diese faszinierenden Geschöpfe. Die Menschen betrachteten die Tiere als "schwimmende Rohstofflager", und die Walfänger ließen ihnen mit ihrer brutalen Methode kaum eine Überlebenschance: Die Wale werden mit Granaten angeschossen, die dann im Körper der Tiere explodieren. Tierschützer in aller Welt haben gegen dieses gemeine Vorgehen protestiert. Und mittlerweile haben viele Länder auf den Walfang verzichtet. Denn die Menschheit ist keineswegs auf die Produkte angewiesen, die ihnen die Wale geliefert haben. Niemand mehr trägt heute Fischbeinkorsetts, und andere Produkte können heute durch pflanzliche Stoffe ersetzt werden.
Trotzdem schicken manche Länder auch heute noch Walfangflotten auf die Meere. So ist es nur noch eine Frage der Zeit, wann die letzten Wale ausgerottet sein werden. Zahlen machen das erschreckend deutlich: Vor zehn Jahren hat es in den Meeren der Südhalbkugel 10000 Blauwale und 100000 Buckelwale gegeben - heute sind es nur noch 500 Blauwale und 4000 Buckelwale. Was uns mit den Walen verlorengeht, ist unermeßlich. Forscher schwärmen von den vielen Geheimnissen, die die Wale durch die Meere begleiten. Zum Beispiel von ihrer Sprache, in der sie sich untereinander verständigen. Denn die Wale sind sehr gesprächig, oder, um genau zu sein: sie sind sehr sangesfreudig. Ihre Verständigung bezeichnet man nämlich als "Gesang". Das ist kein Lalala wie unser Gesang, sondern ein hochkompliziertes System aus Schnalzen, Stöhnen, Grunzen und Zirpen. Die Walgesänge sind in Strophen unterteilt, und es gibt sogar verschiedene Dialekte.
Die Seeleute früher konnten diese Gesänge im Bauch ihrer Holzschiffe gut hören. Sie glaubten, das sei der Gesang der Seejungfrauen. Denn die Melodien des Buckelwals zum Beispiel hören sich auch für unsere Ohren sehr angenehm an.

Die Wale brauchen Hilfe!

Die Wale werden noch immer gnadenlos gejagt. Sie brauchen unsere Hilfe, bevor es zu spät ist. Jeder kann mithelfen und gegen den Walfang protestieren. Ganz einfach, indem ihr Briefe schreibt an die Botschafter von Japan, Norwegen, Island, Korea. Ihr könnt euch aber auch an eine Frau wenden, die sich ganz besonders um den Schutz der Wale kümmert. Sie wird eure Protestbriefe an die richtigen Adressen weiterleiten.

Petra Deimer

Schreibt an:
Petra Deimer,
Gesellschaft zum
Schutz der Meeressäugetiere,
Postfach 348,
2000 Hamburg 55.

Benni – Mach mit!

Spielzeugkiste

Zum Ausmalen
| 1 | 2 | 3 |
| 4 | 5 |

Labyrinth
Welcher Weg führt zum Knochen?

Wieviele Zahnbürsten findet Jakob in seiner Spielzeugkiste?

Wurmi Naseweis
Geh ganz dicht mit deiner Nase an den Punkt. Was passiert?

Lösungen: 5 Zahnbürsten, Weg 3, Optische Täuschung: Das Apfelhaus ist wieder ganz!

DIE UNHEIMLICHE NACHT

**Male die so markierten Felder + in Rot, □ in Lila, △ in dunklem Grün, ○ in Braun, und —
in dunklem Blau an und schließe dann schnell die Augen!**

Mit Benni durch die Natur

Wildfrüchte und Winterschläfer

Tips für Naturfreunde von der Aktion Ameise

Fotos: Steinbach

Jetzt reifen draußen viele Wildfrüchte heran. Ihr kennt alle die glänzend roten Hagebutten, die schwarzen Brombeeren und die erst weißen, dann braunen Haselnüsse. Wenn du Beeren sammelst, solltest du dir ganz sicher sein, daß du keine giftigen Früchte erwischst. Auch diese können sehr schmackhaft aussehen wie etwa die Tollkirschen oder die leuchtend roten Beeren des Seidelbastes.

Als Naturfreunde sollten wir aber auch daran denken, daß vor allem die jetzt reifenden Baumfrüchte wie Bucheckern und Haselnüsse für die Tiere der freien Natur viel wichtiger sind als für uns. So sammeln die Eichhörnchen im Herbst Haselnüsse, Bucheckern und Eicheln und verstecken sie in Baumhöhlen oder im Boden, um sie im Winter wieder hervorholen zu können.

Dann nämlich haben sie solche fettfreie Nahrung nötig, um die kalte Jahreszeit zu überleben.

Auch die etwas kleineren grauen Siebenschläfer brauchen jetzt viele Baumfrüchte. Sie fressen sich mit ihnen einen richtigen Winterspeck an. Nach den ersten Nachtfrösten ziehen sie sich in ihr Nest zurück, um fast ein halbes Jahr lang zu schlafen. Während dieser Zeit fallen sie in eine Winterstarre, ihr Herz schlägt dann nur noch ganz langsam.

Solltet ihr im Winter einmal einen Siebenschläfer oder die kleinere Haselmaus entdecken, dann dürft ihr sie auf keinen Fall stören oder in die warme Stube tragen. Denn solche künstliche Unterbrechung des Winterschlafes bedeutet den sicheren Tod für die Tierchen.

Mehr über die Aktion erfahrt ihr bei: Gunter Steinbach, Irsengrund, 18999 Oberreute

Benni, der Igelfreund!
WIE SIEHT ES DENN DA SCHON WIEDER AUS? DAS RÄUM ICH JETZT ZUSAMMEN.
EIN MÜHSAMES GESCHÄFT!
SO WIRD DAS AUCH NICHTS.
JETZT MUSS DIE TECHNIK RAN!
DAMIT GEHT'S!
PENG
MIST! WAR AUCH NICHTS.
HE, BENNI, DENK AN MICH!
NA, KLAR, DIE BLÄTTER LASS ICH LIEGEN FÜR DEIN WINTERQUARTIER.
DANKE, BENNI!
Roscher

Benni im November

November

Hier kannst du deine wichtigsten Termine eintragen!

1	16
2	17
3	18
4	19
5	20
6	21
7	22
8	23
9	24
10	25
11	26
12	27
13	28
14	29
15	30

Benni im November

Hände-Puzzle
Lege deine Hand auf ein Stück Papier, fahre mit dem Bleistift genau ihrer Form nach und schneide sie aus. Dann zeichne die Linien an deinen Fingern und an der Handfläche auf die Papierhand. Schneide das Papier entlang der Linien aus. Mische die Teile durcheinander und versuche, deine Hand wieder zusammenzusetzen. Das ist gar nicht so einfach.

Krims und Krams
Für eine Krimskramspyramide braucht ihr ein paar Papprollen von Haushalts- und Toilettenpapier. Die schneidet ihr auf verschiedene Höhen und beklebt oder bemalt sie. Plakafarben sehen am schönsten aus. Zum Schluß klebt ihr alle Rollen dicht aneinander und auf einem Pappboden fest.

Tannenzapfen-Hygrometer
Ein Hygrometer ist ein Gerät zum Messen der Luftfeuchtigkeit. Benni hat sich selbst eines gebastelt. Mach es ihm nach! Befestige einen Tannenzapfen auf einem Brett. Stecke eine Nadel in eine mittlere Schuppe und zeichne auf Pappe eine Skala, wie sie auf der Abbildung zu sehen ist. Wenn der Zapfen sich schließt, steigt der Nadelkopf nach oben und sagt feuchtes Wetter voraus. Wenn der Zapfen sich öffnet, neigt sich die Nadel nach unten und zeigt trockenes Wetter an.

Zeichnen mit verbundenen Augen
Einem Spieler werden die Augen verbunden. Nun darf er mit einem Bleistift eine Figur zeichnen, die er selbst bestimmt. Die Mitspieler rufen ihm zu, welches Teil er in welcher Reihenfolge zeichnen soll: z.B. erst der Schwanz, dann der Kopf, dann die Beine. Ist er fertig, wird ihm die Binde abgenommen und alle dürfen sein Kunstwerk bewundern.

Magisches Quadrat
Wie Benni auch die Zahlen zusammenzählt, ob waagrecht, senkrecht oder schräg, er kommt immer auf die gleiche Summe. Probier's mal aus.

	3	2	13
10	11	8	
6	7	12	
15	14	1	

Benni meint:
Es gibt kein Tier, für das wir so viel tun wie für die Katz!

Wir feiern ein Trödel-

Trödel sind all die alten Dinge, die niemand mehr gebrauchen kann – außer uns. Was auf den Sperrmüll oder in die Altkleidersammlung soll, ist das ideale Material, um ein Trödelfest zu feiern.

Modenschau:

In der Altkleiderkiste findet ihr alles für eine Modenschau. Verkleidet euch nach Herzenslust, und ladet die Grossen zur Vorführung ein. Wenn ihr die "Modelle" vorführt, erklärt ihr den Zuschauern, bei welcher Gelegenheit die Klamotten getragen werden können.

Mini-Kaspertheater:

Aus leeren Klopapierrollen, Bunt- und Geschenkpapier könnt ihr Figuren für ein Kaspertheater basteln. Laßt euch eine leere Klopapierrolle durchschneiden, malt ein Gesicht darauf und klebt Haare, Bärte oder Hüte an. Aus Stoffresten schneidet ihr für jede Figur ein 40 x 40 Zentimeter großes Tuch aus. Legt das Tuch über Mittel- und Zeigefinger und stülpt den Kopf darüber. Als "Bühne" nehmt ihr einen Karton und schneidet eine große Öffnung hinein. Das Spiel kann beginnen!

Zeitungsschlangen:

Schneidet aus einer Zeitungsseite eine Schlange aus. Wer schafft die längste?

Benni Spielseite

FEST

Musik-Szene:

Sammelt Altmaterial, das man zum Klingen bringen kann: Bleche, Metallstangen, Rohre, Töpfe, usw.
Hängt die Stangen und Bleche an der Schaukel oder einer Wäscheleine auf. Sie dienen als Gong, Klangstäbe oder für Donnergeräusche. Die Töpfe sind Trommeln, und den Rohren könnt ihr Flötentöne entlocken. Wenn ihr nicht nur wild drauflosschlagt, sondern auf die Töne der "Instrumente" hört, könnt ihr richtig Musik machen.

Schießbude:

"Dosenwerfen" darf bei keinem Trödelfest fehlen. Sammelt verschiedene Dosen, mindestens 10 Stück, und baut damit eine Pyramide.

Was man sonst noch machen kann?

* Die Felge eines Fahrrads als Kreißl benutzen,
* ein "Kunstwerk" bauen,
* Trödel-Kim,
* und was fällt euch ein?

Barbara Trotz-Brandt

Benni Hobby

Eishockey

Hallo, ich heiße Marco und bin neun Jahre alt. Meine drei großen Brüder sind begeisterte Eishockey-Spieler, da ist es ja klar, daß ich auch aufs Eis wollte. Dreimal in der Woche gehe ich zum Eishockey-Training, und am Wochenende haben wir dann Punkt-Spiele. Zu Auswärtsspielen fahren wir alle zusammen in einem Bus. Wenn wir gewonnen haben, gibt's eine Riesenfeier mit

Mit seiner Schutzkleidung gut gepolstert, verträgt Marco auch mal einen Sturz.

Der dicke Schutz hat eine Menge Vorteile: Ich war noch nie ernsthaft verletzt beim Eishockey. Da hole ich mir beim Fußball mehr Schrammen.
Ganz billig ist der Spaß nicht, für eine Anfänger-Ausrüstung muß man schon 300 bis 500 Mark hinlegen – es kann leicht auch mehr werden. Dazu kommt dann noch der Mitgliedsbeitrag von 150 Mark im Jahr. Aber dafür dürfen wir auch manchmal mit den Spielern unserer ersten Mannschaft – die spielt immerhin in der zweiten Bundesliga – oder mit deren Trainer aufs Eis. Da strengen wir uns natürlich mächtig an, denn ich möchte später mal Profi-Spieler werden!

Der Trainer erklärt Marco (links) und seinen Kameraden die Spielzüge.

Pommes! Manchmal stöhnen unsere Eltern schon ein bißchen, denn ohne sie läuft in unserem Verein nichts. Die Ausrüstung ist nämlich ganz schön umfangreich: Schützer für Ober- und Unterkörper, die Beine, den Kopf... Das können wir gar nicht alles alleine anziehen. Also müssen die Eltern mit. Aber viele von denen sind ja auch ganz begeistert vom Eishockey.

Kurz vorm Spielanfang gibt der Trainer den Spielern letzte Anweisungen.

Fotos: Holzhauser

WELCHES TIER BIST DU?

Anschmiegsam, bissig, schmeichlerisch, stolz? Welches ist deine wahre Natur? Wenn du es wissen willst, beantworte die Fragen in diesem Spiel-Test. Kreuze bei jeder Frage nur eine Antwort an: Du wirst erfahren, welchem Tier du am meisten ähnelst...

Du wärest gern
- 🟩 ein Rockstar.
- 🟠 ein berühmter Maler.
- 🔺 ein Journalist.

Wenn du Probleme hast,
- 🔺 gehst du darüber hinweg.
- 🟠 umkreist du sie.
- 🟩 stürzt du dich drauf.

In der Schule magst du
- 🟩 Sport.
- 🟠 Deutsch.
- 🔺 Erdkunde.

Am liebsten schläfst du
- 🟩 unter einer Decke.
- 🟠 in Tüchern aus Seide.
- 🔺 in einem Daunenbett.

Du verläßt die Schule
- 🟠 schlendernd.
- 🟩 hüpfend.
- 🔺 rennend.

Dein Lieblingssport ist
- 🟩 Gymnastik.
- 🟠 Tennis.
- 🔺 Basketball.

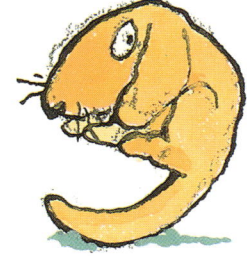

Ein toller Sonntag ist,
- 🟩 wenn du draußen bummeln kannst.
- 🟠 wenn du zu Hause schmökern kannst.
- 🔺 wenn du durch Wind und Wetter tobst.

Besonders wichtig in einem Gesicht
- 🟠 sind die Augen.
- 🟩 ist der Mund.
- 🔺 sind die Haare.

Wenn du dich freust,
- 🔺 stößt du ein Freudengeheul aus.
- 🟩 lachst du mit weit aufgerissenem Hals.
- 🟠 lächelst du.

Das Wichtigste ist
- 🔺 der Frieden.
- 🟠 die Freiheit.
- 🟩 die Freundschaft.

Beim Essen bevorzugst du
- 🟩 Käse.
- 🟠 Wurst.
- 🔺 Salat.

Wähle eine Farbe
- 🔺 rot.
- 🟠 blau.
- 🟩 weiß.

AUSWERTUNG

Zähle die
🔴, 🟩, 🔺,
die du angekreuzt hast.
Hast du am meisten 🔴 angekreuzt, bist du eine Katze
hast du am meisten 🟩 angekreuzt, bist du ein Hund.
Hast du am meisten 🔺 angekreuzt, bist du ein Pferd.

KATZE 🔴
Was für durchdringende Augen! Du beobachtest alles, du bemerkst alles. Du schaust dir die anderen genau an, aber du bewahrst Distanz. Du liebst alles Weiche, den Komfort. Du brauchst zwar deine Streicheleinheiten, aber bestehst auch unbedingt auf deiner Unabhängigkeit, die dir niemand nehmen darf.

HUND 🟩
Eine richtig große Klappe! Das liebst du über alles: Mit einer Gruppe von Freunden Spaß haben. Du bist spontan und großzügig, aber auch unfähig, deine Gefühle zu verstecken. Und wenn dich einer einmal nervt, explodierst du sehr schnell. Für deinen besten Freund aber gibst und tust du alles!

PFERD 🔺
Du galoppierst mit wehender Mähne durch den Wind — immer auf der Suche nach neuen Abenteuern. Du erfindest gern Geschichten und verschlingst Romane und Filme. Du saugst dich voll mit Natur und Weite. Du liebst die Freiheit und bist ein wirklicher Lebenskünstler, der die Dinge nimmt, wie sie kommen.

© Astrapi: M.-L. Drouet, G. Solotareff

Benni – Back mit!

STUTEN-KERLE ZU ST. MARTIN

Stuten ist ein süßes Weißbrot, das in Westfalen und im Rheinland sehr beliebt ist. Aus Stutenteig, einem einfachen Hefeteig, backt man dort zu St. Martin Stutenkerle. Bennis Tip: Laßt euch beim Herstellen von Stutenkerlen etwas helfen. Dann gelingen Sie bestimmt!

Ihr braucht für den Teig: 500 g Mehl, 25 g Hefe, 125 g Zucker, knapp 1/4 l lauwarme Milch, 2 Päckchen Vanillinzucker, 1 Prise Salz, 1 Eiweiß, 100 g eben zerlassene und wieder abgekühlte Sanella; Sanella fürs Blech.

Außerdem: 1 Eigelb, Rosinen und rote Belegkirschen.

So macht Ihr's: Aus den Teigzutaten einen Hefeteig kneten und aufgehen lassen. Inzwischen ein paar Stutenkerle wie auf den Bildern auf Papier zeichnen und ausschneiden.

Teig nochmal durchkneten. Backblech mit Sanella einfetten. Teig darauf 1 cm dick ausrollen. Jeweils die Figuren aus Papier auflegen und nebeneinander in Teig ausschneiden. Zwischen den Figuren etwas Platz zum Aufgehen lassen. Restlichen Teig wegnehmen und wieder für das nächste Blech Stutenkerle verwenden. Eigelb in der Tasse mit etwas Wasser mischen. Stutenkerle damit bestreichen (den Backpinsel nehmen). Gesichter und Kleidung bestehen aus Rosinen und halbierten Belegkirschen, die ihr einfach in den Teig drückt. Nochmal 20 Minuten gehen lassen.

Nacheinander im vorgeheizten Backofen auf der mittleren Leiste 15 bis 20 Minuten backen.

Elektroherd 200 Grad; Gasherd: Stufe 3. Auf dem Küchengitter auskühlen lassen.

Die Reporterbande berichtet:

Mit Charly bei der Tierärztin

Alma, Corona und Philipp besuchen mit Hund Charly eine Tierärztin.

Kater, Schildkröte, Vogel, Dackel und Hund Charly im Wartezimmer.

»Der Nächste bitte!« Die Patienten im Warteraum reagieren unterschiedlich: Manche schütteln ihr Gefieder, manche wedeln mit dem Schwanz, andere rollen sich einfach ein: Wir sind beim Tierarzt. Wir — das sind Bennis Reporter Alma, Corona und Philipp — und Charly ist auch dabei, ein Mischlingshund.

Mißtrauisch beäugt er die anderen Patienten — einen Kater, eine Schildkröte, einen Wellensittich, und einen Dackel. Als er endlich aufgerufen wird, ist er ganz und gar nicht begeistert. »Alle Hunde kneifen den Schwanz ein, wenn sie ins Behandlungszimmer kommen«, erklärt Frau Dr. Gabriele Wiesner, die Tierärztin. Dabei soll ihnen hier ja geholfen werden — 30 bis 40 Tieren pro Tag.

Frau Dr. Wiesner verbindet, impft, gibt Medikamente, röntgt, bohrt Zähne, muß schwerkranke Tiere auch hie und da ein-

»Der Nächste bitte«. Jetzt ist der verletzte Charly an der Reihe.

schläfern — und einmal in der Woche ist Operationstag. Wir stehen inzwischen in einem der Behandlungsräume, so groß wie ein kleines Wohnzimmer. In der Mitte ist der Behandlungstisch. Er kann, je nach Größe des Patienten, auf verschiedene Höhen eingestellt werden.

»Normalerweise behandle ich die üblichen Haustiere — aber eine Giftschlange war auch einmal hier.« »Und haben Sie denn dabei keine Angst?« fragt Alma. »Wenn möglich, zum Beispiel bei der Giftschlange, helfe ich, indem ich den Tieren Medikamente ins Futter gebe. Und Tiere, die

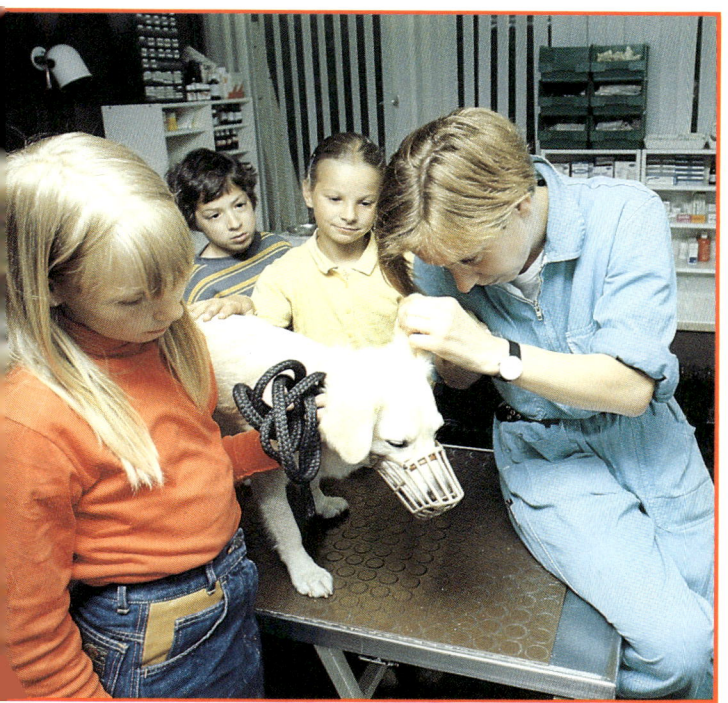

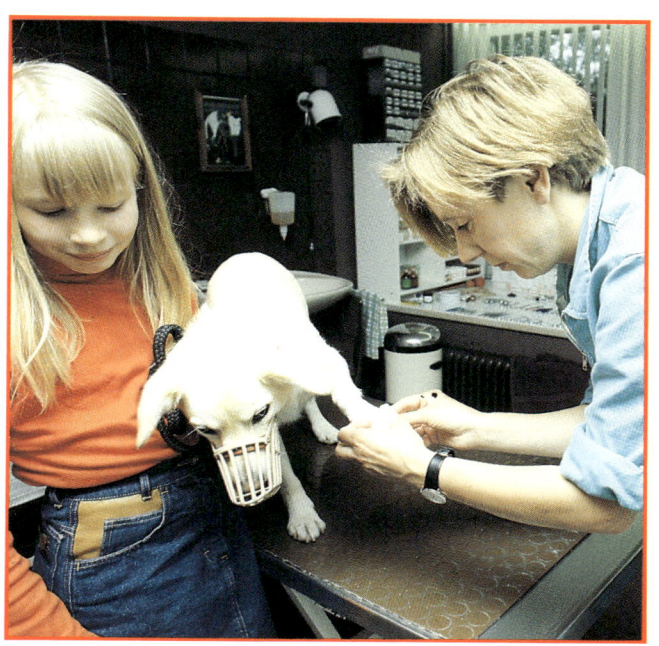

Der verletzte Fuß wird verbunden und Charly aus der Behandlung entlassen.

tisch., »Eine kleine Schnittwunde am Vorderbein«, stellt Frau Dr. Wiesner kurz darauf fest, »nichts Schlimmes!« Charly wird verbunden, dann ist er auch schon entlassen. Heilfroh ist er, man merkt es ihm an. »Der Nächste bitte!«, sagt die Sprechstundenhilfe.

Fotos: Ursula Zeidler

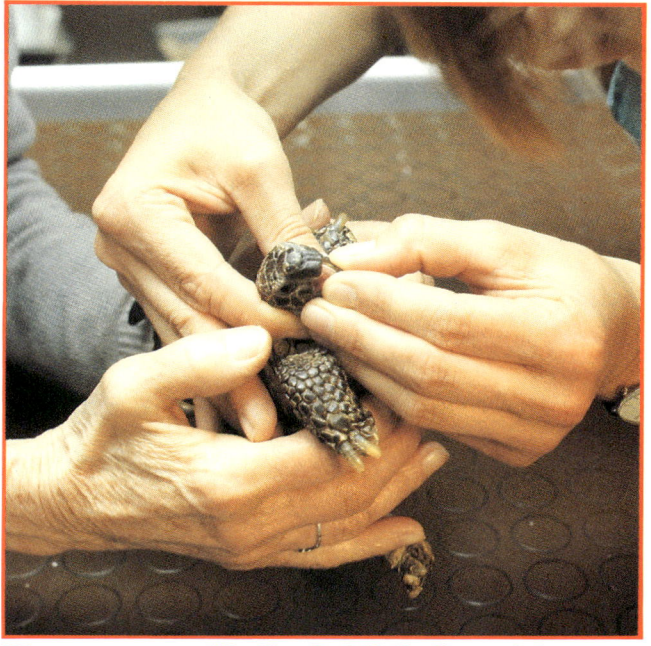

Charly bekommt einen Maulkorb und wird anschließend genau untersucht.

beißen können, bekommen möglichst einen Maulkorb.« »Was war denn das größte Tier bei Ihnen?« will Corona wissen. »Ein Zirkus-Elefant mit entzündeten Füßen. Den habe ich im Garten behandelt.«

Über solche exotischen Tiere lernt man im Studium nichts. Das Wissen über sie mußte sich Frau Dr. Wiesner privat aneignen. Charly hat inzwischen einen Maulkorb bekommen und liegt auf dem Behandlungs-

Warum nur will die Schildkröte nichts fressen? Sie bekommt Medizin.

Die 1. Seite für Nußknacker

Herbst- und Winterzeit ist Nüssezeit. Da wird geknackt, geknabbert und genascht. Benni hat Interessantes über die Nuß und ihre Verwandtschaft für euch gesammelt und aufgeschrieben.

Wie die Walnuß über die Alpen kam

Bei den alten Griechen und Römern hatte die Walnuß eine ganz besondere Bedeutung. Sie war das Zeichen für Fruchtbarkeit und Überfluß. Deshalb wurden an Hochzeiten zu dem üppigen Festmahl auch immer ein paar Nüsse serviert.

Regalus, ein römischer Feldherr, wohnte in einer prächtigen Villa im alten Rom. Im Park, der zu der Villa gehörte, stand auch ein großer Nußbaum. Wenn der Feldherr Besuch hatte, schlenderten die adligen Damen und Herren durch den Park, und oftmals wurden im Schatten des Baumes Neuigkeiten und Geheimnisse ausgetauscht.

Dort unter dem Nußbaum hatte Regalus auch oft mit seinem Freund gesessen und über die Götter und die Welt geredet. Doch dieser Freund war nun weit fort. Er war Statthalter in einer Provinz jenseits der Alpen. Regalus wußte, daß er oft großes Heimweh hatte nach Rom, und so überlegte er, wie er ihm eine Freude machen und ihm die Heimat ein bißchen näherbringen könnte.

Als er wieder einmal durch seinen Park ging, hatte er die Idee.

Er bat einen der Gärtner, im Frühjahr einige junge Triebe des Nußbaums in einen Topf zu pflanzen. Den wollte er dem Freund schicken. Gesagt, getan. Als im nächsten Frühjahr, es war ungefähr im Jahr 100 vor Christi Geburt, eine Legion Soldaten über die Alpen zog, gab Regalus ihnen einen Topf mit den Schößlingen mit. Der Freund freute sich sehr.

Er pflanzte sie in seinen Garten, und sie wuchsen und vermehrten sich.

Nicht alles, was Nuß heißt, ist auch eine Nuß

Wenn man nach den Lehrbüchern geht, darf eigentlich nur die Haselnuß den Titel „Nuß" tragen. Walnuß und Kokosnuß zum Beispiel sind Steinfrüchte, die Erdnuß eine Hülsenfrucht wie Erbsen, Linsen und Bohnen. Die Paranuß ist eine Kapselfrucht und die Muskatnuß der Samen einer Beerenfrucht. Aber das soll euch nicht durcheinanderbringen. Wir werden weiter von Nüssen reden.

Fangen wir mit der **HASELNUSS** an. Obwohl sie auch in unseren Wäldern wächst, kommen die, die wir im Laden kaufen, meist aus Italien, Spanien oder der Türkei. Mit Zucker karamelisiert, werden Haselnußstückchen zu Krokant, und wenn man sie zu einer feinen Paste zermahlt und mit Zucker und Kakao mischt, wird Nougat draus.

Die größte und schwerste Nuß ist die **KOKOSNUSS**. Sie wiegt durchschnittlich fünf Pfund. Mit dem Nußknacker ist bei ihr nichts auszurichten, da muß schon die Säge her, will man an den fleischigen Kern und an die Kokosmilch herankommen.

Die **WALNUSS** hieß bei den alten Römern auch „Persische Nuß", vielleicht deshalb, weil ihr eigentliches Ursprungsland Persien ist. Da der Walnußbaum nicht sehr anspruchsvoll ist, wächst er heute fast überall. Riesige wilde Walnußwälder gibt es noch im Himalaja.

Die **PEKANNUSS** war ein wichtiges Lebensmittel der Indianer in Nordamerika. Es soll dort noch Bäume geben, die mehr als tausend Jahre alt sind. „peccan" bedeutet in der Sprache der Indianer „schwer zu knacken". Die Schale der Pekannuß ist hellbraun, länglich und glatt. Der eßbare Kern sieht fast aus wie der einer Walnuß.

Die 2. Seite für Nußknacker

Die kleinste unter den Nüssen ist die **PISTAZIE**. Ihre Schale ist leicht zu knacken, da die beiden Hälften an einem Ende meist schon auseinanderklaffen. Der Pistazienbaum trägt nur alle zwei Jahre Früchte.

Die **ERDNUSS** reift, wie der Name schon sagt, in der Erde. Nach der Befruchtung neigen sich die Blütenstiele nach unten, und die Samenhülsen bohren sich in den Boden. Der erste Europäer, der uns etwas über die Erdnuß berichtete, war ein Spanier namens Oviedo. Er war zu Anfang des 16. Jahrhunderts als Minendirektor auf Kuba und hat dort gesehen, wie die Erdnuß in Gärten angebaut wurde. Ursprünglich stammt sie aus Brasilien. Auch die Inkas in Peru haben sie gekannt, denn dort fand man in alten Gräbern Krüge, die mit Erdnüssen gefüllt waren.

Die **CASHEWNUSS**, auch Kaschu-Nuß genannt, ist die Frucht des Nierenbaumes. Ihre Heimat ist Mexiko und Brasilien. Sie hat eine sehr harte Schale, die gebogenen Kerne dagegen sind fast weich und schmecken ähnlich wie Mandeln. Heute wird sie hauptsächlich in Vorderindien und Ostafrika angebaut, wo sie sich den Namen „Elefantenlaus" eingehandelt hat.

Eine dreikantige, steinharte dunkle Schale hat die **PARANUSS**. 30 Jahre braucht der Paranußbaum, bis er blüht, und dann noch einmal 10 bis 12 Monate, bis er Früchte trägt. Dafür sind in den großen Kapselfrüchten dann gleich mehrere Nüsse wie Apfelsinenscheiben angeordnet. Der brasilianische Bundesstaat Pará hat den Nüssen ihren Namen gegeben.

Die **MUSKATNUSS** schließlich ist der Kern einer aprikosenähnlichen Frucht. Sie wird fein zerrieben als Gewürz verwendet. Zur Erntezeit trägt der Muskatnußbaum rund 2000 Früchte!

Die **MANDEL** braucht viel Sonne. Sie wird vor allem in den Ländern rund ums Mittelmeer angepflanzt, im Iran und in Kalifornien. Im Mittelalter brachten Kaufleute die ersten „süßen Nüsse" aus dem Mittelmeerraum mit zu uns. Habt ihr gewußt, daß das leckere Marzipan zur Hälfte aus fein geriebenen Mandeln besteht? Die andere Hälfte ist Puderzucker.

Nußschalen-Basteleien

Wenn ihr Walnüsse vorsichtig knackt, so daß die Schalen ganz bleiben, könnt ihr daraus hübsche Sachen basteln, zum Beispiel

Nußschiffchen

Nehmt eine Schalenhälfte, laßt von einer brennenden Kerze ein bißchen Wachs hineintropfen, und stellt ein kleines Kerzchen (Puppenkerze) rein. Damit das Schiff nicht kentert, füllt ihr ein wenig Sand hinein.
Der Mast des Segelschiffchens ist ein Zahnstocher. Pikst ihn in ein Stück Pappe, das ihr zwischen die Seitenwände der Nußschale klemmt. Das Segel schneidet ihr aus einem Stück Buntpapier zurecht und steckt es auf den Zahnstocher.

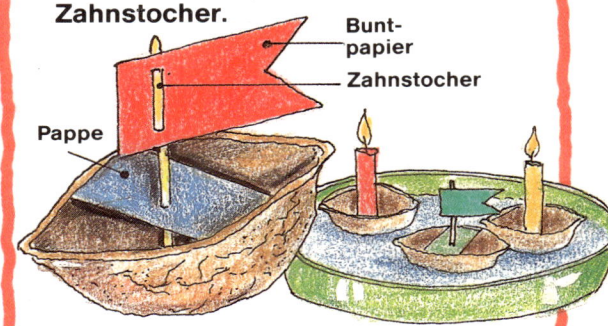

Mehrere solcher Schiffchen in eine flache Schale mit Wasser setzen und die Kerzen anzünden. Das sieht super aus!

Nußrahmen

Vergoldete Nußschalenhälften geben einen hübschen Rahmen für ein Blätterbild (oder irgendein anderes Bild) ab.
Zuerst einen Karton zurechtschneiden und mit Goldpapier bekleben. Dann die Herbstblätter darauf festkleben und an den Rand die mit Goldfarbe bemalten oder besprühten Nußschalen setzen.

Liane Jesse

Die 3. Seite für Nußknacker

Nuß-Wort-Rätsel

10 Nüsse sind in dem Buchstabenfeld versteckt. Die Namen sind waagerecht, senkrecht, vorwärts und rückwärts zu lesen. Kringelt sie ein, sobald ihr eine gefunden habt, sonst sind sie gleich wieder untergetaucht.

Diese 10 Nüsse sind zu suchen:

- **CASHEWNUSS**
- **ERDNUSS**
- **HASELNUSS**
- **KOKOSNUSS**
- **MANDEL**
- **MUSKATNUSS**
- **PARANUSS**
- **PEKANNUSS**
- **PISTAZIE**
- **WALNUSS**

```
         R O T I
      P E I Z A T S I P N
     M G H C L X S S M A
    H G B M A G L U S B S Y
    F D H A S E L N U S S U
    S A T N H R O T N F U B
    W B G D E D L A S M N U
    J Q V E W N B K O J N Ü
    V W A L N U S S K B A D
    G H Z T U S K U O M K P
     Z D B S S H M K Z E
     W G S S U N A R A P
          S O R K
```

Text, Rätsel und Bastelvorschläge: Ursula Schmidt-Steinbach

3 Quizfragen zum Schluß:

1. Welche Nuß darf als einzige wirklich den Namen „Nuß" tragen?
2. Was braucht man außer Puderzucker noch zur Herstellung von Marzipan?
3. Welche Nuß wird auch „Elefantenlaus" genannt?

Liane Jesse

Benni – Mach mit!

Mit Nüssen basteln

Nüsse schmecken nicht nur gut, man kann auch prima damit basteln. Hier ein paar Vorschläge:

Möglichst große Walnußschalen werden bemalt und mit Trockenblumen, Eicheln oder Hagebutten gefüllt.

Mit Gold- und Silberfarbe kannst du aus Walnüssen schönen Weihnachtsschmuck herstellen.

Ein Blätterbild im Silbernuß-Rahmen ist ein schönes Geschenk. Natürlich kannst du auch etwas anderes mit Silbernüssen einrahmen.

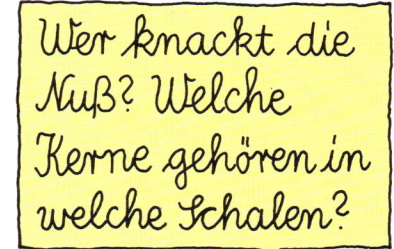

Wer knackt die Nuß? Welche Kerne gehören in welche Schalen?

Beklebe einen runden Deckel mit Glanzfolie, bemalten Nußhälften und Zapfen. Fertig ist der Kerzenhalter.

Nußtiere sind mal ein ganz anderer vorweihnachtlicher Schmuck. Sie sehen auch am Adventskranz schön aus.

Fotos und Ideen: Ursula Schmidt-Steinbach, H. Nel. Lösung: 1 B = Erdnuß, 2 A = Mandel, 3 C = Haselnuß

Benni *Glauben*

Am Allerseelentag (2.11.) besuchen wir die Toten auf dem Friedhof

Für Anna

Daniel blickt sich um. Hoffentlich sieht ihn niemand. Zielstrebig geht er durch die Gräberreihen. Hier liegt sie begraben. Seine kleine Schwester: Anna. Daniel holt eine Vase hinter dem Kreuz hervor, füllt sie mit Wasser und steckt die Astern hinein. Dann setzt er sich an den Rand des Erdhügels. Daniels Gedanken schweifen ab, zurück in den Sommer. Und wieder hört er die quietschenden Bremsen des Lasters, das Schreien, das Krachen. Dann sieht er seine kleine Schwester auf der Straße liegen. Sie ist tot. Der Junge schüttelt den Kopf, um die Gedanken an das schreckliche Erlebnis zu verscheuchen. Neue Gedanken: Gestern hat Mutti gesagt: Heute wäre unsere Anna genau vier Wochen Erstkläßlerin. Sie hat dabei geweint. Ich weine auch manchmal, aber heimlich im Bett. Du fehlst uns sehr, Anna! Heute ist prima Drachenwind. Du kennst doch meinen großen roten Drachen. Meinst du ich bringe ihn in die Luft — ohne deine Hilfe? Aber, wenn er oben ist, Anna, winkt er mit seinem bunten Schwanz nur für dich. Am besten hänge ich ein Schild dran: Für Anna!

© Text: nach Maria Kauczok (KNA), Illustration: Gertrud Wahner

MARTINSLIED

Text und Melodie: Elisabeth Unkel

Mit Laternen in der Hand
ziehen wir durch unser Land.
Lieder klingen durch die Nacht.
Jedes Jahr wird's so gemacht.

Denn SANKT MARTIN feiern wir.
Alle Kinder sind schon hier.
Zu den Armen war er gut,
und sein Beispiel gibt uns Mut.

Auch WIR möchten LICHTER sein,
strahlen in die Welt hinein.
HEILIGER MARTIN schenk uns Kraft,
daß ein jedes Kind es schafft.

Benni Witzekiste

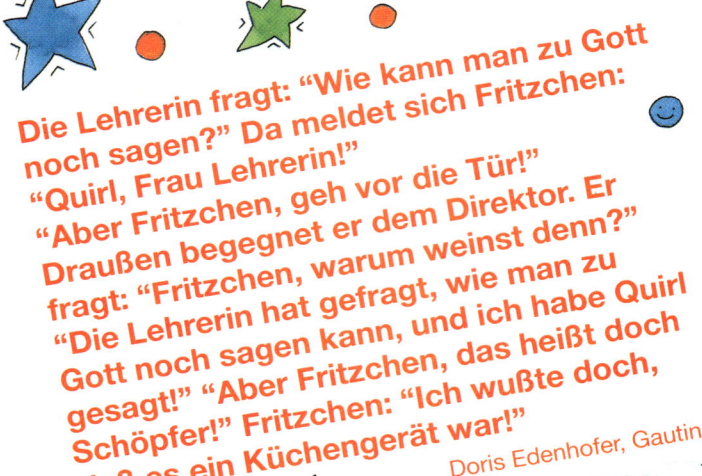

Die Lehrerin fragt: "Wie kann man zu Gott noch sagen?" Da meldet sich Fritzchen: "Quirl, Frau Lehrerin!" "Aber Fritzchen, geh vor die Tür!" Draußen begegnet er dem Direktor. Er fragt: "Fritzchen, warum weinst denn?" "Die Lehrerin hat gefragt, wie man zu Gott noch sagen kann, und ich habe Quirl gesagt!" "Aber Fritzchen, das heißt doch Schöpfer!" Fritzchen: "Ich wußte doch, daß es ein Küchengerät war!"

Doris Edenhofer, Gauting

Verblüfft fragt die Mutter ihre Kinder: "Was macht ihr denn da?" "Wir spielen Schwarzwaldklinik!" "Und was macht Moni auf dem Schrank?" "Ach, die haben wir zur Erholung ins Gebirge geschickt!"

Thomas Hesse, Euskirchen

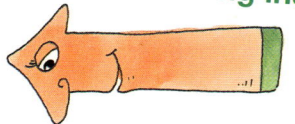

"Was brennt Tag und Nacht?" Antwort: "Brennessel".

Manuela Rarbach, Fredeburg

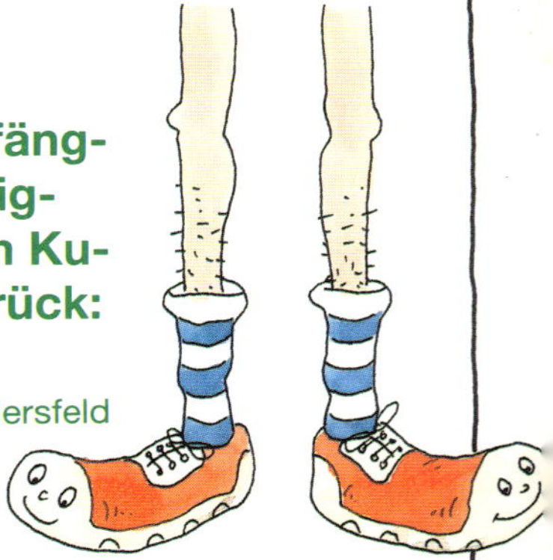

Eine Frau besucht ihren Mann im Gefängnis und fragt leise: "Hast Du Schwierigkeiten mit der Feile gehabt, die ich im Kuchen versteckt habe?" Flüstert er zurück: "Ja, morgen werde ich operiert!"

Stephanie Perthen, Bad Hersfeld

"Stellen Sie sich vor, wenn ich abends Kaffee trinke, kann ich nicht schlafen." - "Bei mir ist es genau umgekehrt, wenn ich schlafe kann ich keinen Kaffee trinken."

Stephanie Perthen, Bad Hersfeld

Häschen kommt an einer öffentlichen Toilette vorbei, auf der jemand singt: "Es geht alles vorüber, es geht alles vorbei..." Meint Häschen draußen ganz empört: "Muddu dich richtig draufsetzen!"

Johannes Kneißl, Parkstein

Der Mann hat eine Suppe bestellt und wartet jetzt schon seit zwei Stunden ganz ungeduldig darauf. Endlich kommt der Ober mit der Suppe. Der Mann beschwert sich, doch der Ober kann nur sagen: "Seien sie froh, daß sie keine Tagessuppe nahmen!"

Dorthe Johannsen, Leuchringen II

Fritz fragt seinen Freund: "Warum können Fische eigentlich nicht sprechen?" Antwort des Freundes: "Dummkopf, sprich du mal mit dem Kopf unter Wasser!"

Astrid Himmel, Regensburg

Herr Meier geht in eine Tierhandlung und spricht einen Vogel an: "Na, kannst du auch sprechen?" "Na klar", antwortet dieser. "Und du, kannst du auch fliegen?"

Michael Zimmermann, Jülich

Mit Benni durch die Natur

Grün im ganzen Jahr
Tips für Naturfreunde von der Aktion Ameise

Das grüne Blätterdach der Laubbäume ist jetzt abgefallen. Trotzdem findet ihr außer den immergrünen Nadelbäumen auch nach Frostnächten noch grüne Blattpflanzen im Wald, zum Beispiel die Brombeeren. Ihre Blätter verfärben sich nur zum Teil in Rot und Braun, die meisten bleiben grün und bilden deshalb einen wichtigen Vorrat an Frischfutter für Hasen und Rehe. Im nächsten Frühjahr erneuern die Brombeerranken ihr Laub.

Dagegen ist der Efeu eine der wenigen echten immergrünen Blattpflanzen unserer Heimat.

Die sattgrünen Bodenflächen vieler Herbstwälder werden von Moosen gebildet. Wenn du genauer hinschaust, merkst du, daß es viele verschiedene Moosarten gibt.

EFEU

BROMBEERE

MOOS

Sie wachsen in Polstern und bringen weder Blätter noch Blüten hervor. Gerade jetzt, wo die Blätter der Kräuter und Laubbäume fehlen, bekommen die Moose mehr Licht und können trotz niedriger Temperaturen wachsen. Moose haben auch keine Wurzeln. Sie verankern sich nur mit kurzen »Füßchen« im Untergrund, saugen aber kein Wasser und keine Nährstoffe aus dem Boden.

Deshalb findest du Moose auch auf Steinen oder auf Baumrinden. Wie alle Pflanzen brauchen Moose Wasser. Sie entnehmen es der feuchten Luft und saugen sich voll Regenwasser. Das macht die unscheinbaren Moose so wichtig für einen ausgeglichenen Wasserhaushalt des Waldes. Sie können eine erstaunlich große Menge von Wasser in ihrem aufquellenden Gewebe halten und geben es nur langsam wieder ab. So bleibt der Waldboden auch im trockenen Sommer feucht. Naturfreunde, die die wichtige Aufgabe der Moose kennen, werden niemals achtlos ihre Polster abreißen oder mit Abfällen bedecken.

Fotos: Steinbach

Mehr über die Naturschutz-Aktion Ameise erfahrt ihr bei: Gunter Steinbach, Irsengrund, 8999 Oberreute

Mit Benni durch die Natur

WENN ES DRAUS...

Novemberwetter. Jetzt ist es manchmal schon empfindlich kalt draußen. Ohne einen dicken Anorak oder Mantel verlassen wir nur noch selten das Haus. Hast du dir schon mal Gedanken gemacht, wie unsere Tiere über den Winter kommen?
Einige halten Winterschlaf, andere ziehen in wärmere Gebiete. Manche Tiere legen Nahrungsvorräte an **(Igel, Dachs, Schlangen, Eidechsen, Kröten, Schnecken, Eichhörnchen, Mäuse).** Vielen wächst ein dichterer Pelz **(Fuchs, Hasen, Hermelin).** Insekten überwintern häufig in Baumritzen und das Marienkäferchen versteckt sich unter gefallenem Laub.

DER FUCHS

Ja, und was macht der Fuchs?
Hungrig verläßt er manchmal seinen ausgedehnten Bau unter der Erde, streift durch die verschneiten Wiesen und Felder. Auf der Suche nach einem Huhn oder anderer Beute sucht er auch manchmal ein Gehöft auf.
Der Fuchs ist heute das einzig größere Raubtier unserer Heimat. Er ist sehr scheu, und nur selten trifft man ihn einmal auf einem Streifzug. Das Weibchen heißt in der Jägersprache Fähe. Im März oder April bringt es in einem Bau drei bis sieben Junge zur Welt. In den ersten

FUCHS UND HASE

nach Ludwig Bechstein

Es war Winter, Schnee lag auf den Feldern und kein bißchen Grün war zu sehen. Ein Hase und ein Fuchs liefen hungrig durch die Felder, aber sie konnten nicht die kleinste Mahlzeit entdecken. Plötzlich sahen sie ein Bauernmädchen mit einem Korb am Arm kommen. »Ich rieche frische Brötchen«, sagte der Fuchs. »Weißt du was, Hase? Du legst dich hier auf den Weg und stellst dich tot. Das Mädchen wird seinen Korb hinstellen, um nach dir zu sehen, und ich schnapp' mir den Korb und verschwinde. Später teilen wir die Beute.«
Der Hase tat, was der Fuchs gesagt hatte, und stellte sich tot. Der Fuchs versteckte sich. Dann kam das Mädchen, bückte sich nach dem Hasen und stellte den Korb auf den Weg. Schnell wischte der Fuchs aus seinem Versteck, schnappte den Korb und lief davon. Der Hase rappelte sich auf und rannte hinterher. Als der Fuchs gar nicht aufhörte zu rennen, wußte der Hase, daß der Fuchs die Brötchen für sich allein haben wollte. Er blieb ihm deshalb dicht auf den Fersen, und als sie an einem fast zugefrorenen Teich vorbeikamen, rief er dem Fuchs zu: »Wie

Mit Benni durch die Natur

EN KALT WIRD...

Fotos: MAURITIUS-Reinhard

Lebenswochen sind sie dunkelbraun, und erst nach sechs Wochen kommt das rötliche Fuchsfell zum Vorschein. Jetzt muß die Mutter viel Nahrung für die hungrigen Jungen heranschaffen: Mäuse, Hasen, Fasane, Haushühner und Gänse. Meistens hilft der Rüde, der männliche Fuchs, bei der Beschaffung der Beute. Sobald die Jungen größer sind, begleiten sie die Mutter auf ihren Jagdzügen und lernen, selbst Beute zu machen.

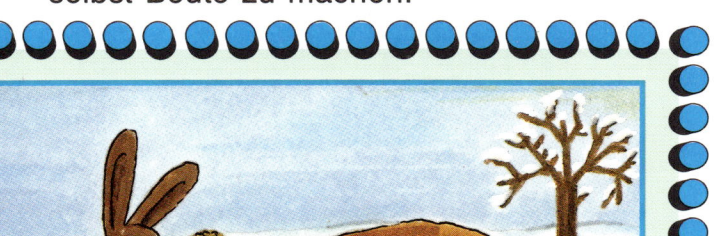

Natürlich ist der räuberische Fuchs bei Bauern und Jägern nicht besonders beliebt. Sicherlich kennst du das Lied »Fuchs, du hast die Gans gestohlen...«. Auch viele Fabeln aus dem Tierreich beschäftigen sich mit Meister Reinecke, wie der Fuchs auch genannt wird. Meistens wird der schlaue Fuchs von mehreren Tieren überlistet. Was meinst Du dazu?

wär's, wenn wir zu den Brötchen noch Fisch hätten? Häng schnell deinen Schwanz ins Wasser. Die Fische haben jetzt auch nicht viel zu fressen, da werden sie gleich anbeißen, und du brauchst sie nur aus dem Wasser zu ziehen. Aber beeil dich, der Teich friert zu.« Der habgierige Fuchs ging sofort ans Ufer, stellte den Korb mit den Brötchen hin und ließ den Schwanz ins Wasser hängen. Er dachte: »Hase, deine Idee ist gut, aber ich werde dir trotzdem nichts abgeben.«
Nach kurzer Zeit merkte der Fuchs, daß er sich nicht mehr von der Stelle rühren konnte. Der Schwanz war fest eingefroren. Der Hase nahm den Korb, setzte sich vor den Fuchs und fraß genüßlich ein Brötchen nach dem anderen auf.

Buch zum Thema:
Drei kleine Füchse verlieren ihre Mutter, als sie erst ein paar Tage alt sind. Pat Hill erzählt, wie die jungen Füchse aufgezogen werden und was alles passiert bis sie groß genug sind, um wieder in Freiheit zu leben.
Pat Hill/Richard Smallwood:
Eine Handvoll Fuchs,
Ravensburger Taschenbuch, 5,80 Mark.

MEIN

- Uroma
- Uropa
- Uroma
- Uropa
- Oma
- Opa
- Mama
- Ich

STAMMBAUM

- Uroma
- Uropa
- Uroma
- Uropa
- Oma
- Opa
- Papa

VINCENT VAN GOGH

Vincent wurde am 30. März 1853 in Holland geboren. Als Kind malte er ganz realistisch, genau so, wie er die Natur sah.

Mit 25 Jahren ist Vincent ein gläubiger Mensch. Er will die Ärmsten im Lande verstehen und ihnen helfen. Deshalb geht er zu den Bergarbeitern.

Vincent malt die Arbeiter und ihr schweres Leben. Damals bewunderte er den berühmten Maler Rembrandt, der die Menschen realistisch widergibt.

Vincent lebt in großer Armut. Er schläft auf dem Boden und wärmt sich mit Hemden aus Zeitungen. Manchmal schickt ihm sein Bruder Geld.

Mit 27 Jahren beschließt Vincent, ein richtiger Maler zu werden. Er arbeitet intensiv an seinem Können und studiert viel in Kunstbüchern.

"Wirklich, so sehen sie aus, die Gesichter der Bauern, gezeichnet von der Arbeit!"

Als Modelle wählt Vincent die Bauern seiner Heimat aus. Und wie sein Vorbild Rembrandt malt auch er in ganz düsteren Farben.

**Vincent Van Gogh ist heute ein ganz berühmter Maler.
Zu seiner Lebzeit im 19. Jahrhundert aber war er arm und unbekannt.**

"Mein lieber Paul, ich bin gespannt auf deine neuen Werke!"

"Hallo, mein Freund!"

1888 läßt sich Vincent in Südfrankreich nieder. Hier entdeckt er ein besonderes Licht und eine heitere Natur. Seine Malerei wird farbiger. Paul Gauguin, ein Malerfreund, diskutiert und malt mit ihm zusammen. Oft wählen sie die selben Motive aus und arbeiten Tag und Nacht.

"Ich muß Theo bitten, mir Tuben mit verschiedenen Gelbtönen zu schicken..."

Aber keiner will ihre Bilder kaufen. Bald haben sie keinen Pfennig mehr. Noch einmal kommt Theo, um seinem Bruder zu helfen.

Die Maler Vincent und Paul schlafen wenig und trinken viel. Zu viel! Eines Tages dreht Vincent durch und schneidet sich ein Ohr ab.

Schließlich lebt Vincent ganz in einer Welt der Angst und des Wahns. In seinem solchen Zustand tötet er sich und stirbt am 29. Juli 1890.

"Die »Sonnenblumen« von Vincent Van Gogh: Zum ersten..."

Schicksal: Vincent hatte nie genug Geld für seine Farben. Nach seinem Tode aber verkaufen sich seine Bilder für Millionen von Mark.

Benni Bilder-Kreuzworträtsel

Hallo Rätselfreunde.
Was macht denn dieser seltsame Kerl da links? Er bereitet sich vor auf das große ??? Einfach die Buchstaben von 1 bis 14 unten in die Kästchen eintragen. Die Lösung steht auf Seite 335.

Benni wird nicht wach

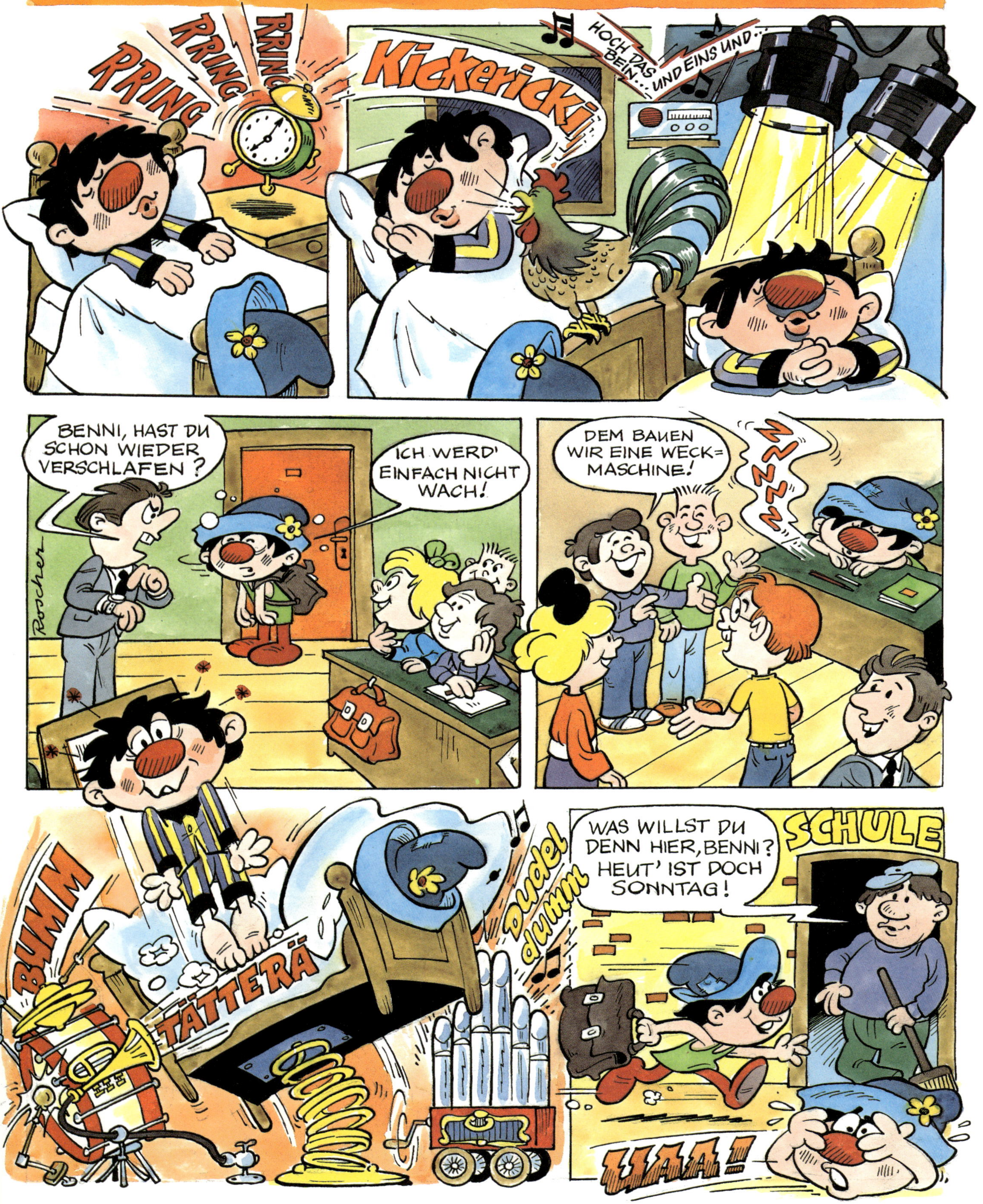

Benni im Dezember

Dezember

			1	2	3
4	5	6	7	8	9
10	11	12	13	14	15
16	17	Hier kannst du deine wichtigsten Termine eintragen!	18	19	20
21	22	23	24	25	26
27	28	29	30	31	

Benni im Dezember

Kinderglühwein
Dazu brauchst du: 1 Flasche Kirschsaft, 1 Zimtstange, 1 Zitrone, 1 Nelke, Zucker zum Abschmecken. Den Kirschsaft mit Zimtstange und Nelke in einen Topf geben. Die Zitrone in Scheiben schneiden und drei Scheiben davon hinzugeben. Das Ganze erwärmen. Ist der Kirschsaft heiß, mit Zucker abschmecken und Zitronenscheiben, Zimtstange und Nelken herausnehmen. Das Getränk in Gläser füllen und mit den übrigen Zitronenscheiben garnieren. Heiß trinken.

Geschenkidee für Sparsame
Wie wär`s mit einer Anstecknadel aus Bleistiftstummeln? Kleb einfach die Reste, mit denen man nicht mehr schreiben kann, mit Holzleim aneinander. Stich dann eine Sicherheitsnadel durch ein Stück Klebeband oder Pflaster und befestige damit die Nadel auf der Rückseite deiner Brosche.

Leuchtturm aus Schnee
Vielleicht hat es schon geschneit? Dann formt ganz viele Schneebälle, die in einer Ringform aufeinandergesetzt werden. Immer eine Lage nach der anderen aufschichten, dann erhaltet ihr einen Turm. Jetzt noch eine Taschenlampe oder brennende Kerze in den Turm setzen und schon habt ihr einen Leuchtturm im Vorgarten.

Sterntalerchen
Eine Walnuß vorsichtig öffnen und aushöhlen. Ein Stückchen Papier zusammenknüllen, einen Faden hindurchziehen und in eine Nußhälfte legen. Nun beide Nußhälften wieder zusammenkleben. Nadel und Faden müssen heraushängen. Ein Stück Filz mit Sternen bekleben und um die Nuß kleben. Einen größeren Stern ausschneiden und auffädeln. Dann eine Papierkugel auffädeln. Die Haare schneidest du aus Metallpapier. Solche hübschen Anhänger-Figuren kannst du auch aus Kiefernzapfen basteln.

Benni meint: Rettet die Hunde, tragt keine Pudelmützen!

SPIELE OHNE

Benni Spieleset

Singende Bäume:

Teilt euch in zwei Gruppen. Eine Gruppe spielt die Bäume und verteilt sich im Raum. Die Kinder der anderen Gruppe bekommen die Augen verbunden. Sie müssen versuchen, von einer Seite des Zimmers zur anderen zu gelangen, ohne an die Bäume zu stoßen.
Die Bäume machen sich durch Geräusche oder Singen bemerkbar.

Kerzenschiffchen:

Aus einer halben Nußschale und einem Kerzenstummel bastelt ihr euch ein Kerzen=schiffchen. Nun nehmt ihr eine große Schüssel und füllt sie zur Hälfte mit Wasser. Am Rand befestigt ihr 3 oder 4 Fähnchen mit Tesafilm. Setzt euer Schiffchen mit der brennenden Kerze in die Mitte des Wassers und ver=sucht es mit einem Strohhalm von einem Fähnchen zum an=deren zu bewegen. Dieses Spiel ist besonders schön, wenn ihr es im dämmrigen Zimmer spielt.

SIEGER

B. Tkotz-Brandt

Händefühlen:

Sucht euch einen Partner. Stellt euch gegenüber und hebt die Hände in Augenhöhe. Legt nun die Handflächen für kurze Zeit aneinander. Dann zieht ihr sie zurück und schließt ganz fest die Augen. Dreht euch zweimal um euch selbst und versucht, mit geschlossenen Augen die Handflächen des Partners zu berühren.

"Spiegelbild":

Jeder sucht sich einen Partner. Stellt euch gegenüber. Stellt euch vor, der andere ist euer Spiegelbild. Einer macht dem anderen alle Bewegungen nach. Von Zeit zu Zeit werden die Rollen getauscht. Mal macht der eine die Bewegung vor, und der andere macht alles nach, und dann wieder umgekehrt.

Klatsch:

Nehmt ein großes Blatt Papier und für jeden Mitspieler einen andersfarbigen Filzstift. Seid eine Sekunde still, dann klatscht einer in die Hände. Nun schreiben alle möglichst das erste Wort auf, das ihnen beim Klatschen eingefallen ist. Nach einer Weile klatscht ein anderer... und wieder werden die ersten Worte aufgeschrieben. Zum Schluß habt ihr viele Wörter auf dem Blatt und man sieht, was von wem stammt.
Erzählt nun mit euren Wörtern eine lustige Geschichte.

Benni *Tiere*

Weltmeister im Schlafen

Sie heißen Siebenschläfer, Schlafmäuse oder Bilche. Und man muß schon viel Geduld haben, wenn man sie zu Gesicht bekommen will. Denn die putzigen Tiere, die aussehen wie kleine Mäuse, halten sieben Monate lang Winterschlaf. Von Ende September bis Anfang Mai. Aber auch im Sommer wird die Schlafmaus nur in wenigen Nachtstunden munter: Von zehn in der Nacht bis drei Uhr am Morgen! Wissenschaftler haben mal ausgerechnet, daß ein Bilch, der neun Jahre alt wird, acht Jahre seines Lebens glatt verschläft.

Fotos: Reinhard

In der kurzen Zeit, in der der Siebenschläfer wach ist, tobt er sich aber richtig aus. In der Dachkammer kommt es zum mitternächtlichen Spuk und temperamentvollen Spielen. Da hopst und trippelt, pfeift, murmelt und rasselt es. Die munteren Schlafmäuse springen, klettern und balancieren. Aber wehe, wenn das Licht angeht, schwups, sind sie verschwunden, wie die Heinzelmännchen. Der Siebenschläfer hat eine Länge von 18 Zentimetern und einen 15 Zentimeter langen Schwanz. Er wiegt nur 180 Gramm, also nicht einmal soviel wie zwei Tafeln Schokolade. Die Schlafmäuse sind recht gesellig. Sie leben in Familien mit bis zu acht Mitgliedern.

Am liebsten lebt der Siebenschläfer in Obstgärten und in Laubwäldern und frißt Blätter, Rinde, Eckern, Eicheln, Nüsse, Beeren, Obst und Insekten. Sein Nest baut er sich in Baumhöhlen, in Vogelnestern und auf Dachböden. Im Winterschlaf leben die Bilche gefährlich. Vier von fünf Schlafmäusen wachen nie mehr auf, weil sie von Wildschweinen, Dachsen, Füchsen, Wieseln und Hermelinen aufgespürt und verspeist werden. Deshalb werden die putzigen Tierchen heute immer seltener.

Übrigens: Am 27. Juni ist Siebenschläfertag. Mit dem Siebenschläfer hat dieser Tag aber nichts zu tun. Der Tag geht auf eine christliche Legende zurück. Frag mal deinen Religionslehrer danach.

Benni *Tiere*

Schlafmäuse sind gesellige Tierchen. Und die Eltern passen gut auf ihre Kleinen auf.

Benni – Koch mit!

Süße Geschenke

Darüber freut sich jeder: Selbstgemachtes Konfekt zu Weihnachten!

Rahmbonbons

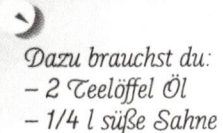

Dazu brauchst du:
- *2 Teelöffel Öl*
- *1/4 l süße Sahne*
- *80 g Honig*
- *300 g Zucker*

Außerdem richtest du:
flache Porzellanplatte, Backpinsel, großen Kochtopf, Holzkochlöffel, Messer, Zellophanpapier zum Einwickeln

Und so wird's gemacht:
1. Öle die Porzellanplatte ein.

2. In einem großen Kochtopf mischt du Sahne, Honig und Zucker. Dann erhitzt du alles auf Stufe 1 und rührst so lange, bis die Masse goldgelb geworden ist.

3. Gieße die Bonbonmasse noch heiß auf die Porzellanplatte. Wenn die Masse etwas abgekühlt ist, teilst du sie mit dem Messer in 2 cm große Quadrate.

4. Laß die Rahmbonbons ganz erkalten, dann wickelst du sie einzeln hübsch in Zellophanpapier ein.

Mandelknusperchen

Für 4 Personen brauchst du:
- *200 g Schokolade (Vollmilch- oder weiße Schokolade oder Kuvertüre)*
- *200 g Mandelstifte*

Außerdem richtest du:
einen kleinen Kochtopf, eine Porzellanschüssel, die etwas größer als der Topf ist, Eßlöffel, 2 Teelöffel, Backpapier oder gefettetes Pergamentpapier, Pralinentütchen

Und so wird's gemacht:
1. Fülle den Kochtopf zur Hälfte mit Wasser und stelle die Porzellanschüssel auf den Topf.

2. Nun brichst du die Schokolade in kleine Stücke und legst sie in die Schüssel. Erhitze jetzt das Wasser auf Stufe 1, bis die Schokolade geschmolzen ist.

3. Dann nimmst du die Porzellanschüssel aus dem Topf und mischst die Mandelstifte darunter.

4. Mit 2 Teelöffeln setzt du Portionen auf das Backpapier.

5. Laß die Mandelknusperchen über Nacht in einem kühlen Zimmer trocknen. Dann setzt du sie in Pralinentütchen.

Rezepte aus: Kinderkochbuch "Komm, koch und back mit mir", Falken-Verlag, Niedernhausen, 19,80 Mark.

WINTERLIED

Text und Melodie: Elisabeth Unkel

1. Dieser Sturm hat über Nacht
uns den Winter mitgebracht.
Alles hat sich nun versteckt
ist vom Schnee weich zugedeckt.

2. Bach und See sind zugefroren,
mir ist kalt an Nas' und Ohren.
Warme Stiefel, Pudelmützen
können jetzt vor Kälte schützen.

3. Grau der Himmel, weiß das Feld,
so hab ich mir's vorgestellt.
Mit dem Schnee der letzten Nacht
gibt es eine Schneeballschlacht.

4. Dort im Garten, sieh mal an,
steht auch schon ein weißer Mann.
Gleich hol ich den Schlitten raus.
Lauf zum Hügel hinterm Haus.

5. Ach, ich mag den Winter sehr,
dieses weiße Flockenmeer.
Schlaft nun, Blumen, Käferlein!
Stellt im März euch wieder ein!

Advent, Advent, ein

Was wäre eine Adventszeit ohne Kerzen? Und was wären Kerzen ohne schöne Kerzenhalter? Ein paar Freunde von Benni haben sich dazu etwas einfallen lassen. Vielleicht habt ihr Lust, mal einen Blick in ihre Kerzenhalter-Werkstatt zu werfen?

Marinas Blumentopf-Kerzenhalter

Du brauchst dafür:
* einen kleinen Blumentopf
* etwas Alufolie
* Glitzersand und Klebstoff oder Silberfarbe

Marina hat mit Klebstoff aus der Tube Muster auf den Blumentopf gemalt und Glitzersand drübergestreut, der dann haften bleibt. Falls du keinen Glitzersand hast, bemalst du den Topf einfach mit Silberfarbe. Das sieht bestimmt genauso schön aus. Laß ein wenig Wachs von einer brennenden Kerze in den Blumentopf tropfen und drücke dann eine lange Kerze hinein. Drumherum mit Alufolie »ausstopfen«.

Simones und Katrins Förmchen-Kerzenhalter

Du brauchst dafür:
* Mini-Backförmchen
* Erlenzapfen
* winzige Trockenblumen
* silberne Tassendeckchen

Simone hat gleich drei Backförmchen mit hohem Rand genommen, Wachs hineintropfen lassen, schlanke rote Kerzen hineingestellt und mit Erlenzapfen und winzigen Trockenblümchen aufgefüllt.
Der Kerzenhalter von Katrin sieht richtig wertvoll aus. Und dabei besteht er auch nur aus einem Backförmchen (etwas größer und mit niedrigem Rand), in das Katrin ein silbernes Tassendeckchen gelegt hat.

Bircans Nußschiffchen Kerzenhalter

Du brauchst dafür:
* eine leere Dose
* etwas Sand
* Nußschalen

Da Bircans Vater Pfeife raucht, hat er zu Hause noch eine leere Tabakdose gefunden. Du kannst aber auch den Deckel einer Keksdose nehmen und Sand hineinfüllen. Dann setzt du Nußschalen wie kleine Schiffchen in den Sand, läßt ein bißchen Wachs von einer Kerze in jedes Schiffchen tropfen und drückst, solange das Wachs noch weich ist, ein kleines Kerzchen hinein.

Lichtlein brennt...

Julias Nußteller-Kerzenhalter

Du brauchst dafür:
* einen Pappteller
* Goldspray
* vergoldete und versilberte Nußschalen

Besprühe den Pappteller ganz leicht mit Goldfarbe, damit das Weiße vom Teller noch ein bißchen durchschimmert, und lege die versilberten und vergoldeten Nußschalen hinein. Mit einer Sternenkerze in der Mitte sieht das echt gut aus!

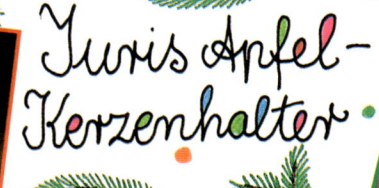

Yuris Apfel-Kerzenhalter

Du brauchst dafür:
* einen großen Apfel
* ein wenig Tannenreis
* kleine Schmuckbeeren zum Dekorieren

Stich das Kernhaus aus dem Apfel, als wolltest du einen Bratapfel machen, und setze eine Kerze in das Loch. Stecke ein wenig Tannenreis dazu, damit die häßlichen Ränder verdeckt sind und die Kerze nicht wackelt. Yuri hat als weiteren Schmuck noch ein paar Beeren am Drahtstiel zwischen das Tannengrün gesteckt.

Mauritios Körbchen-Kerzenhalter

Dazu brauchst du:
* ein mit weihnachtlichem Muster bedrucktes Papierkörbchen oder eine kleine, mit Weihnachtspapier beklebte Schachtel
* Nüsse und kleine Tannenzapfen

Dieser Kerzenhalter ist in einer Minute gemacht. Man nehme: ein Papierkörbchen, stelle eine dicke rote Kerze hinein und fülle das Körbchen um die Kerze herum mit Tannenzapfen und Nüssen. Fertig!

Christophs Kugelglas-Kerzenhalter

Du brauchst dafür:
* ein Honig- oder Marmeladeglas mit Deckel
* Mini-Glaskugeln
* goldene Klebesterne

Auch dieser Kerzenhalter ist in Minutenschnelle fertig - vorausgesetzt, du hast soviel Glück wie Christoph und findest ein Glas mit goldfarbenem Deckel. Sonst kannst du einen mit Goldfarbe anmalen. Fülle die Mini-Glaskugeln in das Glas und beklebe es mit Sternchen. Die Kerze wird einfach auf den Deckel gestellt.

Die Ideen stammen aus dem Buch: »24 und 1 Tag - Basteln und Spielen im Advent« von Ursula Schmidt-Steinbach, Union Verlag, Stuttgart.

Benni zum Nachdenken

Ja, Virginia, es gibt einen Weihnachtsmann

Vor beinahe 80 Jahren bekam eine große Zeitung in New York einen Brief. Einen ganz ungewöhnlichen Brief. Doch lest selbst, was Virgina an die Zeitung »Sun« geschrieben hatte.

> Lieber Herr Redakteur,
> ich bin acht Jahre alt. Einige von meinen Freunden sagen, es gäbe keinen Weihnachtsmann. Papa sagt, wenn das in der „Sun" steht, ist es wahr. Bitte sagen Sie mir die Wahrheit: Gibt es einen Weihnachtsmann?
>
> Virginia O'Hanlon

Und was glaubt ihr, was die Zeitung geantwortet hat? Gibt es den Weihnachtsmann oder gibt es ihn nicht? Hier ist die — leicht gekürzte — Antwort des Redakteurs:

Ja, Virginia, es gibt einen Weihnachtsmann. Es gibt ihn so gewiß, wie es Liebe gibt und Großherzigkeit unnd Treue, und Du weißt, sie sind in Fülle vorhanden und schenken Dir das Leben in seiner höchsten Schönheit und Freude. Wie traurig wäre die Welt, wenn es keinen Weihnachtsmannn gäbe; sie wäre so traurig, wie wenn es keine Virginias gäbe. Es gäbe dann keinen kindlichen Glauben, keine Poesie, keine Romantik, die dieses Leben erträglich machen. Wir würden keine Freude haben außer an Dingen, die den Sinnen begreiflich und erschaubar sind. Das ewige Licht, mit dem die Kindheit die Welt erhellt, wäre ausgelöscht.

Wenn Du nicht an den Weihnachtsmann glaubst, könntest Du genauso gut nicht an Märchen glauben.

Kein Mensch sieht den Weihnachtsmann, aber das heißt nicht, daß es keinen Weihnachtsmann gibt. Die wirklichen Dinge im Leben sind die Dinge, die weder Kinder noch Erwachsene sehen können. Hast Du je die Elfen auf der Wiese tanzen sehen? Natürlich nicht, aber das ist kein Beweis, daß es sie nicht gibt. Kein Mensch kann sich all die Wunder ausdenken und vorstellen, die es ungeschehen und unsichtbar in der Welt gibt.

Du kannst eine Kinderrassel aufbrechen und innen nachschauen, was das Geräusch verursacht, aber da gibt es einen Schleier, der die unsichtbare Welt verhüllt, den nicht der stärkste Mann zerreißen könnte, den nicht einmal alle stärksten Männer, die je gelebt haben, zusammen zerreissen könnten. Nur Glaube, Phantasie, Poesie, Liebe und Romantik können diesen Vorhang heben und die übernatürliche Schönheit und Herrlichkeit dahinter erblicken. Ist das alles Wirklichkeit? O Virginia, es gibt in der ganzen Welt nichts, das wirklicher und beständiger wäre.

Gott sei Dank lebt der Weihnachtsmann und wird immer leben. In tausend Jahren, Virginia, nein, in zehnmal zehntausend Jahren wird er immer noch da sein, das kindliche Herz mit seiner Freude zu erfüllen.

Francis P. Church

Benni zum Basteln

Nikolaus, komm in unser Haus...

Anhänger zum Selberbasteln

Dazu braucht ihr:
rotes und schwarzes Tonpapier, 6 kleine weiße Pompons (Wattekugeln), schwarzen Faden, Klebstoff und Filzstifte.

So wird's gemacht:
Der Körper ist ein Dreieck (8 x 8,5 cm), wie auf der Skizze zu erkennen ist. Macht euch eine Schablone und schneidet das Dreieck sechs Mal aus rotem Tonpapier aus. Die Halbkreise für die Gesichter (Radius 5 cm) schneidet ihr aus weißem Zeichenpapier aus. Oben in die Gesichter wird eine Kerbe für die Hutkrempe geschnitten (siehe Foto und Skizze). Die Schnurrbärte sind aus schwarzem Tonpapier. Augen und Nasen werden mit Filzstiften aufgemalt. Die Bärte könnt ihr mit einer Schere gleichmäßig einschnippeln. Jetzt werden alle Teile zusammengeklebt. An der Spitze des roten Körperdreiecks (jetzt Mütze) zieht ihr mit der Nadel ein Stück Faden ein. Darauf fädelt ihr den Pompon und klebt ihn an der Mützenspitze fest.

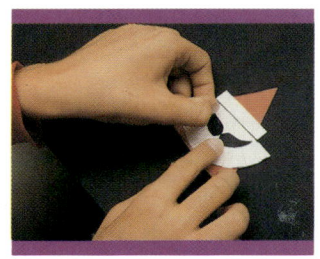

Jetzt braucht ihr nur noch die fertigen Nikoläuse an den Tannenbusch zu hängen und fertig ist ein hübscher Adventsstrauch. Ganz Geschickte können aus ihren Nikolaus-Figuren auch ein Mobile basteln.

Fotos: Ursula Zeidler

Benni Witzekiste

"Sind sie schon einmal auf Zucker untersucht worden?" "Nein, aber kürzlich an der Grenze auf Kaffee".
Julia Kretschmann, Lilienthal

Was ist der Unterschied zwischen einem Blitz und einem Pferd? - Der Blitz schlägt ein und das Pferd schlägt aus...
Claudia Pracht, Bertholdshofen

Peter soll um 13 Uhr zu Hause sein. Aber er spielt gerade mit seinen Freunden so schön und steht erst um 14 Uhr vor der Türe. "Es ist schon nach 14 Uhr", schimpft sein Vater. "Das stimmt nicht", sagt Peter, "an der Turmuhr hat es zweimal hintereinander 1 Uhr geschlagen."
Christina Menzel, Stuttgart

Wieviele Leute sind im Hubschrauber? Antwort: Zwei, einer hubt, der andere schraubt.
Martina Zellner, Abensberg

Die Mieterin beschwert sich beim Hausbesitzer: "Die Zimmerdecke meiner Wohnung ist so undicht, daß es bei dem fürchterlichen Wetter jeden Tag ins Essen regnet. Wie lange soll denn das so weitergehen?" Zuckt der Hausbesitzer die Achseln: "Keine Ahnung! Bin kein Wetterprophet."
Claudia Pracht, Bertholdshofen

Zwei Jungen streiten sich, wer den stärksten Vater habe. Paul sagt: "Kennst du den Bodensee?" - "Natürlich!" - "Siehst du, und für den hat mein Vater das Loch gegraben." Sagt Max: "Hast du schon vom Toten Meer gehört?" - "Na klar!" - "Siehst du, mein Vater hat es umgebracht."
Carlo Osthues, Rheine

"Wie lange hält der Zug?" fragt ein Mann den Bahnhofsvorsteher. "Oh, bei guter Pflege bestimmt mindestens 50 Jahre."
Stephanie Perthen, Bad Hersfeld

"He, Sie da", ruft der Polizist streng, "hier dürfen Sie nur mit Angelschein angeln!" - "Danke für den Tip! Ich habe es die ganze Zeit mit Regenwürmern versucht."
Martina Spitz, Berg

Lehrer: "Nennt mir fünf Dinge, die Milch enthalten!" Schüler: "Butter, Käse, Eiskrem und zwei Kühe."
Monika Weber, Gusterath

Frau Müller will ein besonders schwieriges Puzzle kaufen. Der Verkäufer zeigt ihr 20 Puzzles, doch keines ist ihr schwierig genug. Schließlich verliert er die Geduld. "Kaufen Sie doch Semmelbrösel, und setzen Sie daraus Brötchen zusammen!"
Ulrike u. Constanze Störk, Unlingen

Andrea: "Das ist aber schön, Onkel Karl, daß du kommst. Mama sagte erst gestern, du fehlst uns gerade noch!"
Monika Ruppaner, Waltenhofen

Benni Tierwelt

Der Sibirische Husky

Foto: Reinhard

Der Sibirische Husky (sprich: Haski) ist ein Schlittenhund aus dem hohen Norden der Erde. Dort, in Alaska und Grönland, nutzten die Goldgräber und Pioniere der Arktis, aber auch die Polarforscher die Stärke und Robustheit der Hunde, um mit ihren Schlitten über die unendlichen Eisflächen der Arktis zu reisen. Heute haben jedoch Motorschlitten die Huskies als Zugtiere verdrängt. Gleichzeitig breitete sich aber in Nordamerika und Europa eine Begeisterung für eine neue Sportart aus: Das Schlittenhunde-Rennen. Wegen ihres unbändigen Drangs, einen Schlitten zu ziehen, werden deshalb die berühmten Sibirischen Huskies nach wie vor gezüchtet.

Der Husky hat ein dickes Fell mit einer doppelten Behaarung. Über der dichten fettigen Unterwolle liegen die sehr festen, langen Oberhaare. Dieses Fell, das in Reinweiß, in Creme- und Brauntönen bis hin zu Schwarzgrau vorkommt, hält die Hunde aus dem hohen Norden auch bei Dauerkälte warm. Typisch für den Sibirischen Husky sind die mandelförmigen, wolfsähnlichen Augen, bei vielen Tieren in eisigem Blau, bei manchen in sanftem Braun oder gar zweifarbig. Wie bei allen anderen Schlittenhunden sind auch beim Husky die Stehohren stark behaart, und seine buschige Rute trägt er meist stolz über dem Rücken.

Mehr über Huskies auf Seite 22/23

Die Reporterbande

Ruth, Frederik und Jane wollen wissen, wo kaputte Puppen repariert werden.

Was tun, wenn die Puppe einen Arm verliert oder ein Loch im Kopf hat? Keiner von euch wird dann seinen kleinen Liebling einfach wegwerfen. Wenn ihr Glück habt, findet ihr in der Nähe einen Puppendoktor oder eine Puppenklinik. Ruth, Frederik und Jane haben sich in der Puppenklinik von Monika Frei in München umgesehen. Staunend betreten sie einen Raum, der bis an die Decke mit Kästen gefüllt ist. Darin liegen hunderte von Armen und Beinen.

»Da haben Sie aber fleißig gesammelt«, sagt Jane. »Aber nein«, antwortet Monika Frei, »die Ersatzteile bekomme ich von den Puppenfirmen geliefert.« Und sie zeigt den Reportern die verschiedenen Einzelteile.

Arme und Beine in allen Größen und Ausführungen gibt es hier.

Monika Frei betreibt neben ihrem Spielzeuggeschäft eine Puppenklinik.

Ein Paar neue Arme für den kleinen Patienten — das ist kein Problem.

in der Puppenklinik

Sie zeigt den Reportern eine Puppe, die mitten im Gesicht ein großes Loch hat. »Gesichtsbruch«, kommentiert Ruth respektlos. »Eine ganz schwierige Arbeit«, sagt die Expertin und zeigt weitere Sorgenkinder: Stoffpuppen mit geplatztem Bauch, mechanische Puppen, die nicht mehr laufen können oder ganz alte Puppen aus Porzellan oder Pappmaché.

Ob der Kopf wirklich zu diesem Puppenkörper gut paßt . . . ?

»Aber was machen Sie, wenn eine Puppe nur einen Riß im Arm hat?«, will Ruth wissen. Monika Frei setzt sich an ihren Arbeitsplatz und zeigt ihren Besuchern, wie sie kaputte Stellen mit einer rosaroten Masse kittet. Zelluloid heißt der Stoff. Besonders schwierig wird's, wenn einer Puppe ein Finger oder die Nase fehlt. Dann muß Puppendoktorin Frei modellieren. Das ist gar nicht so einfach.

Fotos: Zeidler

Die geheilten kleinen Patienten warten hier geduldig auf ihre Besitzer.

Und mit jedem ihrer kleinen Patienten geht Monika Frei ganz sorgfältig um, weil sie weiß, daß die Besitzer sehr an ihnen hängen. »Wieviele Puppen reparieren Sie denn an einem Tag?«, fragt Frederik. »Das ist ganz verschieden«, antwortet Monika Frei. Vor Weihnachten gibt es am meisten zu tun. Da muß ich dann oft Nachtarbeit einlegen, damit die Lieblinge alle rechtzeitig zum Fest fertigwerden.«

. . . das probieren wir doch am besten sofort einmal aus.

Benni Bilder – Kreuzworträtsel

Hallo Rätselfreunde.
Die Buchstaben von 1-12 ergeben das Lösungswort. Tragt es unten in die Kästchen ein und vergleicht es mit der richtigen Lösung auf Seite 335.

Lösungswort: **STERNENNACHT**

ELTERN — KINDER

Ich wünsche mir ein Tier

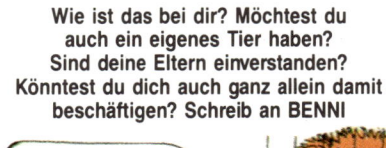

— Hallo Maxel, mein lieber Freund
— He, ihr könntet ja erst mal »Guten Tag« sagen!
— Wouah!

— Man muß ihm doch antworten, wenn er uns begrüßt. Nicht wahr, Maxel?
— Hallo Tante!

— Oh Mama, man müßte einen Hund haben!
— Wouah!
— Oh ja, bitte, bitte!

— Ich habe dir doch gesagt, daß das bei uns zu schwierig ist.
— Und außerdem habt ihr doch wirklich schon genug zu tun... Ihr seid doch so beschäftigt.

— Schau doch, Mama, wie lieb und nett er ist. — So richtig zum Liebhaben!
— Ohne Hund fühle ich mich immer so allein!

— Allein? Wie das denn? Und deine Schwester?
— Mit Hund wären wir eben zu dritt!

— Aber ich will meinen eigenen Hund!
— Dann wären wir eben 4!

— Und wer führt ihn aus, den Hund. Der würde sich ziemlich langweilen tagsüber — so allein!

— Gut, dann eben eine Katze!...
— Nein... nein...
— ...oder ein Meerschweinchen vielleicht...
— nein...

— ...oder einen Hasen!
— Ohh! Keinesfalls! Der macht alles schmutzig!
— Oder Schildkröten?

— Weißt du Mama, ob man Spinnen zähmen kann?
— Bitte, habt Mitleid!
— Kommt wir gehen in den Zoo!

Wie ist das bei dir? Möchtest du auch ein eigenes Tier haben? Sind deine Eltern einverstanden? Könntest du dich auch ganz allein damit beschäftigen? Schreib an BENNI

— Sag, Mama, kaufst du uns einen Löwen?

Benni *Glauben*

Warum gibt es zu W

Als Gott, der Herr, die Erde erschaffen hat, gab er jedem Ding eine Farbe: Das Gras bekam ein kräftiges Grün, die Rose ein leuchtendes Rot, die Mohnblume ein zartes Rot, die Schlüsselblume eine gelbe Blüte, das Veilchen eine violette und das Vergißmeinnicht eine blaue. So bekamen alle Blumen und alle Dinge ihre Farbe.

Als der Schnee erschaffen wurde, sagte Gott zu ihm: »Du darfst dir deine Farbe selber aussuchen; geh zu den Blumen, die ich geschaffen habe!« So ging der Schnee zur Rose und bat um ihr leuchtendes Rot; aber die Rose wies ihn ab. Die Mohnblume wollte zuerst ihr zartes Rot selber behalten und die Schlüsselblume, das Veilchen und das Vergißmeinnicht wollten ihre Farben auch nicht mit dem Schnee teilen. Da wurde der Schnee ganz traurig und dachte sich: Wie soll ich ohne Farbe die Erde winterlich verzaubern und den Kindern Freude bereiten?

Eine kleine Blume mit weißen Glöckchen, die unter einem Busch am Waldrand blühte, erkannte die Traurigkeit des Schnees und erkundigte sich nach seinem Kummer. Dann sagte die Blume: »Wenn dir mein weißer Mantel gefällt, dann darfst du ihn haben!« Seit dieser Zeit — so endet die Geschichte — ist der Schnee weiß und seitdem heißt die kleine Blume mit den weißen Glöckchen, die dem Schnee ihre Farbe schenkte, Schneeglöckchen.

Benni *Glauben*

Weihnachten Geschenke?

Von Bischof Manfred Müller

Was hat denn diese Legende mit Weihnachten zu tun? Weihnachten ist das Fest des Schenkens. Die Geschichte aber kann uns helfen, über das Schenken nachzudenken:

⭐ Das Schenken ist nicht einfach. Die Blumen bringen es nicht fertig. Es gelingt nur dem Schneeglöckchen. Vielen Menschen bereitet es jedes Jahr Schwierigkeiten: »Was soll ich denn meiner Mutter, meinem Vater, meinen Geschwistern, meinen Großeltern schenken? Ich will ja nicht bloß irgend etwas kaufen und verschenken. Es soll von mir selber sein.«

🎄 Genau das wollten die Blumen nicht. Sie wollten von sich selber nichts abgeben. Sie wollten an der Farbe, die sie auszeichnet, den Schnee nicht teilhaben lassen. Das Verhalten des Schneeglöckchens aber zeigt, was schenken bedeutet: vom Besten, das man selber hat, etwas hergeben, sich selbst verschenken.

🌿 An der Legende wird noch etwas deutlich: das Geschenk soll etwas sein, das gerade gebraucht wird. In der Geschichte brauchte der Schnee eine Farbe. Das Geschenk soll dem Beschenkten Freude — Lebensfreude — geben. Es soll ihm leben helfen.

🌙 Weihnachten ist der große Tag des Schenkens. Die Beschenkten sind wir Menschen. Das Geschenk ist Jesus Christus. Der Schenkende aber ist Gott. Gott macht es sich nicht einfach mit seiner Gabe. Er schenkt sich selber in Jesus Christus. In Jesus Christus schenkt er uns das, was wir brauchen: einen Freund, einen Begleiter durch das Leben, einen Erlöser.

🌸 Weil wir die Geburt Jesu als Gottes Geschenk an uns feiern, deshalb beschenken wir uns zu Weihnachten gegenseitig. Dabei sollten wir nie vergessen: Unser gemeinsames Geschenk von Gott ist Jesus Christus.

Bischof Manfred Müller von Regensburg hat diesen — leicht gekürzten — Brief über das Schenken im letzten Jahr an die Kinder seiner Diözese geschickt.

Foto: Starzinger

Jesus von Nazareth

Jesus wird während einer Reise seiner Eltern in Betlehem geboren. Maria und Josef legen ihn in eine Krippe, denn sie haben keine Unterkunft gefunden.

Josef, sein Vater, ist ein Zimmermann in Nazareth. Dort wächst auch Jesus auf. Das Land der Juden wird zu dieser Zeit von den Römern beherrscht.

Mit 30 Jahren verläßt Jesus seine Eltern und geht zum Jordan-Fluß, wo er Johannes begegnet. Johannes predigt hier vom Reich Gottes und tauft alle, die zu Gott zurückkehren wollen. Und er verkündet, daß Jesus kommen wird, ein König, den Gott geschickt hat. Auf ihn warten die Juden schon so lange.

Petrus, von jetzt an bist du ein Menschenfischer!

Dann zieht Jesus zum See Genezareth. Dort sucht er sich Helfer für seine Aufgabe auf Erden: Zwölf Männer folgen ihm, ohne zu zögern: Seine Apostel!

Liebt eure Feinde, denn es ist keine Kunst, seine Freunde zu lieben.

Jesus zieht mit seinen Aposteln durch das Land und predigt zum Volk. Mit einfachen Worten und in vielen Beispielen spricht er von seinem Vater im Himmel.

**Jesus, ein Jude, hat vor fast 2000 Jahren gelebt.
Für manche Menschen ist er nur eine historische Persönlichkeit.
Für uns Christen aber ist Jesus noch viel mehr, nämlich der Sohn Gottes.**

"Herr, mach, daß ich sehe!"

"Sieh, dein Glaube hat dir geholfen..."

Jesus schlägt sich auf die Seite der Armen und Kranken und wirkt viele Wunder. Viele Menschen glauben und folgen ihm. Aber Jesus hat auch Feinde.

Nur wenige verstehen ihn wirklich. Viele hoffen, daß er die römischen Besetzer aus dem Land jagen wird. Und die religiösen Führer fürchten um ihre Macht.

"Nehmt und eßt alle davon, das ist mein Leib..."

Jesu Feinde wollen ihn töten. Trotzdem geht Jesus mutig nach Jerusalem, in die Hauptstadt, um dort das jüdische Osterfest zu feiern. Er weiß, daß er sterben muß, um die Menschen zu erlösen. Beim letzten Abendmahl teilt er Brot und Wein und sagt: "Das ist mein Leib, den ich für euch hingebe!"

Die Nacht ist angebrochen. Jesus wird wegen angeblicher Gotteslästerung und Volksverhetzung zum Tode verurteilt. Die Römer lassen ihn am Kreuze sterben.

"Geht und verkündet die Frohe Botschaft von Jesus in aller Welt..."

Doch Jesus ist nicht tot. Er ist vom Tode auferstanden und seinen Freunden begegnet, bevor er für immer zu seinem Vater in den Himmel auffuhr.

Bennis Slalom-Spiel

Nimm einen Stift, schließe die Augen und bitte jemanden, dich über die Piste zu führen ("Rechts, links, rauf, runter"). Wenn du ein Hindernis berührst oder die Piste verläßt, mußt du von vorn beginnen. Auf! Die Zeit läuft. Wie lange brauchst du?

START

VORSICHT FALLE!

ZIEL

Mit Benni durch die Natur

Der Sternenhimmel

Tips für Naturfreunde von der Aktion Ameise

Zu keiner Jahreszeit sind die Nächte so lang wie in den Wochen um Weihnachten. Warum? Weil die Sonne dann in ihrem kleinsten Tagesbogen über den Himmel wandert. Selbst um die Mittagszeit steht die Sonne jetzt so tief, daß uns ihre Strahlen nur wenig wärmen. Am Sonntag, 20. Dezember, ist vierter Advent. Die Sonne geht dann erst gegen 1/2 9 Uhr morgens auf, aber schon mittags um 1/4 nach 4 wieder unter.
Bei klarem Himmel eignet sich die Zeit um den vierten Advent besonders gut zum Beobachten des gestirnten Nachthimmels. Kein Mond überstrahlt dann das millionenfache Funkeln der Sterne. Am 20. Dezember ist nämlich Neumond. Schaut euch mal gemeinsam mit den Eltern den Sternenhimmel an. Wer die Sterne und die im Herbst und Winter quer über den Himmel verlaufende Milchstraße deutlich sehen möchte, braucht einen Beobachtungsort, der nicht von Straßenlampen oder vom Schein der Großstadtlichter gestört wird.

Orion, der Himmelsjäger mit seinen drei Gürtelsternen

Wenn du vor dem Zubettgehen etwa um 8 Uhr abends zum Himmel schaust, fällt dir in der Himmelrichtung Westen das eindrucksvollste Wintersternbild auf: der Orion, auch Himmelsjäger genannt. Du kannst ihn gut an seinen drei Gürtelsternen erkennen. So wie tagsüber die Sonne scheinbar über den Himmel von Osten nach Westen wandert, ziehen auch die Sternbilder des Nachts von Osten nach Westen.

Übrigens: Von einem Stern am Winterhimmel ließen sich vor fast zwei Jahrtausenden auch die Heiligen Drei Könige zum Geburtsort des Christkindes leiten.

Benni – Koch mit!

Tutti-Frutti

Vielleicht sind von Weihnachten noch Plätzchen oder Lebkuchen übriggeblieben? Damit kannst du schnell eine leckere Nachspeise zaubern.

Du brauchst für vier Personen:
— 1/2 Liter Vollmilch
— 1 Päckchen Vanille-Puddingpulver (gezuckert)
— 1 Dose Fruchtcocktail
— 100 Gramm Oblatenlebkuchen oder Weihnachtsplätzchen
— 100 Gramm Schlagsahne
— eventuell Schokoblättchen

So wird's gemacht:
1. Rühre aus der Milch und dem Puddingpulver einen Pudding an.
2. Gieß den Fruchtcocktail aus der Dose auf ein Sieb und laß ihn abtropfen.
3. Schneide die Lebkuchen in schmale Streifen.
4. Fülle in vier bereitgestellte Portionsschalen immer abwechselnd Puddingcreme, Lebkuchenstreifen oder Plätzchen und Fruchtcocktail.
5. Stelle die Schalen eine halbe Stunde lang kühl und lasse den Nachtisch gut durchziehen.
6. Kurz vor dem Servieren kannst du die Nachspeise noch mit Schlagsahne, Schokoblättchen und Lebkuchenstreifen schön verzieren.

Foto: Arge Oblaten-Lebkuchen

AM NORDPOL

Wer hat welche Spuren im Schnee hinterlassen?

Lösung: 1L, 2F, 3I, 4A, 5E, 6B, 7J, 8D, 9C, 10G, 11K, 12H.

Benni als Babysitter

Also, Benni, pass schön auf Susi auf! Wir gehen zur Weihnachtsfeier.

Alles klar.

Schlaf schön, Susi!

Bin noch gar nicht müde.

Endlich schläft sie!

Benni, lies mir was vor!

...und sie lebten glücklich und zufrieden...

Jetzt will ich reiten! Hopp!

Toll! Aber jetzt will ich malen!

Ich bin fertig, nun will ich Cassetten hören!

Das hältste im Kopf nicht aus!

Psst! Benni schläft!

Roscher

Hier löst sich alles auf!

Richtig geraten? Schaut mal nach und vergleicht!

Bilderkreuzworträtsel
- Seite 20: Superglitzerspaß
- Seite 60: Krokodilstraenen
- Seite 68: Osterfeuer
- Seite 100: Maulwurfhaufen
- Seite 136: Briefmarkenalbum
- Seite 152: Picknickkorb
- Seite 177: Leichtathletik
- Seite 212: Gelaendefahrten
- Seite 242: Ohne Fleiss kein Preis
- Seite 262: Schmuckstuecke
- Seite 304: Monstertreiben
- Seite 322: Sternennacht

Schäfchensuchen von Seite 82

Bennis Such- und Ausmalbild
von Seite 164

Benni im Schwimmbad von Seite 208

Verrücktes Schwimmbad
von den Seiten 218/219

A:12, B:18, C:14, D:11, E:16, F:17, G:13, H:15, I:10, J:7, K:5, L:8, M:6, N:4, O:1, P:9, Q:2, R:3

Benni beim Picknick von Seite 246
Benni liegt im Auto, sein Hut hängt im Baum und die Blume steckt im Apfel.

Nußknackerrätsel von Seite 292

1. Die Walnuß 2. geriebene Mandeln 3. Die Cashew-Nuß

Gestatten, mein Name ist Benni!

Ihr meint, ich brauche mich nicht mehr vorzustellen? Ihr würdet mich ja nun kennen? Na klar, denn auf den letzten 335 Seiten bin ich euch schließlich oft genug begegnet. Trotzdem kommt jetzt noch eine ganz besonders heiße Nachricht - für alle, die einfach nicht genug von mir bekommen können.

Es gibt noch mehr von mir zu hören und zu lesen. Jeden Monat neu in einer Zeitschrift, für alle, die Spaß am Rätseln, Lesen, Spielen, Tieren, Rezepten und Bastelideen haben. Ach ja, Basteln. Das ist in diesem Heft ein ganz heißes Thema. Auf einem Extra-Bastelbogen mit acht Seiten aus Karton findet ihr Bauanleitungen für so tolle Sachen wie Feuerwehrautos (mit einer richtigen Drehleiter), Weihnachtskrippen, Martinslaternen, Robotern und Oldtimern. Da heißt es nur noch: Ausschneiden, Zusammenkleben und Spielen!

Klar, daß diese Zeitschrift heißt wie ich: Benni! Neugierig geworden? Kein Problem. Laß dir doch einfach mal ein Probeexemplar von mir schicken. Das gibt`s kostenlos und völlig unverbindlich. Schreib mir einfach eine Postkarte an

Benni (Buch)
Frauentorstraße 5
8900 Augsburg 1

und bitte um ein kostenloses Probeheft.

Natürlich kannst du mir auch zu anderen Themen schreiben, die in diesem Buch angesprochen werden.

**Jeden Monat neu
32 Seiten für 3,00 Mark**

DANKE!